中国股市

120问

董少鹏 著

人民出版社

前　言

目前，我国有 1 亿左右的个人投资者，大家的资历各不相同，对股票市场的了解也深浅不一，但每个人都有一个共同的诉求，即通过参与资本市场，分享国家经济发展和制度改革的红利。

但同时，股票市场又是典型的信息市场和信心市场，其对宏观政策、经济波动、金融形势、产业周期、企业策略以及突发事件的反应异常敏感。普通投资者难以把握各种变化因素对市场运行的影响，容易遭遇各种信息陷阱。

我国作为新兴加转轨国家，制度改革和政策调整的频率相对高一些；我国作为最大的发展中国家，与全球主要经济体的互动关系相对特殊一些。这要求投资者必须不断充电、加油，学习新东西，掌握新动向。

帮助投资者从起始点、从源头上、从根本处了解监管政策、市场规则以及博弈机制等的变化情况，并结合最新市场动向领悟市场风险与机遇，领悟一般性规律，是出版本书的初衷。

本书就像是一个"始发站"。新入市的投资者，可以在这里接受必要的

培训，带上基本的装备进入市场，增强投资理性，增强自我保护能力。本书又像是一个"加油站"。投资者可以在这里了解影响股市运行因素的最新变化，提升对政治经济形势、上市公司治理、市场监管规则、投资产品机理、市场运行大势的学习和研究能力，超前把握和顺应市场大趋势。本书也像是一个"集合站"。为广大普通投资者提供了解宏观政经形势、市场运作机制的平台，可以增强市场主体的理性。把理性投资、理性发展的力量"集合"起来，中国股市长期稳定发展就有了支撑。

有人说，中国股市散户太多，所以暴涨暴跌。要改变暴涨暴跌，就要减少散户的比重，扩大机构投资者的比重。这个说法不够尊重现实。中国是一个储蓄大国，需要将更多的储蓄转化为直接投资。但是，让储户一下子把资金委托给机构投资者，是不现实的。储户先变为股民，股民再转变为基民，是一个必然的历史过程。

在这个历史过程中，为普通投资者提供更多"加油""充电"服务，助其提高自我保护能力、参与能力、谈判能力，持之以恒，就能够不断壮大高素质的投资者群体。而个人投资者提高能力素质的过程，也必然是机构投资者成长成熟的过程。当个人投资者的理性和机构投资者的理性形成共振之后，一个长期稳定健康发展的股市就水到渠成了。

本书结合国内外政治经济发展的最新趋势，运用普遍联系的思维，紧贴市场实际，就当前中国股市制度建设、政策运用、日常监管、市场博弈和深化改革的相关问题作出解答，并进行前瞻分析，供政府财经部门、金融监管部门干部，上市公司、证券公司、商业银行、基金公司、期货公司高级管理人员，普通投资者及研究人员阅读。

政策方向

市场监管

主体动态

博弈与风险

市场改革

经济预测

思考与策略

政策方向

1. 中国股市该如何"稳"如何"进"? **2.** 习近平对股市发展做出了哪些重要指示? **3.** 为什么说股市是重要的金融基础设施? **4.** 股市稳定运行为什么高度重要? **5.** 为什么说股市是国家利益的重要支撑点? **6.** 如何看待股市上的"国家博弈"? **7.** "改革牛"的内涵是什么? **8.** 为什么说中国股市是"双重晴雨表"? **9.** 投资者该如何更新"风险意识"? **10.** 如何更好处理股市与实体经济的关系? **11.** 如何更好地处理股市一二级市场的关系? **12.** 该如何扩大直接融资? **13.** "一赢二平七亏损"与"分享经济增长成果"是矛盾的吗? **14.** 股市该怎样与社会主义制度相结合? **15.** 股市该如何对接供给侧结构性改革?

1. 中国股市该如何"稳"如何"进"？

政策预期要"稳"。要持之以恒地提高审核质量，提高上市公司质量。市场运行要"稳"。要做好供需调控，引导各类投资者理性投资，打击兴风作浪者，避免无厘头的大涨大跌。采取立体措施，全力打造一支政治强、专业也强的包括投行、会计、律师等在内的联合编队。

我国股市参与者既面临"供需平衡困境"，又面临"监管执行困境"。2017 年 1 月以来，对于 IPO 节奏和规模、二级市场持仓者户数、定向增发以及大股东董监高减持等的讨论比较热，这些问题都需要在一个总的基调下加以认识和应对。

2 月 10 日举行的全国证券期货监管工作会议明确要求，"牢牢把握稳中求进工作总基调，以改革为引领，以稳定为底线、以发展为主旋律，协调推进资本市场改革稳定发展和监管各项工作。"笔者认为，证券期货市场关系着众多投资者的利益，具有高度敏感性，尤其需要做好"稳"，但也要在稳的基础上"奋发有为"，要在稳的前提下有所"进"。

那么，应当怎么"稳"和怎么"进"呢？

从"稳"的方面说，一是发展和监管工作方向要"稳"。要继续落实好"五个坚持"，即坚持依法、从严、全面监管的重要理念，坚持守住不发生系统性风险的基本底线，坚持把保护投资者合法权益放在突出位置，坚持市场化、法治化、国际化的改革方向，着力提升资本市场国际竞争力，坚持服务实体经济发展的根本宗旨。二是政策预期要"稳"。看准了的、市场效果好的做法

要坚持，不要轻言改变。新股发行制度好不好，叫"注册制"还是叫"核准制"，不是根本性和决定性的问题。衡量发行制度优劣的核心是上市公司质量高低，要持之以恒地提高审核质量，提高上市公司质量。类似已被证实和得到公认的政策，要坚持"稳"。三是市场运行要"稳"。要做好供需调控，引导各类投资者理性投资，打击兴风作浪者，避免无厘头的大涨大跌。四是打击违法违规行为要"稳"。要持之以恒，"迈着不变的步伐"，抓好日常稽查和重点稽查，依法打击各类违法违规行为。2017年要继续抓鼠逮狼，要采取综合有力措施打击所谓的"大鳄"。五是矛盾化解和处置机制要"稳"。对市场运行中的各种问题和现象反应要灵、判断要准、行动要迅速。六是风险防范和处置机制要"稳"。监管者要提高应对能力，要勇于担当，要"枕戈待旦"。

在"进"的方面，全国证券期货监管工作会议从六个方面加以阐释，一是"四个意识"必须要增强；二是服务实体经济和国家战略的能力要提升；三是多层次资本市场体系改革要深化，市场基础性功能要强化；四是资本市场生态环境要净化，敢于亮剑，善于亮剑；五是证券期货行业服务能力和国际竞争力要有所提升；六是开放要有新举措，法制建设要有新成就。

笔者认为，证券期货监管系统的政治意识、大局意识、核心意识、看齐意识，直接关系着资本市场发展的大方向、大格局、大战略，直接关系着资本市场所承载的国家意志和国家利益，直接关系着市场的公平公正公开。增强"四个意识"，就是要坚决落实以习近平同志为核心的党中央对于经济工作和资本市场工作的方针政策、决策部署，坚定维护资本市场长期稳定健康发展。

笔者认为，提升资本市场服务实体经济和国家战略的能力，就要把资本市场基本功能完善好。融资功能、定价功能、价值发现功能、风险疏解功能、资源配置功能等，是不同主体站在不同角度对市场提出的诉求，改革要统筹这些功能，要加强顶层设计和实践推动。深化多层次资本市场体系改革，要与市场基础性功能建设相统一，要以满足实体经济需求，降低实体经济杠杆率，激励优胜劣汰，优化资源配置为落脚点。新三板、区域性股权市场，都要进一步强化法治思维，完善监管体制，强化市场主体自我约束机制。

净化资本市场生态环境，关键是强化执法，要敢于亮剑，善于亮剑。所有市场参与者，既要依法办事，也要讲"市场道德"和"市场纪律"。"依法治市"与"以德治市"是统一的，而不是对立的。要完善相关法律法规，包括修改《证券法》，出台补齐相关司法解释，修订《刑法》相关条款，为依法打击违法违规行为提供法律武器。

切实增强证券期货行业服务能力和国际竞争力，是中国资本市场强大起来的最终表现。必须采取立体措施，全力打造一支政治强、专业也强的包括投行、会计、律师等在内的联合编队。这支队伍既为国内市场主体提供优质服务，也为国际市场主体提供优质服务，是统筹国内国际因素、统筹国内国际市场的生力军。2017年，要在以我为主、为我所用的原则下进一步扩大开放，在开放发展中提高中国资本市场的综合实力和国际竞争力。

2. 习近平对股市发展做出了哪些重要指示？

> 无论是推进经济转型升级，实施创新驱动发展战略，还是促进中小企业发展、扩大就业，都需要资本市场发挥平台、定价和交易支撑。大范围铺开的国有企业改革，更需要资本市场提供全程支持。

2015年11月10日，习近平总书记主持召开中央财经领导小组第十一次会议，对股市发展提出具体要求，即"要防范化解金融风险，加快形成融

资功能完备、基础制度扎实、市场监管有效、投资者权益得到充分保护的股票市场"。这成为我国新时期股市发展的指针。

在这 47 字要求中，习总书记首先强调"要防范化解金融风险"，这就为股市发展设置了基本前提，即要坚持平衡发展的总体要求。对股市机制建设提出了四点要求，即融资功能完备、基础制度扎实、市场监管有效、投资者权益得到充分保护。

笔者认为，把"融资功能完备"放在靠前的位置，体现了对股市本源的尊重。股市建立之初和随后长期发展的实践都说明，融资功能是股市存在的基础，融资功能弱的股市不可能是强大的股市。

由于我国股市还比较年轻，科学投资的理念尚不够浓厚，与发达市场比，我们对融资和投资两方面的认识还存在不小的差距。发展好资本市场，对投融资两个方面都要重视。

规范发展股市，首先应当规范上市公司的融资行为和运营行为，因为上市公司是市场长期健康发展的基石。而融资行为是否规范，关键在于定价过程是否诚信、定价结果是否体现了投融资双方的价值共识，而不是其他。

股市有了完备的融资功能，就意味着上市公司这个市场基石能够诚信经营，能够对投资者负责，具备统筹社会资源、发展自己主营业务的能力。在这样的基础上，交易制度、发行制度、并购制度和相关监管制度就可以"有的放矢"，更加扎实；投资者的权益也才能从根本上得到保护。如果融资程序不公平，所融资金的使用效果不好，就意味着市场基础不牢，投资者的保护也就失去了基础。所以，只有把融资和投资统筹起来考虑，投资者权益保护才是扎实的、落地的。

所谓"基础制度扎实"，是指上市公司治理、中介机构服务、投资主体经营、执法体系运作、舆论体系运行等基础制度建设要接地气、顾长远，一是要解决现实矛盾，二是要鼓励市场创新，三是要提高市场绩效，四是要致力于做强中国优势。

所谓"市场监管有效"，主要是指监管机构和社会监管力量要及时发现风险、疏解风险，要毫不动摇地依法办事，维护市场健康秩序，激励市场主体进步，维护投资者信心。

毫无疑问，"投资者权益得到充分保护"是股市发展的一个极其重要的课题。在习总书记47字论述中，这一要求与"防范化解金融风险"、"融资功能完备"、"基础制度扎实"、"市场监管有效"相辅相成，共同构成一个整体，而不是孤立地存在的。如果其他的四点做不好，投资者权益就不可能得到全面、有效的保护；如果其他四点做好了，投资者权益保护也就做到了80%。可见，投资者权益得到充分保护是股市发展的更高标准。

2015年9月22日，习近平接受美国《华尔街日报》书面采访时，对股市异常波动作出评论。他指出，"前段时间，中国股市出现了异常波动，这主要是由于前期上涨过高过快以及国际市场大幅波动等因素引起的。为避免发生系统性风险，中国政府采取了一些措施，遏制了股市的恐慌情绪，避免了一次系统性风险。境外成熟市场也采取过类似做法。在综合采取多种稳定措施后，市场已经进入自我修复和自我调节阶段。发展资本市场是中国的改革方向，不会因为这次股市波动而改变。"

习近平明确表示"发展资本市场是中国的改革方向，不会因为这次股市波动而改变"，为今后一个时期我国资本市场发展指明了方向，也给国内外投资者吃下了一颗定心丸。

该如何理解"发展资本市场是中国的改革方向"呢？笔者认为，至少应包括三个方面：

第一，资本市场是现代市场经济的必要组成部分，运作良好的资本市场可以为实体经济发展提供重要的平台支持。

从世界主要发达国家发展的历史看，资本市场是支撑其经济上台阶、技

术大发展、市场大繁荣的重要平台。美国股市为其企业实现大规模融资、并购重组、全球布局提供了极其重要的平台；美国股市还与美元政策相互配合，调配全球资源，对全球资本价格和资本流动形成巨大影响。可以说，股市是美国实施全球战略的一个不可缺少的工具。

第二，中国资本市场已经为实体经济发展做出了重要贡献，并且对改变经济社会生态发挥了重要作用。

我国资本市场建立以来，股票、债券等直接融资的比重不断提高，为企业发展、转变机制做出了积极贡献。无论主板市场、中小板市场、创业板市场还是新三板市场，其上市和挂牌企业所获融资，绝大部分都已投入到实体经济当中。同时，股市还是企业间并购重组的重要平台。

我国资本市场已在相当程度上改变了企业生态、再造了国有资本的管理运行模式，改变了金融生态、再造了金融体系，改变了居民的财富生态、再造了居民财产管理模式，也催生了人们的权益意识，推动了公民民主参与经济社会事务的进程。

第三，全面深化改革需要资本市场继续发挥积极作用，同时为资本市场改革发展创造巨大空间。

目前，全面深化改革正在次第推进。无论是推进经济转型升级，实施创新驱动发展战略，还是促进中小企业发展、扩大就业，都需要资本市场发挥平台、定价和交易支撑。大范围铺开的国有企业改革，更需要资本市场提供全程支持。尽管我国股市的市场机制还有诸多不足，需要加大改革力度，但它仍然是目前最为公开透明、定价公允的市场化平台，能够为国企改革提供市场化法治化的平台。

可以说，发展资本市场是改革的客观需要，是改革的重要组成部分，也将是全面深化改革的必然成果。

从长远看，股市与实体经济的发展是互相促进的。股市的融资和资源配置功能，可以支持实体经济发展、促进结构调整升级、服务创新驱动战略；实体经济升级发展，也为股市价值发现、财富管理和资源配置提供扎实的支撑。

我们要认真落实习近平总书记关于股市发展改革的一系列重要指示，进一步完善制度建设，推进市场化改革，不断提高中国股市的吸引力和竞争力！

3. 为什么说股市是重要的金融基础设施？

> 股市既是投资市场、筹资市场，也是兼并重组的主战场，是国民资产的定价场所，是各市场主体财富管理的场所。股市是否具有吸引力，已不单单是一个市场问题，而且是一国政治经济社会长期稳定发展的重要支撑点。作为基础设施，股市建设要坚持稳定性、便利性、安全性、持续性四个方面的原则。

股票市场究竟是怎样的场所、应当承担哪些功能？它可以对企业乃至整个国民经济发展发挥什么作用？又会对社会发展产生何种影响？这些问题困扰中国股市参与者和决策者太久了。在全面深化改革的今天，特别是经历 2015 年股市异常波动之后，我们十分有必要对此作出充分的论证和必要的阐释。

笔者认为，股票市场如同道路、桥梁、水源、电力等一样，是重要的基础设施。它与银行体系、保险体系、债券市场等一起，构成我国金融基础设施的"组合体"。从这样的高度来看，呵护股市、做强股市、监管股市就是一个自然而然的思维系统、一个前后一致的治理系统，而不存在所谓的"谈

呵护就会放纵违规""谈做强就不讲规范""谈监管就横挑鼻子竖挑眼"的思维和舆论怪圈。

全球主要发达国家和发展中国家的发展历程和现实情况都已经表明，股票市场在经济发展中的作用不可或缺，而且在相当程度上具有牵引性的作用。股市既是投资市场、筹资市场，也是兼并重组的主战场，是国民资产的定价场所，是各市场主体财富管理的场所。在当今世界，股市的价值中枢、运行秩序是否稳定，股市是否具有吸引力，已不单单是一个市场问题，而且是一国政治经济社会长期稳定发展的重要支撑点。在这方面，欧洲美国的经验尤其突出。

可以说，股市所承担的功能贯穿经济和社会发展的各个主要环节，是现代国家必须要有的、十分重要的金融基础设施和经济基础设施。正是基于这个原因，我们要从功能设置、制度建设、监管执行、权益保护、风险管控等方面加强基础性工作，一砖一瓦累积，久久为功，使股市建设不断上台阶、上水平。作为基础设施，股市建设要坚持稳定性、便利性、安全性、持续性四个方面的原则。

股市的稳定性，首先表现为制度的稳定性、连续性，其次是价值中枢的稳定性、一致性，这两个层面的稳定性决定着市场参与者预期的稳定性。因此，制度设计要以透明为第一原则，做到人人可监督、事事可稽查，尽最大可能压缩设租寻租空间、消除黑箱作业空间。

在相对稳定的制度之下，在相对完善、有效的监管机制下，市场主体的价值投资理念就会更浓厚，市场价值中枢就可以相对稳定，暴涨暴跌的频次就可以处在可容忍的范畴。

股市的便利性，既包括投资的便利性，也包括筹资的便利性，还包括兼并重组的便利性。就是说，要使股市的基本功能更有效地发挥出来。目前看，投资者参与股市的便利性已经具备，但大家对股市的稳定性不满意。另一方面，企业融资的便利性还有欠缺，但同时也存在少数企业滥用融资渠道的问题。新三板市场的挂牌便利性较高，但流动性不足。

股市的安全性，既涉及市场参与主体的安全，也涉及市场整体安全，还涉及一国股市在全球竞争体系中的安全。市场秩序稳定、监管有效是确保市场参与主体安全的基础；依法治市的程度、风险防范体系的完备程度，是确保市场整体安全的基础；而一国股市在全球竞争体系中的安全，则与国家利益博弈紧密相关。

股市发展的持续性，是股市整体建设水平的集中体现。秩序相对稳定、投资相对理性、参与比较便利、风险总体可控，市场自然具备持续发展的条件，推进改革的成本也会比较低。

2016 年以来，在党中央、国务院领导下，中国证监会等部门高度重视股市发展的政策环境，向市场传递积极稳定的发展信号，为全面深化改革创造条件、累积势能。对于新股发行改革、常态化监管执法、长线资金供给、证券法修改等问题，证监会等部门都在务实和妥善地推进。

4. 股市稳定运行为什么高度重要？

股市稳定既是发展的前提，也是改革的前提。这一点已经被国内外的经验教训反复证明。如果股市稳定出了问题，可能在短短的时间内让长期不懈努力获得的股市甚至经济发展改革成果毁于一旦。

发展股市的目的是更好服务实体经济和促进经济发展。股市改革和创新

是股市发展的根本动力和重要手段，防范和抵御风险、保持市场稳定则是股市发展和改革的重要前提。

事实上，股市稳定已成为各国政府和理论界重点管理和研究的问题。特别是在广大发展中和转轨中国家，既需要深化股市改革，同时，股市体系又比较脆弱，防范和抵御风险的能力相对不够强，保持股市稳定非常重要。

在股市发展和改革过程中，时刻不能忘记稳定这个重要前提。股市稳定既是发展的前提，也是改革的前提。这一点已经被国内外的经验教训反复证明。如果股市稳定出了问题，可能在短短的时间内让长期不懈努力获得的股市甚至经济发展改革成果毁于一旦。对此，我们不能有任何侥幸心理，也不能有"例外"思想。无论发展还是改革，一般都不会一帆风顺，必然会遇到一些困难和挑战，总是存在这样那样的风险。改革创新要容忍风险，但并不是无视风险，更不是放任风险。要监测风险、识别风险、管理风险和处置风险，在试错过程中允许出现风险个案，但绝不允许引发区域性系统性风险。

2015 年股市暴涨暴跌，有人认为中国股市有 1 亿名个人投资者，股市涨跌主要对他们有影响，对实体经济影响有限，这是不科学的。

有一位专家说，"按照 8 000 万个股票账户来说，即使把 A 股股票泡沫弄得非常成功，最多就是这几千万人可以受益，还有 13 亿多其他的中国人怎么办？"这一说法存在两个问题：1. 用错了概念。"泡沫"不可能有"成功"之说，上涨过度会有泡沫，但上涨往往既包含合理成分，也包含非理性成分。我们反对人为制造泡沫，但也不赞成把泡沫都说成是人为的，把下跌都说成是理性的。2. 把个人股市投资者的利益与 13 亿多中国人的利益对立起来，是很不科学的。

2015 年中国上市公司实现营业收入 29.4 万亿元，相当于同年国内生产总值的 42.7%，这一数值比 2014 年提高了 8 个百分点。人们通过股市分享经济社会发展的成果，是一件再自然不过的事。虽然股市开户的个人投资者只有 1 亿人，但以平均一家三口人计算，一个投资者影响的人群应当不少于 3 亿人。股市出现异常波动，处理得好，对整体经济和社会稳定的影响可控制在一定范围；如果处理得不好，则有可能对实体经济和社会稳定造成巨大影响。

虽然 2015 年中国股市异常波动没有造成经济整体不稳定和不可持续的地步，但用"影响有限"来概括也是不准确的。这次剧烈波动对实体经济的直接影响就是融资已大幅度萎缩，新股发行和增发停止了数月。

2016 年，由于采取了一系列有力措施，股市稳定性显著增强，二、三、四季度区间振幅均低于 10%，涨跌幅超过 2% 的交易日仅 7 个，这些指标大幅低于 2015 年的水平。稳定运行带来的收益是显著的：2016 年，IPO、再融资（现金部分）合计 1.33 万亿元，同比增长 59%，IPO 家数和融资额创近五年来新高，再融资规模创历史新高。

5. 为什么说股市是国家利益的重要支撑点？

股市具有引领国家经济发展、服务国家资产估值的重要职能，在一国发展战略中占有重要地位。毫无疑问，如果本国股市不能担当为本国资产估值的职能，就只能由其他的股市来代替。

股市分为一级市场和二级市场，企业通过一级市场发行股票，获得融

资。股票首次置换来的资本被投入企业的生产经营过程中，去创造价值。二级市场是股票交易的场所。制定明确的交易规则，建立公正的监管体系，投资者就可以在这个场所里自由买卖了。

表面看，有了制度和监管，市场涨跌就是很自然的一件事了。但是，这种"股市观"是不完整的，也是浅显的。当今世界，股市的价值中枢、运行秩序是否稳定，股市是否具有吸引力，已不单单是一个市场问题，而且是一国政治经济社会长期稳定发展的重要支撑点。美国之所以在全球经济体系中保持优越地位，与其股市对全球资本、技术的吸引不无关系。美国股市作为美国信誉的名片，可谓当之无愧。

股市的另一个重要功能是支持企业兼并收购，因为股市是信息最透明、定价最公正、买卖最方便的资本交易平台，其他场所不可替代。股市具有引领国家经济发展、服务国家资产估值的重要职能，在一国发展战略中占有重要地位。毫无疑问，如果本国股市不能担当为本国资产估值的职能，就只能由其他的股市来代替。

国家主权在经济领域有多种表现形式，最主要的是标准制定权、价格制定权、规则制定权。股市是兼具这"三权"的经济领域，自然是国家利益的组成部分，不应该成为一个"无政府主义的市场"。

国家间的利益博弈必然在股市当中有所表现，对此，我们要保持清醒的头脑。在这样的逻辑下，股市中的大型利益主体必须与国家战略利益相一致，而不能有根本性冲突。我们应当拥有一批与国家利益一致的投资银行，一批与国家利益一致的会计师机构，一支与国家利益一致的评级机构。

6. 如何看待股市上的"国家博弈"？

> 有的投资机构和上市公司盲目追求自身个体利益，不惜伤害整个市场的利益，甘当"裸奔者"。相对于美国大型投行、金主阶层、巨无霸企业对于"美国价值"的信奉，对于华尔街价值中枢的维护，我们应该感到汗颜。股市作为一国经济和改革的晴雨表，不可能"纯而又纯"地存在于国家博弈逻辑之外。

任何一个国家的股市，除了一般意义上的稳定发展和风险管理之外，都涉及"系统性安全"问题。股市安全是国家整体安全的一部分，"没有安全的发展""脆弱的发展"。解决好这个大问题，是我们提出并实施具体措施的根本出发点。

只有在"系统性安全"得到基本保障的前提下，才能谈及让市场主体充分博弈，自主配置资源，自主确定交易价格，监管者依据法律授权实行监管等问题。

经过 25 年的发展，借鉴国际市场经验，我们对股市的"系统性安全"有了更深刻的认识。即保障"系统性安全"不但要靠监管者，更要靠市场主体，还需要协调、处置好市场外部的因素；不但要靠证监会和股市参与者，还要靠人民银行、财政部、国资委、银监会、保监会等整个宏观治理系统和整个资金流转系统。

建立平准基金是应对此次危机的一个重要成果，这一机制要长期保持下去，同时要根据市场变化情况逐步加以完善。平准基金的作用主要是解决流动性风险，同时要兼顾价值引导。

一个十分突出的问题是，部分证券经营机构、部分投资机构、部分上市

公司对股市的"系统性安全"问题麻木不仁。还有的投资机构和上市公司盲目追求自身个体利益，不惜伤害整个市场的利益，甘当"裸奔者"。相对于美国大型投行、金主阶层、巨无霸企业对于"美国价值"的信奉，对于华尔街价值中枢的维护，我们应该感到汗颜。

有人认为，股市就是一个交易场所，不存在国家利益之争。市场不稳定主要是监管不到位、市场主体不成熟。也有人认为，"言论自由大于天"，既没有"恶意做空力量"，也没有什么"阴谋"。笔者认为，我国股市暴涨暴跌，必然与自身市场机制存在一些短板有关系，我们也应当善于听取批评意见。但同时，我们也要高度注意忽略国家利益，甚至对相关损害行为视而不见的情况。

长期以来，西方国家一些力量坚持唱空中国、做空中国，并且，这种力量在国际舆论中处于强势地位。近年来，西方一些势力透过各种渠道，特别是互联网媒体、高校、研究所、金融机构等，对中国经济事务进行干扰。无论对中国经济增长的整体形势，还是对政府投资、地方债、房地产等的政策抉择，还是对"一带一路"战略、亚投行建设，都有他们"执着工作的身影"。少数国家对我国东海、南海权益实施袭扰，对我国西藏、新疆和港台事务进行干涉，都很直白露骨。

股市作为一国经济和改革的晴雨表，不可能"纯而又纯"地存在于国家博弈逻辑之外。事实上，美国纽交所有做空中国股市的工具（超短新华富时中国25指数ETF期货），新加坡交易所也有做空中国股市的工具（新华富时中国A50指数期货）。相对来说，中国的交易所并没有做空他国股市的工具。中国境内一些机构，把境外针对中国市场的交易标的奉为圭臬，简单跟随其走势。这个现象值得认真研究。

客观地说，国家关系原本就是双向的，既有合作互补的一面，也有利益博弈的一面，这都是很正常的。既然股市是一国经济和制度变革的晴雨表，那么股市上有利益争夺也丝毫不值得奇怪。面对挑战，我们应当坦然、勇敢而理性地对待，要坚持合作共赢的理念，通过金融谈判，谋求平等互惠的合作；也要维护自己的发展权益和系统性安全。

当前，中国经济的开放程度已很高，中国金融体系的开放程度也在继续提高，我们应当完善监测机制，提高监管水平，对于利用境内外金融工具，恶意制造中国金融市场动荡的机构，不但要保持必要的警惕，而且要依法予以查处。我们认为，依法查处恶意制造金融市场动荡的行为，恰恰是为了维护市场公平秩序，对境外机构在中国境内从事正当交易是一种保护。

我们既没有意愿、没有必要夸大境外恶意做空的力量，也没有意愿、没有必要过度炒作"阴谋论"；我们恰恰是真心希望塑造一个公开、公平、公正的市场，以平等姿态与各国各地区的投资者共同参与、共同分享市场价值。对于恶意做空力量、违法违规操纵行为，既不无限放大，也不无限度缩小，更不能"鸵鸟心态"、视而不见；无论他们来自哪里，我们都同样要依法处置、科学处置。

7. "改革牛"的内涵是什么？

改革牛是先有改革，后有牛市。强劲的、深入的改革激发起公众对于红利的预期。改革驱动的牛市并不回避风险。改革牛一样有涨有跌，一样需要加强监管，一样需要防止泡沫蔓延。即便遭遇了市场风雨的洗刷，"改革牛"的逻辑也没有改变。

2014 年 7 月至 2015 年上半年的上涨行情，被称为"改革牛"。但也有

人不同意，把那一轮上涨行情称为"杠杆牛""资金牛"。那么，"改革牛"的概念是如何建立的？其内涵是什么呢？

我们提出"改革牛"概念，既考虑了新一轮改革正在和即将释放的制度红利，又考虑了我国经济新常态下的"综合绩效"潜力。"经济基本面"加上"改革基本面"，共同构成中国股市估值重构的基础条件，推动行情走强。

首先，改革牛是先有改革，后有牛市。强劲的、深入的改革激发起公众对于红利的预期。其次，改革驱动的牛市并不回避风险。改革牛一样有涨有跌，一样需要加强监管，一样需要防止泡沫蔓延。第三，改革牛最终要以改革成效作为支撑。

"改革牛"指我们看好、维护好改革和经济发展的良好态势，积极参与国际竞争；但这不意味着股市操作就没有风险。通过改革，企业的利润会稳步提升、结构性分布；"改革牛"的预期最终要变成现实。只要扎扎实实抓经济，扎扎实实抓改革，扎扎实实抓民生，股市自己就会牛。这才是对"改革牛"的全面理解。所谓"国家造一个牛市"的说法，是完全的曲解。

实际上，中国股市每一次牛市，都与实施重大改革措施密切关联。1999年的"5·19行情"如此，2005年到2007年10月的股改牛市也是如此。如果正在实施的改革举措反映了人民的期待，满足了市场经济进步的需要，那么股市一定会呼应并真实地反映。

经济数据加上改革的力度，复合及叠加，才能构成基本面的真实面貌。只靠宏观经济数据和上市公司利润增长的数据来判断牛市与否，是一个很大的误区。

中国经济的确进入了中高速增长阶段，想回到10%以上的增长阶段已不可能。但通过努力，兼顾当前和长远利益，实现7%左右的增长是没有很

18

大困难的。按照 7% 左右的增长速度，每年的绝对增量相当于 1994 年全年的经济总量，和瑞士这样一个发达国家的年度总量差不多。

中共十八大以来的一揽子重大改革举措并非只针对经济领域，而是涉及政治参与和政权发展、国家安全和国际博弈、社会治理和人权发展、民族兴盛和文明再造、环境保护和资源集约等各个领域和方面。并且，这是一场文明自信、民族自信的改革，是一场制度、道路、理论自信的改革，不会放弃立党立国之本，不会食洋不化和闭门造车，不会落入"中等收入陷阱"。中国治理模式、发展模式、对外交往合作模式要为全球发展治理注入新思维，开辟新路径。

所有这些改革动作，最终将带来可观的经济效益和社会效益，激发人们的创造活力，凝聚人们的共同信念。2014 年中国上市公司实现营业收入相当于同年国内生产总值的 34.6%，2015 年更提高至 42.7%。人们通过股市分享经济社会发展的成果，是一件再自然不过的事。

中国股市不单是经济增长的晴雨表，而且是改革进程的晴雨表，自然会对经济发展成果和制度变革成果作出合理的反映。因此，即便遭遇了市场风雨的洗刷，"改革牛"的逻辑也没有改变。2015 年股市异常波动，不是改革没有带来红利，也不是股市不该上涨，而是市场机制和监管机制不适应，导致"正常上涨"异化为"结构性疯狂"，最终造成巨大损失。

8. 为什么说中国股市是"双重晴雨表"?

> 纵观中国股市行情的历次重要节点，都既与经济增长速度有关，又与体制改革的进程有关。如果经济运行状况良好，同时改革又满足了市场的呼声，则牛市就会出现和延展。

中国股市是在中国改革开放进程中发展起来的。中国既是一个经济快速增长的大国，又是一个改革力度大、程度深的大国。如果仅仅按照传统的晴雨表理论来解释中国股市，就会十分困难；而且，还可能得出中国股市和经济规律格格不入的结论。显然，这样做是草率的。

事实上，中国股市不但是经济数据的晴雨表，也是改革进程的晴雨表，是"双重晴雨表"。

纵观中国股市行情的历次重要节点，都既与经济增长速度有关，又与体制改革的进程有关。如果经济运行状况良好，同时改革又满足了市场的呼声，则牛市就会出现和延展；如果经济运行状况不是很好，同时改革又不能满足市场的呼声，则熊市就会来临；如果经济数据看起来不错，但是改革进程与市场呼声相去甚远，熊市也可能来临；如果经济数据没有那么好，但是改革进程满足了市场的呼声，行情的表现也不会差。这就是中国股市的独特之处。

在我国股市发展史上，由经济增长和深化改革催生牛市的典型例子有：1999年5月19日至2001年6月下旬的"5·19"行情。1999年5月上旬，国务院批转证监会关于股市发展问题8点意见，政策力度前所未有。同时，启动了国企改革、金融改革、财税改革、住房改革等。2005 年下半年至 2007 年 10 月的股改行情。2004 年出台"国九条",2005 年实施股改,同时,银行改革、国资改革、汇率改革、利率改革相继展开。

就当前股市发展的基础来看,虽然经历了 2015 年的异常波动和 2016 年 1 月的大幅度调整,但经济和改革共同驱动行情发展的逻辑没有改变。始于 2013 年 11 月的新一轮改革,任务多达数百项,是又一个"改革最集中、推进速度最快"的历史阶段。

2013 年 11 月以来,营商制度、财税体制、司法体制、医疗体制、户籍制度、土地制度等改革相继推开或试点。营改增已全面推行;取消下放行政审批等事项,修订政府核准的投资项目目录,减少、整合财政专项转移支付项目获得重大推进;利率市场化改革,注册资本登记制度改革,铁路投融资体制改革,农产品、资源性产品、公共服务产品价格形成机制改革逐步深化;上海自贸区推出一系列改革举措,形成负面清单管理、境外投资管理、商事登记、金融对外开放等方面的可复制、可推广的经验,自贸区扩围提速;实施"全面两孩"政策;深化医疗卫生体制改革;加大县级公立医院改革试点力度;教育考试改革稳步推进;全国统一的城乡居民基本养老保险制度建立;完善社会救助体系;加快社会信用体系建设;大气污染防治体制机制进一步完善;落实院士制度改革;实施中央管理企业负责人薪酬制度改革;开展中央级事业单位科技成果使用、处置和收益管理改革试点等等。这些改革所激发出的红利不仅仅体现在经济指标上,也将表现为人们的精气神上。

尽管经济增长的下行压力不小,但继续保持中高速增长的条件依然具备。即使按最保守计,未来 5 年继续保持在 6% 左右的增长应无大的问题。在全面深化和改革的历史大背景下,经济增长和改革深化将继续释放新红利,中国股市将继续表现出"双重晴雨表"的运行特质。

9. 投资者该如何更新"风险意识"?

> 风险不是洪水猛兽,而是市场构成的一个部分。结合中国股市具体情况,特别是投资文化依然不足的情况,应该在"股市有风险,投资须谨慎"后边再加上一句,即"风险可管控,实践练本领"。

"股市有风险,入市须谨慎"是耳熟能详的金句。但是,对于这句话也要给予全面辩证的理解。

首先,每当股市持续上涨时,都会有许多新投资者开户进场,对他们必须要提示风险。

新入市投资者中的相当一部分人对股市涨跌缺乏经验和感受,对股市投资风险缺少足够的认识和警惕。为此,我们要提醒广大投资者,特别是新入市的投资者,参与股票投资要保持理性、冷静,决不可受"宁可买错、不可错过"等观点误导。

第二,充分重视市场风险,但也不必自己吓唬自己,而是要量力而行。

要充分估计股市投资风险,谨慎投资、量力而行,不跟风、不盲从。"量力而行"就是自己把握住自己,根据自己的独立判断,根据自己的学习能力、操作能力,来规避风险、抓住机会。"不跟风、不盲从",就是强调自主决策。在牛市中,各种买卖建议很多,但具体到每个投资者,就要有主见,根据自己的独立判断去投资;如果认为有风险,就要绕开、避开。

对股市风险保持一个理性和科学的态度,是现代人的基本素质。对新入市的投资者来说,必然有一个了解风险、识别风险乃至遭遇风险的过程。学会处置风险、规避风险是投资者强筋壮骨、提高投资能力的必要的基本功，必须经过磨炼才能掌握。

无论是管理层，还是专家学者，提示股市风险，都不应该是虎着脸，吓唬投资者。提示风险的目的不是吓唬投资者，而是帮助他们保持理性心态、提高投资素质。

第三，对于风险与机遇的交错叠加，要有辩证思维。

有人一见到"新投资者纷纷开户进场"，就要责怪一番，好像人家入市犯了什么错一样。其实，在任何股市，只要是牛市阶段，都会发生"许多新投资者纷纷开户进场"这样的现象，不值得批评。有的所谓专家，对中国新股民动辄教训，甚至以"赌徒"相称；还有的质疑入市者的学历、职业、家世。这是很不厚道的，是缺乏民主思想的。

新股民大量入市不过是一个客观现象，其中"一部分人"风险意识不足、缺乏投资经验，也是客观现象。对此，我们没有必要戴着有色眼镜看待，要有现代市场经济参与者的坦荡心境和开放心态。

股市当然有风险，但风险不是洪水猛兽，而是市场构成的一个部分。我们既不能只谈市场好的一面，而避谈市场风险的一面；也不能为了提示风险，而高高在上，训斥新入市的股民。

牛市来临，场外的自然人、机构选择入场，是他们的权利，这是机遇与风险交织的"进行曲"。风险就是风险、机遇就是机遇，监管者、投资者、专家都应该坦荡接受，而不应该过度纠结。

第四，大力发展包括股票市场在内的直接融资是大政方针，但我们不能因此"支使"和"鼓惑"投资者参与市场。

既然股市是一个合法的投融资市场，大家就都可以在公开、公平、公正的原则基础上参与，而不应该对某一部分投资者（比如机构投资者）特别保护，对另外一部分投资者（比如散户投资者）表现冷淡。作为管理层，首先

是把制度建设搞好，保持适宜的执法力度，维护好市场秩序。同时，不但在风险聚集时，即使在日常情况下，也都要随时提示风险。要让市场发挥决定性作用，让投资者展现自己判断、自己掌控的能力和风采。这才是尊重市场、尊重投资者。

有的官员一谈支持股市发展，就要"支使"场外的人们入市，"支使"场内的投资者加仓；有的专家一谈"鼓励"股市投资，就"鼓惑"人们卖房炒股、见啥买啥。这种做法都是不负责任的，是错误的。

笔者认为，"股市有风险，投资须谨慎"，固然是一句很好的提示语，但并非没有缺陷。一个时期以来，中国股市就像一座奇怪的围城，无论进了股市的人还是股市外边的人，都要习惯性地骂几句股市。赚了钱的人，把风险置之脑后；赚不到钱和赔钱的人，把股市骂得一钱不值。还有的专家学者，由于对股市投资逻辑缺乏全面完整的认识，只会笼统地说股市风险，而不会具体阐释风险是怎样发生、怎样运行、怎样处理的，甚至把股市正常的风险神秘化。

结合中国股市具体情况，特别是投资文化依然不足的情况，应该在"股市有风险，投资须谨慎"后边再加上一句，即"风险可管控，实践练本领"。

继续扩大直接融资规模，壮大中国股市规模，不仅不是一件羞答答的事，而且是一件利国利民的大事、好事。在这个过程中，出现一些不规范行为、一些操纵丑闻，都是可能的。但我们不能因噎废食，而是要坚持依法治市。对于新入市的投资者，我们应当给予爱护和支持。把中国股市做大做强，具备国际竞争力，不但需要数以千百计的理性健康的大中型机构投资者，也很需要数以亿万计的理性健康的自然人投资者，两个方面都很重要。

我们不可想象的状态是，在中国，只有机构投资者是理性的、健康的，而众多的自然人是根本不了解股市为何物的。这将是一个很不幸的局面。虽然欧美的自然人投资者习惯于把资金委托给机构，但他们是大体了解股市为何物的。而中国人的这个进步过程，是需要实践的。所以，笔者不赞成吓唬普通投资者，而是应该支持他们，同时严肃地提醒他们。

　　未来大的趋势是，有风险识别和管控能力的投资者长期参与市场。风险识别和管控能力一时还比较弱的投资者，或者经过洗练实现脱胎换骨，能力提升；或者退出市场。不过，退出市场的投资者，仍然可以通过参与基金的方式间接参与市场。这个基本原则，对个人投资者、机构投资者一样适用。

10. 如何更好处理股市与实体经济的关系？

> 只要有利于生产力的发展，有利于市场健康有序运行，有利于提高人民福祉，不管姓"实"姓"虚"都是好的。相反，如果不能促进经济发展，不能推动产业升级、消费升级，不能提高人民的福祉，不管姓"实"姓"虚"都是差的。

　　实体经济是虚拟经济发展的基础，虚拟经济可以相对独立地运行，但如果虚拟经济背离实体经济的情况，风险就可能聚集，给整体经济发展造成损失。这个基本逻辑是经过长期检验的。但是，准确把握虚拟经济和实体经济的关系，并不容易。特别是，立足于我国长期发展和参与国际竞争的现实，我们必须把虚拟经济和实体经济统筹起来考虑，以决定和实施发展大计。

面对发达经济体股市、债市、期货市场高度发展，而我国股市、债市、期货市场发展相对滞后，定价能力弱小的现实，我们要高度重视虚拟经济的健康发展。

笔者认为，"虚拟经济"和"实体经济"是学术用语，本身有特定含义。但在我国虚拟经济文化缺失、虚拟经济市场不发达的情况下，简单地把这一学术提法放大化，有误导公众之嫌。总是讲"实体经济"和"虚拟经济"，好像搞金融都是"虚"的，股市也是"虚"的，容易让公众形成错觉。

因此，我不赞成滥用"虚拟经济"和"实体经济"这种提法，主张回归"产业经济"和"金融经济"的提法。只要有利于生产力的发展，有利于市场健康有序运行，有利于提高人民福祉，不管姓"实"姓"虚"都是好的。相反，如果不能促进经济发展，不能推动产业升级、消费升级，不能提高人民的福祉，不管姓"实"姓"虚"都是差的。

并且，笔者认为，尽管我们也必须反复强调资本市场为实体经济的道理，必须采取制度化措施遏制过度投机，但我们不能因此自缚手脚。所谓"脱实向虚"现象，其实主要发生在美国。美国靠"三虚"（股市、债市、期市）来控制全球的各种经济资源，为其国家利益服务。

我们要以美国的经验教训为鉴，但更要认识到，中国的金融体系、股市体系还很不发达，这是根本问题。如果说我国的金融市场还存在一些问题，恰恰是因为它还很不发达，而不是相反。

我们要更加注重市场机制建设，提高股市定价能力，使股市成为更好的筹资投资场所。

11. 如何更好地处理股市一二级市场的关系？

> 二级市场交易价格对一级市场功能的发挥具有直接影响，即二级市场"水涨"则一级市场"船高"，反之亦然。二级市场适度活跃对于实体经济的发展是非常有利的。

总体看，股市行情低迷，投资者预期变冷，企业融资就会受到限制，对实体经济造成影响。

事实上，无论主板市场、中小板市场、创业板市场还是新三板市场，其上市和挂牌企业所获融资，绝大部分都已投入到实体经济当中，这就是对实体经济的切实支持。

通常人们所说的"炒股"主要是指二级市场买卖。二级市场是新老股东间交易的场所，持有股票的人卖给没股票的人。除非交易者将资金撤出，否则这里的资金一般不进入实体经济。但二级市场交易价格对一级市场功能的发挥具有直接影响，即二级市场"水涨"则一级市场"船高"，反之亦然。如果二级市场低迷，不仅已上市公司难以通过再次发行新股获得资金，而且首次发行新股的公司也会大幅度减少。严重的话，甚至会出现企业无法发行新股的局面。

2012 年 10 月下旬至 2013 年 12 月，新股发行停止了一年多，企业无法通过发行新股获得融资。

2014 年，随着股市行情回暖，新股发行得以恢复，全年新股发行融资达到 668.89 亿元。加上再融资（含公开增发、定向增发、配股发行），境内

股票融资共计 4 856.43 亿元。

2015 年股市异常波动后，新股发行再度停止了 4 个多月。但由于上半年行情火爆，全年共有 220 家企业完成首发上市，融资 1578.29 亿元，分别同比增长 76% 和 136%；399 家上市公司完成再融资发行，融资 8 931.96 亿元，同比增长 31%。2016 年，IPO、再融资（现金部分）合计 1.33 万亿元，同比增长 59%，IPO 家数和融资额创近五年来新高，再融资规模创历史新高。

同时，股市还是企业间并购重组的重要平台。2015 年全年，上市公司并购重组交易 2 669 单，交易总金额约 2.2 万亿元。2016 年上市公司并购重组涉及交易金额 2.39 万亿元。这些并购重组活动对于优化资源配置、促进经济转型升级发挥着难以替代的作用。

另外，目前我国上市公司创造的营业收入已占国内生产总值的较高比例，2014 年度上市公司实现营业收入 22 万亿元，相当于同年国内生产总值的 34.6%。2015 年，这一数值提高到 42.7%。

由此可见，股市并非仅仅涉及近 1 亿个人投资者，而是承担着企业直接融资、产业转型升级、资源优化配置、资产市场化估值、投资者分享经济社会发展成果的功能。二级市场适度活跃对于实体经济的发展是非常有利的，而不是相反。

当然，一些投资者对于股票二级市场的认识存在偏差，把二级市场当作"包赚不赔"的淘金场所，是需要校正的。笔者确信，长期趋势必将是实业的归实业，金融的归金融；同时，实业和金融也将构造起一种良性互动和共同发展的关系。

12. 该如何扩大直接融资？

> 大力发展直接融资，是我国经济转型升级的既定目标，是我国全面深化改革的方向。可以从五个方面着力。

大力发展直接融资，是我国经济转型升级的既定目标，是我国全面深化改革的方向。至 2015 年 12 月 31 日，沪深两市总市值与 2015 年 GDP 的比值为 78.51%，低于主要发达国家的水平。另一个数据是，美国的股票市值与银行存款的比例为 9：1，我国仅约为 0.5：1。

截至 2015 年底，我国非金融企业境内债券和股票融资余额为 19.16 万亿元，占社会融资总规模的比重仅为 13.9%；其中股票市场融资余额只占 3.3%。这一数据与发达国家相比差距甚远，如美国，2015 年直接融资规模占比超过 80%，股票融资余额占比超过 40%。

进一步提高直接融资比重，优化金融结构，更好服务实体经济，是"十三五"期间乃至今后一个时期的重要任务。可以从五个方面着力：

第一，进一步健全直接融资市场体系。一是积极发展证券交易所股票市场。二是加快完善全国中小企业股份转让系统，研究开展向创业板转板试点。三是规范发展省级区域性股权交易市场，拓展中小微企业融资渠道。四是发展壮大债券市场，探索推进公司信用类债券发行制度改革，加强债券市场监管协调，加大银行间市场和证券交易所债券市场互联互通力度。

第二，积极拓展直接融资工具和渠道。一是大力推动债券市场品种创新，发展长期债券、高收益债券、项目收益债。二是积极发展股债结合品

种，深入推进优先股试点，发展可交换债、可续期债等创新产品。三是扩大信贷资产证券化规模，发展企业资产证券化，推进基础设施资产证券化试点。四是稳妥推动互联网与直接融资的融合，创新金融服务线下线上结合的模式。五是支持企业"走出去"直接融资，简化核准程序，逐步放开资金回流和结汇限制。

第三，提高直接融资中介服务水平。一是建设若干具有国际竞争力、品牌影响力的一流现代投资银行。稳步推进符合条件的金融机构在风险隔离的基础上申请证券业务牌照。二是加强评级机构监管，提高资信评级机构公信力。三是提升会计师事务所、资产评估机构、律师事务所和融资担保机构专业化、规范化运作水平。

第四，促进投融资功能平衡发展。一是打造优质现代资产管理机构。逐步扩大各类保险保障资金投资资本市场的范围和规模。二是发挥信托、银行理财、保险资产管理产品等金融工具的投融资对接功能。三是加快出台私募投资基金管理暂行条例，促进创业投资、天使投资、产业投资等发展。四是拓宽境内外双向投资渠道，完善 QDII、QFII 等制度，推动股权投资基金行业双向开放。

第五，营造直接融资稳定健康发展的良好环境。完善基础法规制度和税收支持政策，建立健全直接融资诚信体系，做好市场舆论引导，加大对违法违规金融活动的打击力度，防范化解金融风险，切实保护投资者合法权益。

需要说明的是，发展直接融资和多层次资本市场的进程，是与全社会的法治进程相一致的，任何打着"参与资本市场投资"旗号操纵价格、内幕交易的行为，都是依法打击的对象。国家没有必要利用股市搞"虚假的上涨""人造的繁荣"。

13. "一赢二平七亏损"与"分享经济增长成果"是矛盾的吗？

> "一赢二平七亏损"并不是机械定律。买卖股票能不能赚钱，关键取决于何时买、何时卖。假设股市是健康的和有效的，投资者在估值相对低位买入代表经济发展趋势的股票可以分享到经济发展和改革的估值增长。

"一赢二平七亏损"，是一句流行已久的股市谚语。其本意是告诫投资者要谨慎投资，不要盲目参与、盲目决策。只有深入研究宏观经济基本面，深入研究上市公司经营状况，掌握操作能力，才能够在二级市场中获得较好收益。

但是，如果你真的认为，在任何情况下，10 个人买卖股票，都会有 7 个人亏损、两个人不赔不赚、一个人赚钱，就太机械、太简单化了。如果真的如此，通过参与股票投资分享经济发展成果就是空话了。

新浪网 2015 年 12 月 31 日公布的《2015 年度投资者生存调查》很好地说明了这个问题。这次调查共有 9 000 余名普通投资者参与。其中资金量为 20 万元至 100 万元的投资者占 34%，资金量为 5 万元至 20 万元的占 31.6%，资金量为 500 万元以上的占 5.4%。满仓持股的投资者为 18.7%，仓位在六成以上的为 36.1%，仓位在三成以下的为 22.3%，仓位在三成至六成之间的为 22.8%。统计显示，亏损的投资者占 37.5%，持平的投资者占 12.9%，盈利的投资者占 49.5%，盈利在 100% 以上的投资者占 9.7%。

可见，"一赢二平七亏损"并不是机械定律。

　　买卖股票能不能赚钱，关键取决于何时买、何时卖。就是说，要对大势和个股的当下估值和未来趋势有所掌握才行。赔钱的人，首先是因为对趋势的判断错误，其次是操作能力不足。赚钱的人则相反。

　　基于投资者个体能力的基本认识，在市场大趋势确定的情况下，赔赚的概率会有所变化：平衡市中，赔和赚的概率也相对均衡；牛市上升途中，赚的概率大于赔的概率；熊市下跌途中，赔的概率大于赚的概率。

　　从长期看，股市波动可以反映一国的经济增长和改革进程，经济运行和改革举措决定着股市的基本面。但是，股市与经济和改革的关系不是单向的，而往往是双向的。如果股市健康繁荣，就会对经济产生正向推动作用，也会促进改革；反之，如果股市稳定性差，价值中枢错乱，则会对经济和改革产生反向阻碍作用。

　　假设股市是健康的和有效的，投资者在估值相对低位买入代表经济发展趋势的股票，那么，随着经济的发展和改革的深入，就可以分享到经济发展和改革的估值增长。同时，结合市场的短期随机性波动，也可以技术性操作，博取差价。

　　一般认为，稳定繁荣的股市大致具备以下特点：1.上市公司治理制度健全，上市公司盈利增长，分红、回购力度大；2.机构投资者占比较高，机构投资操作理性程度高；3.有完备的多空制约机制；4.法治体系相对健全，执法到位。

　　需要说明的是，由于多种复杂原因，我国个人投资者操作频繁是一个通病。个人投资者赔钱与这一操作习惯有直接关系。因为，过于频繁的操作说明调整判断的次数过多，那么，不确定性必然增加。

　　以下两项调查印证了我国个人投资者操作频繁的现实：

　　深交所2015年5月27日发布的《2015年4月深市个人投资者行为分析》显示，2015年4月份高市盈率股票的收益率（2.72%）远低于低市盈率股票（9.04%），但波动率（5.81%）却高于低市盈率股票（4.63%）。高市盈率、高波动率股票的主要净买入群体是中小散户和新股民，而个人大户和老股民主要为净卖出。深交所将开户年限为 5 年以上的称为老股民，开户年限 5 年以下的称为新股民；按年均每天持流通股市值，个人投资者分为个人小户（小于 10 万元）、个人中户（10 万—100 万元）和个人大户（大于 100 万元）。

据 2015 年 4 月道富集团公司（StateStreet）的调查，中国 81% 的散户投资者每月最少交易一次，这一比例远远超过了其他国家和地区。在中国香港，73% 的受访的投资者表示每月最少对股票、债券、外汇或者其他投资项目进行一次操作。在美国和法国，每月最少操作一次的散户比例分别 53% 和 32%。

这项调查还显示，只有 3% 的中国投资者设定了明确的止盈与止损目标，而在美国这一比例为 20%。该机构认为，中国散户投资者频繁操作，与中国的投资文化不无关系。在美国，多数投资者是为了退休以后的生计而进行投资，但在中国和其他亚洲国家，投资者认为买卖股票有乐趣，许多退休人员将买卖股票视为消遣活动。

14. 股市该怎样与社会主义制度相结合？

> 股份制是公有制的重要实现形式，而不是私有化的"踏板"。股市本身也不是私有化的载体，而是公有制和多种所有制共同发展的市场化平台。股市与社会主义制度相结合、相融合，还必然有一些自己的特点。

中国股市是中国特色社会主义市场经济的重要组成部分，也是中国特色

社会主义国家体系和肌体的重要组成部分。

以公有制为主体的国家经济体制是中国股市建立、发展的制度基础；按照宪法规定，股市改革发展的前景也是要落实到公有制为主体这一逻辑上的。所以，中国股市的改革发展必然要坚持社会主义方向，不能脱掉公有制的底色。

宪法规定的条款包括，1."国家在社会主义初级阶段，坚持公有制为主体、多种所有制经济共同发展的基本经济制度，坚持按劳分配为主体、多种分配方式并存的分配制度"。2."国有经济，即社会主义全民所有制经济，是国民经济中的主导力量。国家保障国有经济的巩固和发展"。3."在法律规定范围内的个体经济、私营经济等非公有制经济，是社会主义市场经济的重要组成部分"。"国家保护个体经济、私营经济等非公有制经济的合法的权利和利益。国家鼓励、支持和引导非公有制经济的发展，并对非公有制经济依法实行监督和管理"。

坚持"两个毫不动摇"是关于新时期我国所有制现实情况和未来发展的最好概括，也是指导各项改革的基本原则。"两个毫不动摇"，即"必须毫不动摇巩固和发展公有制经济，坚持公有制主体地位，发挥国有经济主导作用，不断增强国有经济活力、控制力、影响力。必须毫不动摇鼓励、支持、引导非公有制经济发展，激发非公有制经济活力和创造力"。

中共十八届三中全会决议再次确认了坚持"两个毫不动摇"的表述，这是符合我国生产力发展阶段特征和经济社会发展现实的正确选择，是对社会主义制度和现代市场经济两者统一的合适答案。

股份制是公有制的重要实现形式，而不是私有化的"踏板"。股市本身也不是私有化的载体，而是公有制和多种所有制共同发展的市场化平台。

我国所有制形成的路径与西方国家的不同之处就在于，西方国家是在私有制的基础上，随着生产力的发展产生了非私有经济甚至国有经济。我国则是在已经形成了公有制的基础上，一方面对公有制经济即所谓的存量进行改革、改组、改造，一方面大力发展非公有制经济，即增加增量。

改革开放的实践证明，公有制特别是国有经济可以搞好，市场经济与公有制可以结合。因此，公有制为主体，国有经济为主导，多种所有制经济共同发展是历史的选择和必然，坚持"两个毫不动摇"就是尊重历史的表现。不顾生产力发展水平，搞纯而又纯的公有制和不顾历史及现实状况走私有化的道路，都是不可取的。

股市是资本自由博弈的场所，但并非没有一些约束性规则。西方国家的股市以资本主义私有制为基础，但也强调公开、公平、公正，强调制度约束。我国股市以坚持"两个不动摇"为基础，同样要强调公开、公平、公正，加强制度约束。

股市与社会主义制度相结合、相融合，还必然有一些自己的特点。比如在一些国有控股上市公司中，国有股的地位不能弱化；再比如四大商业银行的国有控股地位，也不能轻言削弱。即使市场中介机构如证券公司，有的也需要国有资本控股。这并不意味着没有市场化。市场化的含义不是私有化，而是不同主体之间可以按照自己的价值取向进行博弈、达成交易。对于国有资本的受托代理人来说，它是否要进入某一家企业，在其中持有多大比重的股份，应由其董事会依据国家资本的战略决定。对于众多不需要国有资本控股、参股的企业，则与国有资本的受托代理人没有什么关系。

当然，国有资本控股或者参股较大的公司，其市场地位还是有一些不同，公众一是可以据此观察国家对于某一具体行业的战略价值判断；二是可以据此评估某一具体企业的效率约束，因为国有控股很有可能导致效率相对低一点。笔者并不赞成国有控股一定造成企业效率低下的说法，所以，使用"效率相对低"的概念。纵观全世界，国有资本效率相对低一点，是很正常的。但我们并不能因此否定国有资本存在和运作的必要性，因为，世界上不

是什么东西都一定要"彻底交易"的。国有体制的目的，就是要以牺牲一点效率为代价，达到稳定社会、稳定经济的目的。

15. 股市该如何对接供给侧结构性改革？

> 股市自身的供给侧结构性改革，落脚点是提供公平公正的制度支撑，提供优质的投融资服务，提供高效的监管，建立起公允的定价机制，维护好中国资本的独立定价权。

中央明确指出，"当前及今后一个时期，供给侧是主要矛盾，供给侧结构性改革必须加强、必须作为主攻方向"。基于此，对需求侧的扩张，按照"自行车原理"衡量即可，只要保持"不倒""持续行进"的速度即可。在保持 6.5% 至 7% 增长速度的前提下，要着力落实结构性改革特别是供给侧结构性改革。

供给侧改革的"五大任务"，即去产能、去杠杆、去库存、降成本、补短板，每个词组都有具体的政策含义，不能仅仅从字面意思来看，而应当立足提高经济质量、优化经济结构、稳定改革预期来理解和落实。

比如"去杠杆"，中央明确解释说，是指在宏观上不放水漫灌，在微观上有序打破刚性兑付，依法处置非法集资等乱象，切实规范市场秩序。笔者认为，就是去掉"不合理的杠杆"和"不合理的杠杆部分"，而不是一点杠杆都不要。把金融手段运用好，是振兴实体经济的必要条件。再如"降成本"，主要是指去掉不必要的制度性成本，使市场在资源配置中起决定性作用，而不是对所有成本都要降低。在特定领域和特定环节，还应当适当提高成本。

股市自身的供给侧结构性改革，落脚点是提供公平公正的制度支撑，提供优质的投融资服务，提供高效的监管，建立起公允的定价机制，维护好中国资本的独立定价权。要完善市场基础性制度建设，壮大市场主体力量，强化市场约束。形成完备的融资功能，充分保护投资者权益，提高各类主体的信息披露质量。依法全面从严监管，严厉打击各类违法违规行为。当前要在发行、退市、交易等基础性制度建设方面发力。

在此基础上，股市才能够更好支持国有企业改革、支持供给侧结构性改革。供给侧结构性改革能够有哪些"早期收获"，是能否提振股市信心，支持股市良性发展的关键因素。

市场监管

16. "股票发行注册制"为何搁置了？

> 不管叫什么"制"，企业发行股票并上市，都需要审核。对注册制的理解偏离了现实，游离了原点。如果注册制改革仅仅是换一个词，那么，不用这个词也没什么。

2015 年，有关股票发行注册制改革的说法十分混乱，很多属于误解和曲解。比如，有人认为注册制下，企业只要备案就可以上市；还有人认为，注册制就是放松管制；还有人认为，注册制会把上证综指压到 1000 点。这说明，改革预期管理出现了严重问题。

其实，不管叫什么"制"，企业发行股票并上市，都需要审核。不管是交易所审核，还是证监会审核，企业发行股票都要遵循相关规则。2015 年末，证监会曾就相关衔接工作做过解释，但终究未能安抚市场情绪。2016 年 3 月 12 日，新任证监会主席索性宣布搁置该项改革。

注册制到底是怎么回事呢？笔者认为，首先，注册制是一个概括性表述，指企业发行股票的程序简化且透明；其次，注册制下企业发行股票不受政府干预，即监管和审核分离；第三，注册制下企业发行上市依然要经过严格的审核。

在"理想的注册制状态"之下，发行人可以根据市场信号的指引，自主选择何时发行、以什么价格发行、发行多大规模；投资者也可以根据发行人信息披露的指引，自主决定何时入市，是否申购股票。不过，在我国现行条件下，这样的注册制改革还不能一下子实现。

同时，在我国特定的市场环境下，各方面对于市场经济的认识还不够深入，存在一些理想主义和盲目心态。对注册制的理解偏离了现实，游离了原点。

注册制改革主导者最初的"诉求原点"是，解决好政府职能与市场职能的边界问题，既能较好地解决发行人与投资者信息不对称所引发的问题，又可以规范监管部门的职责边界，避免监管部门的过度干预，不再对发行人"背书"，而把企业价值判断的主动权交给投资者，股票发行数量与价格由市场各方博弈，让市场发挥配置资源的决定性作用。

应该说，无论是注册制，还是目前实行的核准制，都不是完全对立的关系，而是承接关系。当初打算搞这项改革，不是要颠覆什么，而是完善制度、优化制度。进一步说，股市中的很多事和注册制关系不大。

要实现股市体系提质升级，除了抓好新股发行机制改革，还必须抓好其他配套改革，如机构投资者监管体制、涉股税收体制等。除了股市机制改革，宏观体制改革也要跟上，包括企业营商制度改革、投融资体制改革、公安司法体制改革、公众监督制度改革等。必须进一步修改完善公司法、证券法、刑法等，完善相关司法解释。

所以，如果注册制改革仅仅是换一个词，那么，不用这个词也没什么。继续推进"以信息披露为核心的市场化改革"，才是我们所应该做的。

17. 注册制为什么不能"单兵突进"?

> 我国股市舆情中长期存在一种倾向,将某一个问题或某一项举措片面化、单一化、绝对化,夸大其好处或者弊端,这对于股市改革发展和日常运行都是很不利的。是否叫"注册制"其实没有这么重要,关键看政策效果和执行者的把握能力。

2015 年,因"新股发行注册制"概念混乱,或被"神化"或被"妖魔化",导致投资者预期紊乱。尽管相关方面反复表明改革将坚持"积极稳妥、平稳有序"的原则,实行注册制不等于上市规模失控,对新股发行规模、节奏仍将实施必要的宏观调控,注册制实施后新老发行体系将稳妥切换、平稳过渡,但是,投资者、企业、机构依然感到心里没有底,市场预期飘忽不定。这给股市改革造成了不必要的损失。

2016 年 3 月 12 日,证监会主席刘士余在回答股票发行注册制"搞不搞"和"怎么搞"的问题时强调,要认真全面地理解党的十八届三中全会的《决定》(即《中共中央关于全面深化改革若干重大问题的决定》),认为《决定》中"健全多层次资本市场体系,推进股票发行注册制改革,多渠道推动股权融资,发展并规范债券市场,提高直接融资比重"这句话中间的逗号有重要政策内涵。他解释说,使用逗号说明这几项改革不是孤立的、独立的甚至割裂的选项,逗号与逗号之间的这些内容是相互递进的关系。也就是说,把多层次资本市场搞好了,可以为注册制改革创造极为有利的条件。

笔者认为，刘士余的"逗号论"其实就是"全面论""协调论"，有助于稳定公众对股市改革的预期。我国股市舆情中长期存在一种倾向，将某一个问题或某一项举措片面化、单一化、绝对化，夸大其好处或者弊端，这对于股市改革发展和日常运行都是很不利的。刘士余以"逗号论"解读资本市场改革的整体性、协调性，很好地说明了注册制改革与其他改革的关系问题，也很好地说明了股市自身改革和股市外部改革的关系问题。

当时的一个背景是，2015年12月27日，全国人大常委会通过议案，授权国务院可以根据股票发行注册制改革的要求，调整适用现行《证券法》关于股票核准制的规定，对注册制改革的具体制度作出专门安排，从2016年3月1日起生效。对此，刘士余解释说，"我理解人大常委会对政府的这项授权，标志着政府可以启动注册制改革与现行行政审批制、核准制之间制度转换所需要的一系列配套的规章制度"；"这些技术准备工作，也就是说配套的规章制度，研究论证需要相当长的一个过程。在这个过程中，必须充分沟通，形成共识，凝聚合力，配套的改革需要相当的过程、相当长的时间"。

刘士余的解读，将改革顶层设计与实际操作之间的矛盾统一关系说得很清楚，扫清了人们此前的疑虑。随后的实践已经证明，是否叫"注册制"其实没有这么重要，关键看政策效果和执行者的把握能力。

18. 新股发行制度下一步怎么改?

新股发行改革的方向，是促使投资者和筹资者在公平条件下，按照市场供需情况和公司基本面情况，得出双方都接受的价格。对新股发行和上市规模、节奏仍将实施必要的宏观调控；不过，调控方式和途径将创新。

新股发行改革的方向，是促使投资者和筹资者在公平条件下，按照市场供需情况和公司基本面情况，得出双方都接受的价格。所谓新股上市规模失控的认识是偏颇的、不准确的。对新股发行和上市规模、节奏仍将实施必要的宏观调控；不过，调控方式和途径将创新。

在现有核准制的规则下，发行人、证券公司、会计师事务所、律师事务所等中介机构必须对上市公司的信息真实性、准确性、完整性负责。政府监管部门不再为新股的质地与投资价值"背书"。证监会审核的重点在于信息披露的齐备性、一致性和可理解性。

改革新股发行机制，就是要真正建立起市场参与各方各负其责的责任体系，建立健全"宽进严管、放管结合"的新体制，突出强调切实保护投资者的合法权益，严格规范市场参与各方的权利义务，通过职责清晰、监管有力的法律责任规范，建立起强有力的法律约束机制。"放"是为了释放市场活力，绝不是要释放违法违规的魔鬼。为此，一方面，监管者要着力加强事中事后监管；另一方面，要通过完善立法，强化民事赔偿制度，让违法者付出高昂的成本和代价。

在严格的核准制下，真正优质的股票将涌现出来，从供给的角度，满足投资者的需求，使投资升级换代。随着更多优质新股发行上市，壳资源将不

再稀缺，炒壳卖壳之风将自动消退。

证监会在2017年2月10日表示，要抓住时机，推动新股发行常态化，扩大直接融资规模，加强上市公司再融资监管，禁止募集资金用于类金融业务，限制补充流动资金和偿还银行贷款。这一表态清晰地表明，新股发行叫什么"制"已不重要，确保上市公司质量、确保程序公平才是最重要的；同时，新股发行要符合国家战略和中心工作的总体要求。

19. 为什么说 IPO 不是拖垮二级市场的主要因素？

2016年由于取消了新股申购预缴款，全年无巨额资金冻结，IPO对市场资金平衡的扰动大为降低。2017年以来，大市值蓝筹股票的价格相对稳定，即使遭遇市场调整，其下跌幅度也有限。稳定蓝筹股的价值中枢，正是我们深化资本市场改革、维护市场稳定发展的正确方向。

2017年1月，创业板市场连续下跌，创业板指一度跌破1900点关口。一些分析人士认为，是IPO节奏太快，拖垮了行情。与此伴随，自媒体上也出现了一些似是而非的分析，渲染恐慌性情绪。对于来自市场的各种意见，管理层保持高度关注，并将适时采取改进和调整措施；同时，对于不必要的恐慌，也需要加以引导。

笔者认为，观察IPO对市场的影响，不仅要看发行的家数，还要看融资规模。2016年全年，证监会核准了280家公司实施首发，迄今已有248家完成申购，发行市盈率平均为20.6倍，约八成公司的发行市盈率集中在20倍至

23 倍。其中，银行、券商的发行市盈率较低，贵阳银行最低为 6 倍。这样的市盈率水平总体上是温和的，这也是市场选择的结果。248 家公司 IPO 募资 1 633 亿元，规模总体上是适宜的、可控的。并且，2016 年由于取消了新股申购预缴款，全年无巨额资金冻结，IPO 对市场资金平衡的扰动大为降低。

另据分析，2014 年和 2015 年，沪深市场通过 IPO 和再融资筹集资金分别为 7 490、15 215 亿元，其中 IPO 募集资金分别为 669、1 576 亿元，分别占股权总融资额的 10%左右。2016 年 IPO、再融资合计 1.33 万亿元，IPO 筹资 1 633 亿元，占股权总融资额的 12.3%。

可见，IPO 对场内资金的"争夺"并不强烈，恰恰是 10 倍于 IPO 的再融资规模值得引起注意。上市公司再融资是支持其扩张发展、转型升级的重要方式，不少上市公司通过增发融资，上了新项目，补充了流动资金，创造了新的利润增长点。但也有一些公司，把增发当噱头，借机搞"市值管理"，用新钱还旧账，没有实实在在谋发展。对于增发中的不诚信情况，应当加强稽查和依法惩戒。

对于创业板连续 7 个交易日下跌，而上海蓝筹股市场相对稳定，一些分析人士认为是"国家队"资金托住了指数，上证综指是不真实的。还有人认为，创业板指数七连跌标志着股市已经进入"熊市"。按照这些人的思路，中国股市再次陷入了"灾难"境地；要保持市场活力，就应该迅速回到"炒小、炒新、炒概念"的路上去。

笔者认为，这样的分析是片面的，也是过时的。创业板整体回落，主要是由于前期创业板估值过高。经过这一轮相对彻底的洗礼，创业板中的优秀公司会更加突出。创业板整体回落还与各地的区域性股权交易市场的发展有关——中小企业的多层次融资渠道更加畅通了，创业板公司的稀缺性就降低了。

2017 年以来，大市值蓝筹股票的价格相对稳定，即使遭遇市场调整，其下跌幅度也有限。这并非仅是"国家队"的资金在"硬撑"，而是各类投

资者对蓝筹投资、价值投资的认同感增强了，从而把真金白银投向蓝筹股。无论是"国家队"的资金，还是其他市场主体的资金，大家认同蓝筹股的投资价值，稳定蓝筹股的价值中枢，正是我们深化资本市场改革、维护市场稳定发展的正确方向。随着产业结构的调整升级以及相关税收政策的完善，蓝筹股的价值发现、价值维护的制度性基础会更加扎实。

蓝筹股不强，中国股市不可能强；蓝筹股的价值得不到投资者的认可，中国资本市场的改革就不可能成功。所以，做强蓝筹股市场，让蓝筹股投资深入人心，这项工作要坚定不移地、扎扎实实地做下去。有了这个底气，创业板市场也就能够走得更理性、更健康！

20. 该如何看待金融市场风险？

> 要通过金融供给侧结构性改革，超前管控风险，超前布局"改革红利叠加点"。把防控金融风险放到更加重要的位置，是稳定金融、提升金融的基础。大力发展多层次的资本市场，把间接融资比重缩小，扩大直接融资市场，是化解金融风险的极其重要的途径。

2008年爆发的美国金融危机，最初由次级债市场开始，很快波及美国整个金融系统，并且席卷整个西方世界，也对新兴国家的经济金融发展造成了冲击。2015年七、八月间爆发的中国股市危机同样教训深刻。

因此，防范金融危机由"青萍之末"向"波起云涌"发展，是各国政府和金融监管当局的首要职责。2017年中央经济工作会议（2016年12月举行）

在阐述宏观经济政策时强调，"要把防控金融风险放到更加重要的位置，下决心处置一批风险点，着力防控资产泡沫，提高和改进监管能力，确保不发生系统性金融风险"。

笔者认为，我国正处于经济转型和体制改革的冲刺阶段，做好金融风险的预判、管控和处置，对于深化供给侧结构性改革来说，既是支持和保障，也是引领和前驱。所谓支持和保障，是指稳定运行的金融体系为供给侧结构性改革提供支持，改革走到哪里，金融支持就应当跟到哪里。所谓引领和前驱，是指金融也要搞好供给侧结构性改革，并且应该有一些适度超前的谋划。

要通过金融供给侧结构性改革，超前管控风险，超前布局"改革红利叠加点"。笔者认为，当代综合国力竞争的一个突出特点，就是塑造金融优势、掌握金融标准的制定权、争夺金融体系的制高点。如果我们忽视金融体系的安全，不切实提高金融体系服务实体经济的能力，我国综合国力的发展就会受到很大的制约。而把防控金融风险放到更加重要的位置，是稳定金融、提升金融的基础。

中央经济工作会议要求，"下决心处置一批风险点，着力防控资产泡沫，提高和改进监管能力"。那么，主要的风险点在哪里？监管改革该如何推进呢？

笔者认为，我国金融体系的风险有一些是显性的，如股票市场在特定阶段暴涨暴跌，房地产市场在一段时间内过快上涨。还有一些隐性风险还没有充分显露，但监管部门通过监控已有所发现。比如在期货交易市场、互联网金融领域，存在不同程度地滥用杠杆、资产错配等风险。有一些险企在国外高价收购物业，还有的险企挪用保险资金在国内外投资，有的资金会牵涉到银行资产，容易使偶发风险无限蔓延。目前已发现个别的保险公司、中小银行存在资金风险。对银行系统、保险系统这方面的风险，要进一步排查和化解。

还有一个风险是，银行贷款给一些"僵尸企业"，由于企业经营难以为继，贷款就可能打水漂。2016年10月，国务院已发布《关于市场化银行债

权转股权的指导意见》，其中明确规定，不是把银行债权直接变成银行持有的企业股权，而是通过向实施机构转让债权、由实施机构将债权转为对象企业股权。这样做的目的，就是防止将实体经济中产生的，特别是"僵尸企业"造成的风险传导到金融领域。

2016年下半年出现的跨保险市场和股票市场的过度举牌事件说明，尽快建立起全覆盖、全链接的协同金融监管体制，已十分迫切。金融混业、跨业经营，已经形成了一些靠分业监管不能触及和覆盖的领域，存在监管真空。如果事前、事中、事后监管跟不上，不能形成合力，甚至是互相掣肘，不能让风险及时化解，会使风险"脓包"越来越大。因此，完善"一行三会"协调机制非常迫切，建立集中统一的"国家金融管理委员会"非常迫切。

大力发展多层次的资本市场，把间接融资比重缩小，扩大直接融资市场，是畅通金融渠道、强化市场约束、完善社会监督、化解金融风险的极其重要的途径。因此，规范资本市场参与主体行为，实行依法监管、从严监管、全面监管，是当前一项极其重要的工作，也是一项长期的任务。

21. 金融监管为何要坚持"一盘棋"原则？

从监管责任来说，既要有分工，也要有合作，这就需要将监管边界厘定清楚，将协作机制完善起来。而监管边界也是不断变化的，执法者、监管者要永远将市场发展的责任放在肩上。该担当的要勇于担当，敢接烫手的山芋。

"实体经济不发展，是金融最大的风险"。考察金融风险，不能单纯看金融体系内部，而是要紧密结合实体经济的冷暖。只有坚持"金融与实体经济一盘棋的原则"，将金融和实体经济统筹起来考虑，才能将这两个领域的单个风险、交叉风险、混合风险看清楚，并拿出处置和疏导思路。

维护金融市场基本稳定，是任何经济体都必须坚持的基本战略，不能因一些风吹草动、风言风语而有丝毫的动摇。有了基本稳定，才谈得上深化改革，才谈得上转型升级。金融市场发展和改革，要坚持市场化、法治化的大原则；但同时，政府的职能不能缺位，在市场遭遇严重系统性风险时，该出手时就要果断出手。应当说，正确处理稳定、发展和改革的关系，是"一盘棋"思维的重要支撑点。

关于金融市场监管，涉及三个层面的意思：一是政府有监管责任；二是监管要实行改革；三是改革过程中各监管主体必须守土有责，不得懈怠。监管改革要实现全覆盖，因为现在金融创新的产品很多，不能留下监管空白。监管改革要增强协调性，因为金融市场产品之间关联度比较高，协调要有权威，还要做到权责一致。

笔者认为，监管责任、监管边界、监管协调、监管创新、监管权威和信用，都是"一盘棋"思维的重要元素。从监管责任来说，既要有分工，也要有合作，这就需要将监管边界厘定清楚，将协作机制完善起来。而监管边界也是不断变化的，执法者、监管者要永远将市场发展的责任放在肩上。监管协调不能只靠上级耳提面命，更要靠各个监管主体主动协调。监管创新则是要以公正公平为先，在兼顾市场效率的前提下，创新和完善监管手段、方式、渠道和机制，避免监管僵化，特别是避免为监管而监管。各有关部门和地方要按照已定的职能履行职责，守土有责，绝不能有任何的松懈，要不断总结经验教训，该担当的要勇于担当，敢接烫手的山芋。

保证监管的权威性，提高监管的信用度，不单单是对监管工作的要求，而且关系到市场参与者对政府的信任度，关系到民心向背，绝非小事。

金融市场本身就是信用市场，监管者首先要强化信用意识，自身要讲信用，要引导市场主体秉持信用原则，要对失信者予以机制上的惩罚。讲信用，是"一盘棋"思维的核心内涵。提高金融监管的"一盘棋"水平，是我国金融市场发展和改革的必然要求。

22. 为什么说"监管经"与"发展经"都要念好？

> 中国证监会不单单承担着监管的任务，而且肩负着相当程度的市场发展任务。中国证监会与发达市场证监机构的不同之处就在于，前者除了抓日常监管，还要考察、评估市场发展的状况，包括成果和不足，并不断提出发展规划，涉及路径、步骤甚至工具的选择。监管是为了发展，要服务于发展；发展是监管的基础，要为监管提供支持。

2016 年以来，针对资本市场的"旧症""新疾"，监管层进一步完善和加强监管，推出了一些新政策，包括规范并购重组，严控借壳上市，提高信息披露质量，落实退市机制，清理不合格私募基金，强化对中介机构稽查等等。查处欣泰电气及其保荐机构，令欣泰电气无条件退市，彰显了监管权威和市场公正。

与此同时，银监会、保监会等部门也针对资本市场推出或准备推出一些新举措，如对银行理财产品投资业务加强控制，对组合类保险资产管理产品业务加强约束，对分级证券投资基金备案予以收紧等。由于少数保险公司在资本市场过度投资，甚至进行"暴发户"式的投机活动，保监会对保险公司股权信息披露提出新的要求，对少数社会资本以隐蔽手段入股保险公司形成的风险予以防范。

笔者认为，完善和加强监管的目的，是促进资本市场公开、公平、公正，提高市场发展的质量。完善和加强监管，本身也是资本市场发展的一部分。我们必须立足自身发展实际，同时借鉴发达市场的经验教训，尊重市场规律，完善体制机制，以形成自身的监管特点和监管优势，更好地促进经济和金融市场健康持续发展。

其实，监管与发展是相辅相成的：一、监管的目的是发现坏人、惩罚坏人，但也是为了保护更多的好人；二、有效监管的结果是保障市场公开、公平、公正，让参与者心服口服地赔钱，心平气和地赚钱；三、定价公平和运行稳定的资本市场，可以为经济实体优化资源配置、提高运营绩效提供平台；四、运行高效的企业和相对合理的产业布局，可以为资本市场提供更大的"可服务空间"和充足的原动力。

我国资本市场既要抓好监管问题，又要抓好发展问题，两者不可偏废，不可失衡。中国证监会不单单承担着监管的任务，而且肩负着相当程度的市场发展任务。中国证监会与发达市场证监机构的不同之处就在于，前者除了抓日常监管，还要考察、评估市场发展的状况，包括成果和不足，并不断提出发展规划，涉及路径、步骤甚至工具的选择；而后者则可以尽量少地考虑类似问题。因此，把中国证监会的职能简化为"监管"二字是错误的，不符合国务院对证监会职能设置的实际安排。

资本市场不断提升发展质量的过程，就是不断改善市场生态和监管体系的过程。这两方面相互发挥作用：没有好的市场生态，单向度地讲严格监管，就会陷入形而上学；没有适合和高效的监管体系，市场运行基础、市场生态也会受到损害。"监管经"要念好，"发展经"也要念好，两者是一致的、统一的，而不是割裂的、对立的。

　　监管"永远在路上"，但每个阶段又有不同的情况，每个阶段的监管有不同的特点。但有一点必须明确，监管需要累积经验、累积"课时"，高等级的监管体系不是一下子可以建成的。今天的监管是在既往监管基础上的新发展，而不是另起炉灶、重新再来，更不是有些人臆想的"推倒重来"。"推倒重来"不符合实际，我们也玩不起。

　　监管层推出的相关监管举措，不是一个"严"字所能完全覆盖的，而是重在完备体制、完善机制，所以，要完整地讲"依法监管、严格监管、全面监管"。今天的一些举措也要根据实践进一步调整完善，有些不一定适当的也要修正。总之，监管是为了发展，要服务于发展；发展是监管的基础，要为监管提供支持。

23. 如何评估股市监管的市场效应？

> 新阶段股市监管要努力实现和充分体现"三个效应"。一是针对市场主体的"示范效应"。二是针对社会公众的"辐射效应"。三是针对制度建设的"渗透效应"。

　　自2016年2月以后，证监会提出"依法监管、从严监管、全面监管"的理念，并加大了对违法违规案件的查处，法治的"篱笆"越扎越牢，处罚的利剑越来越锋利，执行的节奏越来越密集。

　　在各界高度肯定"加强监管"的同时，我们也听到这样一种说法，"证监会只要抓好监管就可以了"。其实，这种"听起来很正确"的说法已经不是第一次出现了。笔者认为,对这种说法需要加以校正。

事实上,股市监管方略没有也不会转向"单向度"。监管者强调"依法监管、从严监管、全面监管",是监管理念与股市改革发展战略的一次升级,是在以往监管经验、监管成果上的继承和发展,同时突出了对市场发展新现实的针对性,但不意味着监管方略转向了"单向度"。监管之责与发展之责相辅相成而不是割裂的。

新阶段股市监管要努力实现和充分体现"三个效应"。一是针对市场主体的"示范效应"。监管就要杀鸡骇猴、以儆效尤。对于公然违法违规的机构和个人必须依法处理,树立"违法违规必被罚"的治市权威。通过执法监督,警示所有市场主体依法参与市场,去除侥幸投机心理,应是监管者的执着追求。目前,执法监督仍有"打不痛""打不准"的问题,需要加以改变。

二是针对社会公众的"辐射效应"。股市执法监督不单是针对违法违规的当事人,也不单是针对证券市场内部,而是对全社会公平公正负责。要通过查处股市违法违规案例,向社会公众传递公平正义精神,展示股市建设成果,引导公众从股市监管看到金融监管的进步、司法体系的进步。要通过股市监管,树立中国股市的良好形象。

三是针对制度建设的"渗透效应"。执法监督本身也是建设行为,执法者、监管者可以通过执法监督,检验现有规则是否与市场运行的状况相契合,可以从市场主体那里获取对执法、监管的反馈;执法者、监管者也可以向市场主体传递正面或反面的建设信息。在此基础上,执法者、监管者可以对规则和执行方式、手段进行调试和改进,促进监管与发展的良性循环。

加强和改进监管,是一个不断循环上升的过程;监管是市场建设发展的有机组成部分。认为只要有了监管,市场就会风平浪静、没有是是非非的想法,是脱离实际的。监管不能解决一切问题,而只有把监管与发展统筹起

来、兼顾起来，均衡和持续发力，中国股市建设才能真正走好。

24. 如何规范上市公司再融资？

> 应进一步完善规则，扎紧制度的篱笆，让"筹码供给者"更加透明，明明白白地"卖筹码"。对过度需求加设一定程度的"减速装置"，遏制非理性"泡沫式筹码供给"。堵住"炒概念"、"套利性融资"等漏洞，促进再融资行为切实服务实体经济。

2017年2月18日，证监会正式出台对上市公司再融资的规范性措施，从定价机制、融资规模、时间间隔、需求刚性四个方面加强监管，及时回应了市场关切，主动引导市场预期，受到广泛肯定。

此次修订《上市公司非公开发行股票实施细则》部分条文和发布《监管问答》，较为快速高效，体现了监管机构主动担当、靠前站位的责任意识、大局意识。今年以来，中国股市长期存在"融资恐惧症"再度引发，对IPO呈现常态化的担忧有所加剧。与此同时，过度再融资、大股东董监高过度减持，也成为影响市场预期的"筹码供给"因素。

因此，应进一步完善规则，扎紧制度的篱笆，让"筹码供给者"更加透明，明明白白地"卖筹码"。这其中，保荐机构以及承销商、会计师事务所等要发挥好中介职能，把IPO、再融资的价格定得更加公平合理。从监管者来说，则需要对蜂拥而至的融资需求分门别类地加以引导，对过度需求加设一定程度的"减速装置"，遏制非理性"泡沫式筹码供给"。

　　据统计，近年来，场内再融资规模远远高于 IPO 规模。2014 年沪深市场通过 IPO 和再融资筹集资金为 7490 亿元，其中 IPO 募集资金为 669 亿元；2015 年沪深市场通过 IPO 和再融资筹集资金为 15 215 亿元，其中 IPO 募集资金为 1 576 亿元，分别占股权总融资额的 10% 左右。2016 年 IPO 和再融资合计为 1.33 万亿元，其中 IPO 筹资 1 633 亿元。

　　2006 年 5 月 8 日开始实施的《上市公司证券发行管理办法》，对向特定投资者发行股票等（定向增发）做出如下要求：发行对象不得超过 10 人，发行价不得低于基准价的 90%，发行股份 12 个月内（大股东认购的为 36 个月）不得转让等。而按照该《办法》，向不特定投资者发行股票（公开增发），则要符合"最近 3 个会计年度加权平均净资产收益率平均不低于 6%"的规定。就是说，不管企业是否亏损，都可以申请定向增发，并很可能获准，这相较于配股、公开增发等其他再融资方式，门槛低了很多。

　　因此，很多企业并不在意 IPO 获得多少融资，而是紧紧盯上了上市之后的再融资。最近三年来，定向增发出现泥沙俱下的情况。一些上市公司不仅在规模上过度求大，而且融资结构不合理，募集资金使用随意性大、效益不高。证监会自去年下半年以来，已对再融资采取收紧措施。去年 9 月，证监会修订发布《上市公司重大资产重组管理办法》，严格审核并规范募集资金投向。多家上市公司知难而退，撤回与此相关的再融资申请，调减再融资金额。

　　此次出台的新措施，总结了去年下半年以来约束再融资的经验，从定价方式、融资规模、间隔频次、需求刚性等方面加强监管。一是上市公司申请非公开发行股票的，拟发行的股份数量不得超过本次发行前总股本的 20%。二是上市公司申请增发、配股、非公开发行股票的，本次发行董事会决议日距离前次募集资金到位日原则上不得少于 18 个月。三是上市公司申请再融资时，除金融类企业外，原则上最近一期末不得存在持有金额较大、期限较长的交易性金融资产和可供出售的金融资产、借予他人款项、委托理财等财

务性投资的情形。四是明确定价基准日只能为本次非公开发行股票发行期的首日，取消了将董事会决议公告日、股东大会决议公告日作为上市公司非公开发行股票定价基准日的规定。这些措施大体可以堵住"炒概念"、"套利性融资"等漏洞，促进再融资行为切实服务实体经济。

笔者认为，"有短补短"应当成为监管者对待市场规则的常态。根据我国股市的现实情况，监管者特别是一线监管者必须"向前多站一步"，而不能想当然地认为市场主体会完全自觉地服从规则，想当然地效仿成熟股市的监管模式。"主动查问"、"有短补短"是建设理性健康市场的监管要义之一，不但与"使市场在配置资源中起决定性作用"的理念不冲突，而且是相辅相成的。

25. "一行三会"监管体制将如何调整？

新的监管体系，要确保对相同业务执行相同的监管标准，不因机构类别不同而有差异；要确保对跨市场创新作出前瞻、及时的反应；要提高统筹监管内外市场行为的能力。

"十三五"规划建议提出，"改革并完善适应现代金融市场发展的金融监管框架，健全符合我国国情和国际标准的监管规则，实现金融风险监管全覆盖"，为改革现行金融监管体制指明了方向。2016年将开展新型金融监管体制的研究论证工作，并择机落实。

目前，我国实行央行宏观监管和"三会"（银监会、证监会、保监会）微观监管的金融监管体系。虽然设立了由央行牵头的"金融监管协调部际联席会议"制度，协调"一行三会"协同监管工作，但运行的效果并不理想。组织松散，力度不强。近期，国务院办公厅已设立金融事务局，即秘书四局，主要是负责"一行三会"行政事务方面的协调。

我国金融市场已经发生深刻变化：商业银行混业经营步伐加速；非银行金融机构和非金融企业也纷纷搭建混业经营平台，涉及银行、保险、证券等核心金融牌照；不同金融机构在业务层面的差异越来越小，业务层面混同发展。在分业监管框架下，跨市场套利和逃避监管问题日益突出。

针对金融跨业和混业发展、资本跨国流动的需要，参照国际经验，结合我国实际情况，在现行"一行三会"体制的基础上，还可进一步划分统一监管和分业监管的领域、层次、功能，构建流动性集中监管，常规业务分散监管，系统性风险合作监管的新机制，建立和完善统一和分散相结合新型监管体制。

新的监管体系，要确保对相同业务执行相同的监管标准，不因机构类别不同而有差异；要确保对跨市场创新作出前瞻、及时的反应；要提高统筹监管内外市场行为的能力。

26. 该如何规范银行资金与股市的关系？

> 银行信贷资金违规进入股市的情形是可以界定的，根本问题在于企业和个人是否违反诚信原则，是否虚列理由、以非法手段套取信贷资金。不能简单地说，银行资金进入股市就是违规违法。

我国金融业长期实行分业经营和分业监管模式，其起源是对风险隔离管

理的考虑，但现实已发生巨大变化，金融混业经营和混业监管的趋势已不可阻挡。于是，一个巨大问题就来了：该如何把银行资金隔离在资本市场之外？该如何规范银行资金与资本市场的关系？怎样的制度设计才是既能够防范风险，又符合市场需要的？

2015年3月12日，中国人民银行行长在阐述向整个经济体注入增量资金时表示，"对这些政策的评估，我认为需要一段时间，我们看到了有不少正面的效果，但是我认为花一段时间大家看这个问题会更加冷静、更加准确，也包括其中一个观点，就是这些资金进去以后不应进入股市，好像进入股市就不是支持实体经济了，这个观点从我个人来讲，我也不赞成。"他进一步阐释说，"股票市场这么多实体经济的企业，从石油、化工到建筑、基建、农业、食品工业，他们都在股票市场上融资，他们也都在银行开有账户，在银行借钱，这些资金非常直接地支持了实体经济的发展。特别是从股票发行角度，多数是实体经济的企业通过股票市场来融资，使实体经济得到了发展。确实有一些股票市场和金融市场中其他的环节中有一些金融交易有可能脱离实体经济，是一种纯粹的投机炒作的做法，但是不能一概而论，好像去了股市就是不支持实体经济。"

笔者认为，这一番阐释是很务实的、符合现代金融市场实际情况的。相对而言，现行的法律法规和制度建设、理论表述是滞后的。

在2015年股市上涨和异常波动期间，有关"银行资金违规进入股市"的媒体报道不少，但对于什么叫"违规进入股市"，概念上是混淆的。

笔者认为，银行资金违规进入股市的主要情形应该是：1.企业虚构项目获得银行贷款，将贷款全部或一部分用于股市投资；2.企业利用承兑汇票等方式，轮回套取银行资金，用于股市投资；3.银行与信托公司合作，虚构信托投资项目，将信贷资金用于股市投资；4.个人以消费贷款名义套取银行资金，或以虚假信用消费名义套取银行资金，用于股市投资。

有人举例称，贸易公司向银行申请贷款，用于采购货物。在相对应的货物销售完毕后，贸易公司不及时还贷，而是将所得资金用于股市投资。并认为这是违规违法行为。笔者认为，如果有真实贸易发生，应不属于套取资金行为。监管者该管的，只应当是银行是否及时收贷、企业是否及时还贷。贸易公司将属于自己的资金用于股市投资，只能算是公司风险管理的范畴。

还有一种情况是，银行将理财资金用于股市投资。无论是与信托公司合作还是与证券公司合作，无论是结构化产品还是非结构化产品，只要资金来源合法，账户合规性没有问题，风险防范措施到位，均不能算作违规进入股市。

前期发现的银行理财资金违规进入股市行为，主要是其使用的证券账户不合规。即在一个信托母账户下挂有十几个虚拟的子账户。母账户真实存在，但并不实际操作，主要的操作由未经实名登记的子账户完成。这些问题目前已清理完毕。

综上所述，银行信贷资金违规进入股市的情形是可以界定的，根本问题在于企业和个人是否违反诚信原则，是否虚列理由、以非法手段套取信贷资金。不能简单地说，银行资金进入股市就是违规违法。

目前，规范银行信贷资金使用的法规是，1999年2月国务院颁布的《金融违法行为处罚办法》。其中，第十八条规定，"金融机构不得违反国家规定从事证券、期货或者其他衍生金融工具交易，不得为证券、期货或者其他衍生金融工具交易提供信贷资金或者担保，不得违反国家规定从事非自用不动产、股权、实业等投资活动"。如果违反相关规定，则要受到包括警告、没收违法所得、罚款、纪律处分、吊销金融业务许可证等处罚，触犯法律的还将被追究刑事责任。

根据这一规定，金融机构从事证券、期货或者其他衍生金融工具交易，

从事非自用不动产、股权、实业等投资活动，"不得违反国家规定"。这就是说，在合乎国家法律法规规定的情况下，金融机构是可以从事证券、期货或者其他衍生金融工具交易的，也是可以从事非自用不动产、股权、实业等投资活动的。只有一条是没有附加条件的，即不得为证券、期货或者其他衍生金融工具交易提供信贷资金或者担保。对此，公众应当给予充分了解。

事实上，为了规范发展资本市场，解决好分业经营和混业经营的现实矛盾。国家已批准成立了中国证券金融股份有限公司。这家成立于 2011 年 10 月 28 日的金融机构的一个重要功能，就是为证券公司提供贷款。2015 年 7 月，中国人民银行宣布，将通过多种形式给予中国证券金融股份有限公司流动性支持，以"维护市场稳定"。

可见，在新形势下，"防范银行资金进入股市"这个说法已不够准确，应该调整为"防范客户恶意套取银行资金，用于股市等高风险投资领域"。

27. 理财产品进入股市的门槛该如何设定？

银行理财产品的优点和弊端是很清楚的，核心问题是混业监管的机制十分欠缺。应当在不断实践基础上，建立起一套跨业监管的体制机制。关键是落实风险承担主体，强化发行主体的自我约束机制。监管者则应把工作重心放在事中、事后监管上。

2016 年 7 月，银监会曾研究制定《商业银行理财业务监督管理办法》，并在一定范围内征求意见。后来，监管层对于金融理财产品达成了跨业协同监管共识，由一行三会一局共同监管。针对商业银行理财产品的投资范围，有一种主张是，只许可其投资货币市场基金和债券型基金，不得直接或间接投资于除此之外的证券投资基金，不得直接或间接投资于境内上市公司公开或非公开发行或交易的股票及其受（收）益权，不得直接或间接投资于非上市企业股权及其受（收）益权。笔者认为，这样笼统的限定是不科学、不恰当的。

在当前分业监管模式下，银行理财产品本质上是一种基金产品。在风险可控的前提下，这类产品投资于证券投资基金、公开上市股票、非上市股票，是一个十分正常的出路。根据目前理财产品市场暴露的问题，调整和完善监管规则，提升风险防范级别，是应该的和必需的。但是，一刀切地禁止这类投资模式，是一种倒退，不但会造成新的风险，还会使旧有风险持续发酵。

新的风险是指，已有的银行理财产品中，很多投资于证券投资基金、公开上市股票、非上市股票，是否要求它们抛售已持有的标的？新老理财产品如何实现新老划断、哪一天划断？是否会造成股票市场不稳定？旧有风险是指，大量储蓄资金沉睡于商业银行，银行支付的成本居高不下，而通过贷款渠道投资实体经济的效率低下。同时，各种融资平台通过与银行"合作"提高放款成本，搞"钱生钱"游戏。长期下去，既不断累积银行的经营风险，又不利于实体经济去杠杆，使扩大直接融资市场成为空谈。我们不应忘记的是，大国发展的经验证明，一个稳定健康发展的股票市场可以给实体经济提供巨大的融资和机制上的支持。

2016年7月公布的《中共中央、国务院关于深化投融资体制改革的意见》提出，试点金融机构依法持有企业股权，更好地使金融和实体经济有机结合起来，互相推动、良性发展。既然金融机构持有企业股权都可以试点，为何

叫停理财产品投资企业股权？显然，我们该做的是规范这些资金投资企业股权，而不是简单地一禁了之。

笔者认为，高达23.50万亿元的银行理财产品（截至2015年底）是一个不算大，但也不算小的数目，将其引向积极健康的发展轨道，为实体经济发展助力才是方向，而断其"管网""割据一方"并不可取。其实，银行理财产品的优点和弊端是很清楚的，核心问题是混业监管的机制十分欠缺。应当在不断实践基础上，建立起一套跨业监管的体制机制。

从银行方面来说，可以优化准入机制，比如为发行理财产品的银行设立门槛，要求其具备一定的资产条件、风控机制；为理财产品客户设立门槛，要求其具备一定资产规模和投资资历。据了解，《商业银行理财业务监督管理办法（征求意见稿）》已在这两个方面作出规定，值得充分肯定。该征求意见稿还规定，禁止商业银行发行分级理财产品，银行需提取理财产品风险准备金，商业银行每只理财产品的总资产不得超过该理财产品净资产的140%等。这些风险防控措施基于既往实践，有针对性，同时为下一步跨业发展留出了空间。

近年来，我国金融改革不断深化，金融产品和金融服务创新的步伐有所加快。当务之急是继续保持这种势头，而不可逆水行舟。理财业务快速发展是商业银行转型的重大机遇，而不是相反。在发展和转型过程中，出现一定风险是必然的，如何化解风险则考验监管者的智慧。

笔者认为，化解银行理财业务潜在风险，关键是落实风险承担主体，强化发行主体的自我约束机制。银行要主动防控风险，完善机制，监管者则应把工作重心放在事中、事后监管上。完善监管机制十分重要，但需要重申的是，调整监管规则一定要做好预期管理。

28. 如何推进证券集体诉讼制度？

根据我国股市发展的现状，应当在投资者特别是中小投资者权益保护力度方面推出力措施。要加快《证券法》等法律的修改，完善民事诉讼法的相关司法解释，尽快建立证券领域的集体诉讼制度。

集体诉讼是指，有条件提出诉讼的人数很多，且彼此间具有共同利益，由其中一人或数人为全体利益提起应诉。具体而言，如果一家上市公司或者证券机构损害了个人投资者的利益，可以由一人或数人出面代表全体投资者起诉上市公司或者证券机构，获得的赔偿由全体股民共享。按照惯例，在官司判决或调解成功后，原告把所获赔偿金的一部分分给律师事务所。

集体诉讼的另一个特点是，胜诉才收费，或者叫"诉讼风险制"收费。部分诉讼费用先由首席原告支付，而其他分散的原告都不需要支付任何费用。这就极大降低了原告打官司的成本。并且，由于集体诉讼的标的额足够高，采证较为容易，律所很乐意"代劳"。这就为没钱打官司的人们寻求法律帮助提供了空间。

在美国，证券集体诉讼制度很普遍，可以说隔三岔五就会发生。我国赴美上市企业也经常遇到这类诉讼。

马云的阿里巴巴 2014 年在美国上市，曾经引发全世界的关注和美国投资者的热捧；马云也因之成为中国首富，其持有的股票市值最高时达到 265 亿美元。不过，在 2015 年 1 月 29 日、31 日，美国的 Pomerantz 律师事务所、罗宾斯盖勒拉德曼和多德律师事务所（Robbins Geller Rudman & Dowd LLP）

先后向纽约南区法院起诉阿里巴巴以及高管团队马云、蔡崇信、陆兆禧和武卫四人，称阿里在上市文件中对公司的运作、财务预期以及监管风险陈述失实或误导。

这些诉讼均为证券集体诉讼，原告代表其个人以及其他在 2014 年 10 月 21 日至 2015 年 1 月 28 日期间（即"集体诉讼期"），购买阿里巴巴公司美国存托股票（Alibaba American Depositary Shares，阿里巴巴股票）的集体诉讼成员，起诉阿里巴巴公司以及公司管理人员、董事等相关人员违反美国 1934 年证券交易法案。

随后又有三家律师事务所跟进起诉阿里巴巴。这些律所是集体诉讼在美上市的"中国概念股"的常客，在 2014 年遭遇做空和集体诉讼的中概股公司中，网秦、澜起科技、500 彩票、世纪互联、聚美优品等，都有 Pomerantz LLP 等上述律所的如影随形。

发起诉讼只是集体诉讼大戏的一个环节。整个集体诉讼的程序是这样的：第一步，确定诉讼主体。1. 一个或数个投资者主动委托律所发起诉讼。2. 律所先以代表投资者之名发布调查声明，然后征召投资者作为原告委托他们调查、向法院提交诉状。只要有一名投资者愿意委托这些律所发起诉讼，操作就可以进行下去。第二步，律所准备起诉书和相关证据，发起诉讼。第三步，法院受理。法院受理后，就会组织双方进行调解。进入调解阶段后，律师都不会再公开发表声明或者披露事件的进展，一般都低调处理了。所以，很多案件在高调起诉调查后，多半没有了下文。这个阶段通常会很长。第四步，确定是否赔偿以及如何赔偿。

我国已建立集体诉讼制度，目前主要在劳动合同、产品责任、环境污染、消费者权益受损等领域实施。尚未在涉股市法律纠纷中实行。

目前实行的"集体诉讼"就是"代表人诉讼"。我国于 1991 年修订《民事诉讼法》时，明确规定了两种代表人诉讼制度，一种是人数确定的代表人诉讼，一种是人数不确定的代表人诉讼。

2012年修正的《民事诉讼法》第五十四条规定，诉讼标的是同一种类、当事人一方人数众多在起诉时人数尚未确定的，人民法院可以发出公告，说明案件情况和诉讼请求，通知权利人在一定期间向人民法院登记。向人民法院登记的权利人可以推选代表人进行诉讼；推选不出代表人的，人民法院可以与参加登记的权利人商定代表人。

根据我国股市发展的现状，应当在投资者特别是中小投资者权益保护力度方面推出力措：一方面，要全面加强对欺诈发行和信息披露虚假的惩罚力度，通过责令回购股份、责令先行赔付等方式，使投资者所受经济损失获得及时补偿。发行人，保荐机构、律师事务所、会计事务所等中介机构都可能成为虚假信息、误导性陈述、重大遗漏造成投资者损失的赔付主体。另一方面，要加快《证券法》等法律的修改，完善民事诉讼法的相关司法解释，尽快建立证券领域的集体诉讼制度。

29. 证券纠纷和解制度该如何推进?

有效保护投资者合法权益，让投资者损失及时获得补偿，是推出行政和解制度的重要目的。借鉴境外市场的经验，引入行政和解制度，有利于提高执法效率，节约监管资源，维护市场稳定，符合现代行政执法改革的方向。

行政和解，是指行政监管机关（中国证监会）在对涉嫌违法违规个人、机构等进行调查执法过程中，根据对方的申请，与其进行协商达成行政和解

协议，并据此终止调查执法程序的行为。涉嫌违法违规个人、机构等提出申请的要件是，愿意并能够采取措施改正涉嫌违法行为，消除涉嫌违法行为不良后果，交纳行政和解金补偿投资者损失等。

　　行政和解制度作为一项较为成熟的制度，无论是英美法系的美国、英国及我国香港地区，还是大陆法系的德国及我国台湾地区，对行政和解制度均作出了统一、明确的规定。一些国家和地区的监管机构以行政和解方式处理的案件，甚至已占其全部执法案件的80%以上。其中不乏数额高、影响广的大案。

　　以美国为例，美国证监会在执法工作中将和解结案列为案件成功解决的情形之一，和解比例高达90%。如施乐公司案件，2002年4月份，美国证监会宣布，施乐公司在1997年至2000年期间，夸大了15亿美元的税前利润、30亿美元的营业收入。施乐公司此后与美国证监会达成和解，并交纳了1 000万美元的和解金。

　　证券行政和解执法制度对美国证监会执法实践起着至关重要的作用，美国法学会关于证券行政和解执法的权威研究报告甚至认为，和解执法的有效性直接决定了美国证监会的执法整体效率。

　　这一制度的逻辑是，通过当事人参与的协商机制，尽可能地听取当事人及投资者等利害关系人的意见，使相应执法决定更容易为当事人接受，从而更有利于做到案结事了，化解矛盾，迅速恢复市场秩序，促进社会和谐。

　　经国务院批准，我国在证券期货行政执法领域开展了行政和解试点。为规范试点相关工作，证监会制定了《行政和解试点实施办法》，证监会会同财政部制定了《行政和解金管理暂行办法》，两个规章均于2015年3月29日起施行。

　　对于行政和解的适用范围与条件，《实施办法》明确，行政相对人涉嫌实施虚假陈述、内幕交易、操纵市场或欺诈客户等违反证券期货相关法律、行政法规和相关监管规定的行为，并符合以下全部条件的，才可以适用行政和解程序：中国证监会已经正式立案，且经过了必要调查程序，但案件事实或法律关系尚难完全明确；采取行政和解方式执法有利于实现监管目的，减少争议，稳定和明确市场预期，恢复市场秩序，保护投资者合法权益；行政相对人愿意采取有效措施补偿因其涉嫌违法行为受到损失的投资者；以行政和解方式结案不违反法律、行政法规的禁止性规定，不损害社会公共利益和他人合法权益。

所以，把行政和解制度理解为"花钱买平安"，是不准确的。如果不能符合上述条件，是不能适用行政和解程序的。

对于行政和解的实施程序，《实施办法》明确，行政和解程序分为申请和受理、和解协商、达成行政和解协议、行政和解协议的执行等几个环节。证监会内部由行政和解办公室具体负责实施行政和解，与案件调查部门、案件审理部门相互独立。证监会实施行政和解，遵循公平、自愿、协商、效能四大原则。

关于行政和解金的管理和使用，《实施办法》明确，行政相对人交纳的行政和解金由行政和解金管理机构进行专户管理。行政相对人因行政和解协议所涉行为造成投资者损失的，投资者可以向行政和解金管理机构申请补偿。

有效保护投资者合法权益，让投资者损失及时获得补偿，是推出行政和解制度的重要目的。由于执法资源、权限有限，现行执法模式难以适应股市执法的时效性要求。借鉴境外市场的经验，引入行政和解制度，有利于提高执法效率，节约监管资源，维护市场稳定，符合现代行政执法改革的方向。

当然，行政和解作为制度创新，相关制度规则需要经过实践不断予以完善。

30. 为什么说稳定市场举措不是改革的倒退？

> 股市涨跌有其自身运行规律，一般情况下政府不干预。但当市场发生系统性风险和异常波动的时候，政府应当出手维护秩序。应急管理是特殊时期的特事特办，不能按照一般监督管理的标准来衡量和要求。

在 2015 年 6、7 月份，我国股市发生异常波动，中央政府采取措施稳定市场，防范住了一次系统性金融风险。

有人认为，政府干预市场就是改革的倒退、市场化的倒退。这种认识是不对的。我们采取稳定措施，不是要代替或削弱市场功能，而是危机时期的必要管理举措。这是国际通行的做法，也符合中国国情。

股市涨跌有其自身运行规律，一般情况下政府不干预。但当市场发生系统性风险和异常波动的时候，政府应当出手维护秩序。对于违法违规的行为要果断打击；如果市场缺乏流动性，就必须注入资金。有人认为股市不需要调控，让它自由交易就行了，这是不全面的。

笔者认为，市场发生危机，是现代市场经济里面应该包含的因素。市场失灵，或者说出现突发重大变故，出现危机，都是有可能的。即使发达的、相对完善的市场经济体系，也有市场失灵的现象，也有危机，关键看怎么解决。

在发生异常波动的情况下，政府出于稳定目的进行应急干预是必要的、也是必然的，是履行监管职能的应有之义，不是越位，也没有出界。应急管理是特殊时期的特事特办，不能按照一般监督管理的标准来衡量和要求。

就中国而言，跟美国有着发展阶段的不同，执政文化和市场经济文化的不同，稳定市场的措施也会有所不同。

2015 年股市异常波动期间，中国人民银行给予无限额的流动性支持，止住了市场风险，这是应对市场危机的一条重要经验。

放眼全球，其实也是如此：

1987 年，美国股市爆发"黑色星期一"后，美联储第二天上午即发表声明，表明其提供流动性的意图。里根总统和财长贝克均表示，"这次股市崩盘与美国健康的经济是不相称的，美国经济非常稳定"。由于推出这些得力措施，市场恐慌情绪得以缓解，股市次日起连续反弹，并且震荡上升，在两年后回到 1987 年的高点。1998 年中国香港爆发股灾，香港政府和金管局直接入市干预。香港政府消耗近 13% 的外汇基金，动用超过 150 亿美元的资金，坚决主动做多，使得国际炒家铩羽而归，恒生指数逐渐企稳回升，到 1999 年 7 月重上 14 000 点。

欧洲的例子也是如此。针对 2008 年债务危机及 2014 年经济萧条，欧洲央行同样采取了一系列果断措施，目的就是维护流动性安全。2012 年 7 月起，欧洲央行连续不断地推出强悍一系列措施：证券市场计划（SMP）、无限量冲销式购债计划（OMT）、长期再融资行动（LTRO）、首度实行负利率、定向长期再融资行动（TLTRO），最后更把此前极具法律争议的万亿欧元级量化宽松（QE）推上舞台，并且，这种 QE 没有时间和数量限制，不使欧元区通胀回到 2% 之前不会终止。

对于资本市场稳定运行和政府应该发挥的作用，习近平总书记作出了重要阐述。2015 年 9 月 22 日，习近平接受美国《华尔街日报》书面采访时指出，"前段时间，中国股市出现了异常波动，这主要是由于前期上涨过高过快以及国际市场大幅波动等因素引起的。为避免发生系统性风险，中国政府采取了一些措施，遏制了股市的恐慌情绪，避免了一次系统性风险。境外成熟市场也采取过类似做法。在综合采取多种稳定措施后，市场已经进入自我修复

和自我调节阶段。发展资本市场是中国的改革方向，不会因为这次股市波动而改变。"

31. 中央政府稳定股市的主要目标是什么？

> 政府稳定股市的目标是：交易秩序稳定，市场信心稳定，也包括维护公允的价值中枢。维稳又分为"常态维稳"和"危机应对"。常态维稳就是要依法治市，危机应对就是要采取相对紧急的措施。

每当市场出现大幅度下跌时，很多投资者和媒体就会想到"国家队"，把"国家队"当作应对下跌的"救星"。有时，投资者看到大盘节节败退，就埋怨国家为什么不管；还有时，有的投资者认为国家队出手了，就进行"赌博式"加仓，导致投资损失。

那么，政府在什么时候才出手维稳？维稳的目标是什么呢？

笔者认为，政府稳定股市的目标是：交易秩序稳定，市场信心稳定，也包括维护公允的价值中枢。

维稳又分为"常态维稳"和"危机应对"。常态维稳就是要依法治市，及时查处违法违规行为；支持和保障各市场主体充分、及时、全面地披露信息。危机应对就是要采取相对紧急的措施，稳定市场秩序，通过维稳资金的操作稳定公众信心。

从市场长期健康运行考虑，无论是常态维稳，还是危机应对，维护公允的市场价值中枢都是重要目标。但是，维护公允的市场价值中枢不是要维护哪一个具体的点位，而是校正市场的严重非理性行为。

长期以来，我国股市存在暴涨暴跌的特性，这既与市场运行机制不尽完善有关，也与市场参与者的价值认知不稳定有关，不是单一方面的问题。为此，政府在稳定市场交易秩序的同时，也应当发出倡导价值投资的明确信号。

在危机应对时期，国家维稳资金入市操作，应首选优质蓝筹股，坚持价值投资理念，引导市场理性。所有大型投资机构也应当遵循价值投资的理念，对引领国家重点产业发展、体现国家竞争实力的大盘蓝筹股进行"护盘"；而不应被"短线利润"所绑架，像散兵游勇一样追涨杀跌。

政府维护市场稳定，引导市场主体维护"中国价值"的中枢，是一种引领，而不是完全的替代市场主体的作用。因此，股市大盘中枢多少合宜，最终要靠市场博弈作出选择。政府维护市场正常交易、稳定发展，与保点位、托底部，不是一个概念。公众对此切勿误解。

32. 《证券法》修改的重点是什么？

《证券法》应当明确中国证监会相对独立的法律地位，在我国现有的行政机构序列之下，明确界定其为委员会制的独立行政机构；对于机构人员的任命要注意专业性和独立性。

自 2015 年 4 月 20 日全国人大常委会第十四次会议审议《证券法》修订草案之后，当年没有再次审议该法案。原有计划在 2016 年加快修订进程，

但因对于注册制等重点议题存在明显分歧，最终修订工作没有进展。2017年4月，《证券法》修订草案将进行二审，但文本变化也较大。

笔者认为，《证券法》修订的主要看点是：大幅提高欺诈发行的处罚标准；增设上市公司现金分红制度约束；为境外企业境内上市预留法律空间；取消要约收购义务豁免、境内企业境外发行上市等七类行政许可；允许证券从业人员在依法申报制度下买卖股票；允许设立证券合伙企业；新增禁止跨市场操纵条款；明确利用"未公开信息"交易等同内幕交易；规定投资者提起民事赔偿诉讼时，可以依法推选代表人进行诉讼。

上述条款结合了我国证券市场发展的新情况，着力解决监管机构与市场主体两者的行为边界问题，强化以信息披露为中心和事中事后监管的理念，加大对违法违规行为的惩治力度，鼓励市场主体依法创新，着力保护投资者权益。这些理念和表述将在进一步讨论的基础上加以完善，其间要广泛征求市场主体的意见。

笔者认为，对于股票发行审核体制需要重新认识，要打破注册制迷信和空想。要以立法方式、用法律语言告诉公众，审核体制改革的目的是提高市场整体质量，提升所有市场主体信用约束的制度，而不是搞没有管理的"自由市场"，也不是搞"大规模扩容"，更不是搞脱离实际的"洋接轨"。

2015年六七月间股市异常波动，给《证券法》修订工作提供了新的参考系，应当认真将这次市场危机的经验和教训融汇到立法进程当中。特别是，应进一步强化关于管控系统性风险的内容。《证券法》应增设证券期货市场失灵应急预案制度，全面规定市场失灵的分级、预防、预警、处置程序与应急保障措施等内容。

有专家建议，《证券法》应当明确中国证监会相对独立的法律地位，在我国现有的行政机构序列之下，明确界定其为委员会制的独立行政机构；对于机构人员的任命要注意专业性和独立性。《证券法》应将证券监管的重点放到事后审查和事中审查之中；赋予证监会根据具体情况制定相关规则的权力，加大对上市公司信息披露违法案件的查处力度。笔者认为，这些意见切中了要害，中国证券市场监管"失之于软"，在很大程度上是由于监管权分散。

《证券法》还需大力强化对失信责任、违法责任的追究。建议对部分证券犯罪类型采取举证责任倒置原则，转移公诉机关的部分举证责任，解决证券犯罪行为"取证难"的问题；完善上市公司控股股东、实际控制人的民事法律责任条款，增加对因违法违规而退市公司负有责任的控股股东及实际控制人，依法将其持有的公司股权及其他资产用于赔偿中小投资者的规定。明确证券违法集团诉讼制度，完善现有的代表人诉讼制度。

立法工作要安定人心，监管工作也要安定人心，这是我国社会主义制度所决定的。所以，证券法修订工作要充分听取市场主体意见，既要着眼解决当前问题，也要预留未来发展空间。要以立法凝聚改革发展正能量，以执法保护改革发展正能量。有了这个基础共识，就能够制定出一部好的《证券法》，一部体现和加强社会主义制度优越性的《证券法》。

33. 金融机构高管发言该遵守什么纪律？

具有特许经营特质的金融机构及其负责人，事实上"分享"了部分政府信用，如果他们发表不当言论，必然影响公众对政策、对政府的信任。一旦违规，应予以惩处。

2016 年 2 月 25 日，一家商业银行的副行长公开质疑股市维稳资金来源

和使用情况，其发言被微信公众号炒作，引起市场骚动。

其实，早在 2015 年股市维稳期间，中央政府和监管层对维稳资金的运用已作出稳妥的机制安排，特别是证监会 2015 年 21 号公告（2015 年 8 月）已作出郑重表态，但该副行长不负责任的言论还是发酵了。这是因为，具有特许经营特质的金融机构及其负责人，事实上"分享"了部分政府信用，如果他们发表不当言论，必然影响公众对政策、对政府的信任。

证监会 2015 年 21 号公告明确表示，"今后若干年，中国证金公司不会退出，其稳定市场的职能不变"；"当市场剧烈异常波动、可能引发系统性风险时，仍将继续以多种形式发挥维稳作用"。这个郑重表态并没有变，也不会变。但是，2015 年底至 2016 年 3 月期间，不断有金融机构高管、政府部门官员对此妄加评判，随意解读。

比如，个别金融机构高管提出，维稳资金越快退出来越好；证监会是监管者，不应该主导维稳，应当像美国那样由财政部维稳；证金公司应该赶紧"还钱"，等等。一位副部级官员说，"每次资本市场出现问题，美国都有各种委员会出来调研，我手上就有很多各国的这类报告。就是用数学的方式，具体量化分析到每一个部门、每一个节点性事件。这是纯专业的事情，没有所谓政治性的问题，不能动不动就上升到爱国主义。"

笔者认为，这些说法是对市场经济的一知半解。2008 年美国金融危机期间，政府拿出的救市资金用在了购买金融机构不良资产上，而中国的维稳资金是由特定机构入市买入持有部分股票和基金。两者机制上有很大不同。

中美金融维稳的背景有重大差别。美国的国家金融安全是基于一系列全球性安全保障体制的：全球化的美元体系，美国主导下的世界银行和 IMF，美国军事力量部署等，都是支持其维稳的重要工具平台；相反，中国的国家金融安全不仅不能享受到这一系列全球安全体制的保障，还不时受到西方少数大国的挑战和威胁。在这种情况下，匆忙地、简单地效仿美国，是不牢靠的；而应当以维护本国金融安全和国家整体安全为重，在此基础上探索市场化的解决方案。

根据中国股市的内外条件和实际情况，我们应该采取一些积极有效的措施，消除导致股市异常波动的制度性因素：

第一，应当完善法律法规，加强执法，规范和优化信息传播秩序。

强化主体责任，该由哪个政府部门或机构发布的信息，只能由其发布，其他主体不得介入。如新股发行体制改革、稳定资金进退这样的政策消息，只有国务院和国务院授权部门有权发布，其他主体散布不实消息，应受到惩处。

政府官员和金融机构高管就重要政策问题发表言论，应当符合国家整体利益，不得与国家整体部署相抵触。一旦违规，应予以惩处。

第二，应当建立重点证券机构投资监管制度，完善机构诚信记录制度。

对重点机构短炒行为进行记录，并定期公布。在个股价格超出估值警戒线一定比例后，机构投资者应参与反向操作。鼓励重点机构在市场异常波动时期逆周期操作，完善相应激励机制。

第三，建立长线资金激励机制。

完善证券市场税收制度设计，鼓励个人、机构长期持有股票，对频繁的短线操作者执行高税率，对长期持股者执行低税率。要通过一系列制度安排，促进价值投资、长期投资者队伍不断壮大。

34. 如何查处"不断创新"的内幕交易？

我国已构建起以交易所一线监控、举报系统、舆情监测系统为基础，以派出机构、日常监管部门、其他监管机构报送线索为补充的"六位一体"线索渠道架构，开发推出内幕交易等辅助分析模型，实现对重大、热点问题的综合深层次分析研判，线索分析处理的智能化水平进一步提升。

2015 年，中国证监会实施了"2015 证监法网行动"，共立案查处了 8 批 120 起案件，这些案件多为内幕交易案件。

涉及类别包括：1. 并购重组过程中上市公司及并购对象的财务造假、舞弊行为；2. 以市值管理名义内外勾结、集中资金优势和信息优势操纵市场行为；3. 与多种违法违规行为交织的及新三板市场发生的内幕交易行为；4. 证券公司等金融机构从业人员利用未公开信息交易行为；5. 集中资金、持仓优势操纵期货交易价格行为；6. 挂牌公司信息披露违法违规行为；7. 证券服务机构未勤勉尽责行为；8. 滥用交易规则破坏市场秩序行为；9. 违反投资者适当性管理制度的行为；10. 迎合市场炒作热点，编题材讲故事，以内容虚假、夸大或不确定的信息影响股价的行为；11. 制造、利用信息优势，多个主体或机构联合操纵股价的行为；12. 以市值管理名义与上市公司及其控股股东、实际控制人以及公司高管内外联手操纵股价的行为；13. 在公募和私募等不同资管产品及其他主体之间通过价格操纵，输送不当利益的行为；14. 利用"天价"标杆股影响市场估值，联合操纵多只或一类股票的行为；15. 编造、传播虚假或误导性信息的行为；16. 为达到发行条件虚构资产、利润等财务指标，骗取发行资格的行为；17. 通过虚构重大交易事项，掩盖大股东或实际控制人侵占上市公司资产等违法违规事实的行为；18. 通过伪造银行单据等手段虚增资产、利润，粉饰上市公司财务报表的行为；19. 在并购重组中，虚构上市公司本身或标的企业经营业绩的行为；20. 场外违法违规配资的行为；21. 股市异常波动期间通过各种不正当手段操纵市场的行为。

2015 年，证监会还向公安部移送了部分涉嫌操纵市场、内幕交易、利用未公开信息交易及编造、传播虚假信息、非法经营犯罪的案件。

2016 年，证监会系统共受理违法违规有效线索 603 件，启动调查 551 件；新增立案案件 302 件，比前三年平均数量增长 23%；新增涉外案件 178 件，同比增长 24%；办结立案案件 233 件，累计对 393 名涉案当事人采取限制出境措施，冻结涉案资金 20.64 亿元，55 起案件移送公安机关追究刑事责任，公安机关已对其中 45 起立案侦查，移送成案率创历史新高，综合执法成效进一步显现。

2016 年，案件查处工作向并购重组、新三板、基金、债券、期货等多领域和交易、托管、审计、评估等多环节大幅延伸。上市公司高管及其亲属仍然是内幕交易的主要群体，中介机构从业人员、公职人员以及银行、保险、信托从业人员也有涉案。市场操纵主体涉及个人大户、新三板挂牌公司、券商、信托、私募基金等主体，机构违法主体占比明显上升。利用未公开信息交易主体从公募基金向私募基金、证券、保险多个行业蔓延，从投资环节向研究、交易、托管多个环节延伸。知名财经媒体机构及工作人员因编造传播虚假信息被依法查处。各领域、各环节的涉案主体类型和数量的持续增加，稽查执法广度和深度的不断提升，体现了稽查执法全面净化市场环境、有力督促市场主体合规守法的决心和魄力。

目前，我国已构建起以交易所一线监控、举报系统、舆情监测系统为基础，以派出机构、日常监管部门、其他监管机构报送线索为补充的"六位一

体"线索渠道架构，开发推出内幕交易等辅助分析模型，实现对重大、热点问题的综合深层次分析研判，线索分析处理的智能化水平进一步提升。证监会还进一步强化"专项执法行动"，跨地区调配执法力量，创新案件调查组织管理机制，全力推进专项执法行动案件查办工作。2016 年，证监会不断加强与人民银行、网信办、国税总局、审计署等单位的协作，优化线索通报、信息共享、执法协作等全方位合作；不断加强行政执法与刑事司法的衔接，形成重点打击、优势互补、紧密联动的执法新格局。

35. 投资者该如何选择私募基金？

中国证券基金业协会网站（http://gs.amac.org.cn）是法定的私募基金管理人登记信息的载体。公众鉴别是否合法私募基金，查询私募基金信息，可以通过中国证券基金业协会网站和"私募汇"手机 APP 终端来实现。

私募基金是向特定投资者（机构和个人）募集的资金。与之对应的公募基金是向不特定的社会大众公开募集的资金。私募基金因定位不同、投向领域不同，可以分为：私募证券投资基金，私募股权投资基金（通过增资扩股或股份转让的方式，获得非上市公司股份，并通过股份增值转让获利），私募风险投资基金，私募房地产投资基金等。

我们日常所说的私募基金，主要是指私募证券投资基金。

选择适合自己的私募基金，一是看其合法性；二是看其以往业绩；三是看综合实力，包括股东及人力素质；四是看基金经理的素质和风格，投研团队的整体水平；五是看基金投资决策的流程。

我国私募证券投资基金已经阳光化。2014 年 8 月 21 日，中国证监会颁布了《私募投资基金监督管理暂行办法》。按照该办法，以进行投资活动为目的设立的公司或者合伙企业（资产由基金管理人或者普通合伙人管理），证券公司、基金管理公司、期货公司及其子公司，均可以在依法备案基础上从事私募基金业务。待基金募集完毕后，前述各类基金管理人应将公司运营规范等材料报送中国证券基金业协会备案。

参与私募基金的投资者须符合一定的门槛要求，即实行"合格投资者"制度。具体而言，投资于单只私募基金的金额不低于 100 万元且符合下列相关标准的单位和个人：1. 净资产不低于 1 000 万元的单位；2. 金融资产不低于 300 万元或者最近三年个人年均收入不低于 50 万元的个人。现行法规还规定，以合伙企业、契约等非法人形式，通过汇集多数投资者的资金直接或者间接投资于私募基金的，私募基金管理人或者私募基金销售机构应当穿透核查最终投资者是否为合格投资者，并合并计算投资者人数。

我国行业法规规定，私募基金募集机构和投资者应当严格履行合格投资者确认程序，私募基金管理人不得向投资者承诺投资本金不受损失或者承诺最低收益。

中国证监会设有"私募基金监管部"。该部门拟订监管私募投资基金的规则、实施细则；拟订私募投资基金合格投资者标准、信息披露规则等；负责私募投资基金的信息统计和风险监测工作；组织对私募投资基金开展监督检查；牵头负责私募投资基金风险处置工作；指导中国证券基金业协会和会管机构开展备案和服务工作；负责私募投资基金的投资者教育保护、国际交往合作等工作。

中国证券基金业协会依据《证券投资基金法》《私募投资基金监督管理暂行办法》等规定，对私募基金进行行业自律管理，协调行业关系，提供

行业服务。基金业协会自 2014 年 2 月 7 日起正式开展私募基金管理人登记、私募基金备案和自律管理工作。

截至 2016 年 1 月底，已登记私募基金管理人 25 841 家，已备案私募基金 25 461 只，认缴规模 5.34 万亿元，实缴规模 4.29 万亿元，私募基金行业的从业人员 38.99 万人。截至 2015 年 12 月底，私募基金管理人按基金总规模划分，管理规模在 1 亿元至 10 亿元的 3 123 家，10 亿元至 20 亿元的 381 家，20 亿元至 50 亿元的 283 家，50 亿元至 100 亿元的 99 家，100 亿元以上的 87 家。

在备案制下，各类私募基金管理人踊跃登记，依法执业，为资本市场健康发展、长期资本形成、服务实体经济和国家创新创业战略提供了重要支持。但同时，备案制也暴露出一些问题。主要是：滥用登记备案信息，非法自我增信，甚至从事违法违规行为。有些机构利用私募基金管理人登记身份、纸质证书或电子证明，故意夸大歪曲宣传，误导投资者以达到非法自我增信目的。有的"挂羊头卖狗肉"，借此从事 P2P、民间借贷、担保等非私募基金管理业务。有的借私募基金之名从事非法集资等违法犯罪活动。

证券基金业协会数据显示，目前，已登记但尚未备案基金的机构数量占已登记私募基金管理人的 69%，其中部分机构长期未实质性开展私募基金管理业务，甚至根本没有展业意愿。

为此，中国证券基金业协会于 2016 年 2 月 5 日发布《关于进一步规范私募基金管理人登记若干事项的公告》，即日起终止私募基金登记备案工作。并且宣布，即日起不再出具私募基金管理人登记电子证明；此前发放的纸质登记证书、电子证明不再作为办理相关业务的证明文件。

根据公告，即日起三种情形将被注销私募基金管理人登记。包括：新登记的管理人在办结登记手续之日起 6 个月内仍未备案首只私募基金产品的；已登记满 12 个月尚未备案首只产品的管理人，在 2016 年 5 月 1 日前未备案私募基金产品的；不满 12 个月且在今年 8 月 1 日前未备案私募基金产品的。

中国证券基金业协会网站（http://gs.amac.org.cn）是法定的私募基金管理人登记信息的载体。所以，取消线下的私募基金管理人登记证明，不影响私募基金管理人的依法合规经营。证券基金业协会将持续动态更新私募基金管理人登记基本公示信息，并就私募基金管理人相关诚信合规信息进行特别提示和分类公示。

公众鉴别是否合法私募基金，查询私募基金信息，可以通过中国证券基金业协会网站和"私募汇"手机 APP 终端来实现。

36. 投资者保护基金解决什么问题？

"证券投资者保护基金"与普通投资者心目中的含义有不小的差别。从一定意义上说，与其把这个基金叫作"证券投资者保护基金"，不如叫作"证券公司安全基金"。2015 年试行证券期货领域行政和解制度后，被授予履行行政和解金的管理职责。

"保护投资者特别是中小投资者的权益"，几乎与"股市有风险，操作须谨慎"一样，是又一句耳熟能详的股市金句。那么，当中小投资者的权益遭遇损害时，该去找谁呢？

很多人会想到"证券投资者保护基金"。因为顾名思义，"证券投资者保护基金"，就是承担投资者权益保护的专项基金。那么，是不是投资者受到

价格操纵者或内幕交易者的侵害，被上市公司或证券公司、基金公司侵权，就可以向投资者保护基金索赔呢？

答案是否定的。那么，"证券投资者保护基金"究竟可以发挥什么作用呢？

首先来说"证券投资者保护基金"的起源。

我国组建"证券投资者保护基金"的最初目的，是为了应对"集中处理证券公司风险"的历史任务。2005年8月30日，国务院独资设立了"中国证券投资者保护基金有限责任公司"，负责管理"证券投资者保护基金"。基金的初始资金由中央财政拨付，央行给予再贷款。当时，证券投资者保护基金公司的经营范围是，"证券公司被撤销、关闭和破产或被证监会采取行政接管、托管经营等强制性监管措施时，按照国家有关政策对债权人予以偿付"。

就是说，2005年成立基金时，主要考虑的是对破产和濒于破产的证券公司进行救助，向债权人偿还债务；如果投资者在证券公司托管的股票保证金出现亏空，由该基金提供流动性支持。这是其最初行使的"投资者保护"职能。

再来说"证券投资者保护基金"功能的演变。

在完成"集中处置证券公司风险"的历史使命后，证券公司进入常态发展阶段。"证券投资者保护基金"的功能也发生了一些变化。

一是，"中国证券投资者保护基金有限责任公司"的职能逐步完善和调整，在继续保留"参与证券公司风险处置工作"之外，增加了一条"监测证券公司风险"，把防范、监控、参与处置证券公司风险当作一项主要任务。

所以，"中国证券投资者保护基金有限责任公司"的职能还包括，"发现证券公司经营管理中出现可能危及投资者利益和证券市场安全的重大风险时，向证监会提出监管、处置建议；对证券公司运营中存在的风险隐患会同有关部门建立纠正机制"。

当然，证券公司安全运行也是"投资者保护"的最核心、最基础的部分。如果证券公司风险不能有效控制，投资者的权益也就失去底线了。不过，"证券投资者保护基金"与普通投资者心目中的含义有不小的差别。从一定意义上说，与其把这个基金叫作"证券投资者保护基金"，不如叫作"证券公司安全基金"。

二是，根据新的形势，"中国证券投资者保护基金有限责任公司"增加了"管理和处分受偿资产，维护基金权益"的职能，与其已有的"筹集、管理和运作证券投资者保护基金"职能一起，构成了其管钱、管执行的职能组合。

第三，再说说其现在的资金来源。

该基金资金来源已由最初的国家划拨过渡为由市场主体出资。

一是上海、深圳证券交易所在风险基金分别达到规定的上限后，交易经手费的20%纳入基金；二是境内注册证券公司，按其营业收入的0.5%—5%缴纳基金；三是发行股票、可转债等证券时，申购冻结资金的利息收入；四是依法向有关责任方追偿所得和从证券公司破产清算中受偿收入；五是国内外机构、组织及个人的捐赠；六是其他合法收入。

2015年试行证券期货领域行政和解制度后，中国证券投资者保护基金有限责任公司被授予履行行政和解金的管理职责。

具体安排是：行政和解金的管理应当遵循专户管理的原则，专门用于补偿投资者因行政相对人行为所受的损失；投保基金公司收到行政和解金后，应当尽快制定行政和解金补偿方案，并报中国证监会备案；投保基金公司不得混同不同和解案件的行政和解金，不得使用特定案件中行政相对人交纳的行政和解金对因其他案件受到损失的投资者作出补偿；行政和解金在补偿投资者后仍有剩余的，应当上缴国库。

中国证监会、财政部依照对投保基金公司管理行政和解金实施监督管

理。中国证监会与行政相对人达成行政和解协议的，应当书面告知投保基金公司。行政相对人按照行政和解协议约定交纳行政和解金的，应当向投保基金公司为其开立的专门账户支付相应款项。

综上所述，"投保基金"和"投保基金公司"承担着投资者保护的部分职能，但不是全部职能。距离"投资者之家"这样的角色还有不小的距离。至于这个名字要不要修改，也确实值得探讨。

37. 投资者教育基地是怎么回事？

> 投资者教育基地面向社会公众开放，具有证券期货知识普及、风险提示、信息服务、意见通达、心理疏导等投资者教育服务功能。2016 年 5 月 9 日，首批全国证券期货投资者教育基地正式授牌。

我国股市中个人投资者比重较大，登记注册的投资者达 1 亿人，但长期以来，普通个人投资者缺乏高水准的学习交流平台，缺乏反映意见的渠道，也缺乏心理疏导的场所。结合这个实际情况，为广大普通投资者打造一个三位一体的"投资者之家"，让投资者拥有"一站式"教育服务场所，是完善我国股市发展体系，促进市场主体成长，提升市场运行质量的重要抓手。

2015 年 9 月，中国证监会发布了《关于加强证券期货投资者教育基地建设的指导意见》（以下简称《指导意见》）及配套《首批投资者教育基地申报工作指引》（以下简称《指引》），正式启动了"国家级投资者教育基地"建设工程。

我国中小投资者众多，但大家接受证券期货教育服务的途径有限，投资经验和风险意识不足，建设投教基地，是符合我国基本国情、适应我国投资者特征的创新之举。

投资者教育基地面向社会公众开放，具有证券期货知识普及、风险提示、信息服务、意见通达、心理疏导等投资者教育服务功能。投教基地可以通过开展多样化投资者教育活动，展示资本市场发展成果，投放投资者教育产品，提供投资者咨询等服务，运用体验式、互动式等技术手段，与投资者进行互动沟通。

基地分为实体基地和互联网基地。

目前确定由下列三类主体建设运行：一是证券期货交易场所、行业协会，以及受中国证监会管理、为证券期货市场提供公共基础设施或者服务的专门机构；二是证券期货经营机构，上市公司、非上市公众公司，以及证券期货中介服务机构；三是其他机构，包括教育科研机构、新闻媒体等。

管理层明确提出，投教基地建设要坚持公益性、专业性、特色性三大原则。中国证监会及其派出机构建立健全考核机制，确保投教基地持续符合建设标准。投教基地要主动配合，并对发现的问题进行整改。考核结果要向社会公布。

2016 年 5 月 9 日，首批全国证券期货投资者教育基地正式授牌。由国家倡导，监管机构授牌认定，各专业机构承办，建立公益性投资者教育基地，方便广大投资者学习、充电、互动，提升自身素质，是一项重要的制度创新。今后，监管层还将根据试点情况，完善规则，并推出更多的国家级和省级投资者教育基地。

38. 证监会投保局承担哪些职责？

> 投资者保护局是证监会内设机构，统筹中国投保基金公司、中小投资者服务中心两个会管"公司化机构"，管理12386证监会热线。

中国证监会投资者保护局（以下简称"投保局"）已在2011年底正式成立，为证监会内设机构。该机构负责投资者保护工作的统筹规划、组织指导、监督检查、考核评估；推动建立健全投资者保护相关法规政策体系；统筹协调各方力量，推动完善投资者保护的体制机制建设；督导促进派出机构、交易所、协会以及市场各经营主体在风险揭示、教育服务、咨询建议、投诉举报等方面，提高服务投资者的水平；推动投资者受侵害权益的依法救济；组织和参与监管机构间投资者保护的国内国际交流与合作。

在证监会投保局组织协调下，我国证券期货投资者保护形成了"一体两翼"机制，即证监会投保局作为"一体"统筹，中国投保基金公司、中小投资者服务中心作为"两翼"推进，证监系统全体行动，各派出机构、会管单位组织辖区市场主体和投资者广泛参与。

"中国投保基金公司"全称为"中国证券投资者保护基金有限责任公司"。"中小投资者服务中心"全称为"中小投资者服务中心有限责任公司"。中国证监会于2014年8月份批复成立，当年12月5日完成工商注册登记。中心的主要职责是为中小投资者在自主维权方面提供法律、技术等各项服务。

证监会投保局着重推动了三项与普通投资者相关的基础性制度建设工作：1.建立及时、畅通、有效的投资者保护工作信息监测平台和发布机制。

2. 研究推动信息披露更加易得、易懂、易用，加强对各类产品的风险揭示和归类。3. 研究推进落实与多层次市场各类产品相匹配的投资者适当性制度，引导投资者审慎评估，理性参与。

目前，证监会热线 12386 是投资者解决纠纷和诉求的服务平台，也是督促市场经营机构履行投诉处理主体责任的重要载体。投资者可以通过这条热线投诉问题，反映呼声，寻求援助。目前，该热线已实现全国免除长途话费。该热线 2015 年共收到投资者诉求 9 万多件。

此外，投保局还开展针对性的风险提示，多层次、多方式向投资者提示风险；推动投资者教育基地建设，推进投资者教育纳入国民教育体系；健全纠纷调解机制，不断优化调解程序，为投资者提供便捷模式，建立专业的调解队伍，发挥行业协会作用，在深圳、上海等地建立专业调解机构；推动股东权利行使便利化，积极督促市场主体落实便利投资者行权的各项措施，组织协调持股行权试点。

2016 年 1 月 5 日，中证中小投资者服务中心有限责任公司与 81 家证券公司北京地区的 327 家营业部共同签署了关于促进北京地区证券纠纷解决的工作备忘录，在北京地区试点推出证券纠纷解决小额速调机制。

投保局还将组织开办投资者网站，以投资者需求为导向，旨在帮助投资者普及参与资本市场所需基础知识、提升投资技能、宣传维权知识、实现"一站式"信息查询服务。目前该网站正在建设中。

与证监会的投保局类似，保监会设有保险消费者权益保护局，设有保险保障基金；银行业协会设有消费者保护委员会。

39. 投资者适当性制度是怎么回事？

> 要求经营机构在了解把握投资者风险认知和承受能力、产品风险性的基础上，履行适当性各项义务，实现"将适当的产品销售给适当的投资者"。机构必须在信息告知、风险警示、适当性匹配等方面向中小投资者尽职尽责。

《证券期货投资者适当性管理办法》（以下简称《办法》）已于2016年12月12日颁布，2017年7月1日起实施。依据该办法，普通投资者和证券期货经营机构之间，可以借此建立起更加公平合理的契约关系，从而增进市场主体之间的信任度，提高交易的可预期性。

长期以来，证券公司、基金公司、期货公司等机构既是中介服务提供者，又是大块头的投资者，普通投资者在购买投资产品以及参与市场交易时，都处于相对弱势地位。而一个不可能在短期内改变的现实是，我国个人投资者规模大，中小投资者众多，且素质高低不均。因此，必须建立起一套有约束力的制度，使证券期货经营机构销售金融产品时主动控制风险，从制度上遏制证券期货经营机构"风险外溢"的冲动。规范证券期货机构的经营行为，抓住改革和发展资本市场的牛鼻子。

《办法》以"强化经营机构适当性责任"为主线，通过一系列看得见、抓得着的制度安排，明确了经营机构实施适当性管理的行为规范，涵盖投资者分类、产品分级、适当性匹配等全过程、各环节，要求经营机构在了解把握投资者风险认知和承受能力、产品风险性的基础上，履行适当性各项义务，实现"将适当的产品销售给适当的投资者"。适当性制度安排的逻辑是，经营机构切实承担起"卖者有责"的义务，才能不断宣传和要求投资者应当"买者自负、风险自担"。对经营机构而言，适当性管理是其从事证券期货经营活动的基本底线，是其应当承担的一种义务与责任，是以客户利益为先、为客户最佳利益着想的具体体现。

从投资者方面来说，适当性制度是投资者进入资本市场的"第一道防线"。投资者在购买金融产品时，也要做到"将适当的产品买给适当的自己"。这就要求，经营机构必须充分了解投资者的关键信息，对其向投资者提供的产品及服务有所认知，评估产品的风险，并在此基础上进行风险等级划分。证券期货交易具有特殊性，产品业务的专业性强、法律关系复杂，各种产品的功能、特点、复杂程度和风险收益特征千差万别，而广大投资者在专业水平、风险承受能力、风险收益偏好等方面都存在很大差异，对金融产品的需求也不尽相同。机构必须在信息告知、风险警示、适当性匹配等方面向中小投资者尽职尽责，让他们心服口服。

此次颁布的《办法》，是适当性管理的"母法"，统一了各市场、产品、业务的适当性管理要求，首次对投资者基本分类作出了统一安排，明确了适当性匹配的底线标准，系统规定了对于违反适当性义务的处罚措施。

实行统一规范、全面覆盖的投资者适当性制度，既照顾到我国现阶段中小投资者占比大的投资者结构特点，特别是普通投资者在信息获取、风险认知能力、专业水平和风险承受能力等方面存在的差距，也有利于降低经营机构履行适当性义务的成本，提高适当性管理的效率。

《办法》在统一投资者分类标准和管理要求的同时，也给实际操作核对未来市场发展预留了空间。一是确定了监管规则制定投资者基本分类作为底线要求、自律组织制定风险承受能力最低的投资者类别供经营机构参考、经营机构自主确定分类结果的统一而又分层的分类制度；二是明确普通和专业投资者基本分类，一定条件下两类投资者可以相互转化，经营机构从有效维

护投资者合法权益出发可以对投资者进行细化分类。

笔者认为,"好的制度"更要"好的落实",必须突出对违规机构或个人的监督管理和法律责任,避免《办法》成为无约束力的"豆腐立法"和"没有牙齿的立法"。切实执行一系列适当性安排,有利于其有效管理风险,优化投资服务,全面提高其差异化的经营和竞争能力,也有助于证券期货行业整体发展。

40. 股市分析师是一个怎样的职业?

> 在我国,依法取得证券投资咨询执业资格,并在证券经营机构就业的人员,才是合法的股市分析师。股市分析师应当有强烈的法律意识,其发出的政策分析和投资建议应该严谨扎实,不应该为吸引眼球搞噱头。

股市分析师也叫证券分析师,在我国常被称为股评家。

在每个交易日,股市投资者都可以通过网络、电台、电视台、报纸等看到股市分析人员的各种评论,这些分析评论也是投资者作出买卖决策的重要参考。但客观来说,我国股市分析师市场是良莠不齐的,有的人员并不注意自身素质的提高,对相关市场信息的研究也很不够,甚至对道听途说的不可靠信息进行加工并传播。总体来看,指点低买高卖的趋势分析师更加受宠,坚持基本面分析的人员不是很受欢迎。

那么,股市分析师究竟是一个怎样的行当呢?他们应该做什么,又该怎么做呢?说清楚这个看似简单的问题,对于我们如何运用股市分析师的意见，是至为重要的。

第一，股市分析师应该取得资格认证。在我国，依法取得证券投资咨询执业资格，并在证券经营机构就业的人员，才是合法的股市分析师。

他们的日常工作就是对证券市场、证券品种走势及投资证券的可行性，以口头、书面、网络或其他形式向社会公众或投资机构提供分析、预测或建议。他们提供服务，或者从所在机构获取报酬，或者向服务对象收取费用。

第二，股市分析师应该具备专业知识和法律意识。

股市分析师就要具备宏观经济理论知识，懂得并会有效收集、处理与金融市场尤其与证券市场有关的及时信息。除了利率、汇率、通货膨胀率等经济数据和趋势外，还要懂得投资者情绪状况等。在此基础上，对当前以及未来一段时间内经济运行状况、政策方向和节奏、市场趋势进行判断，提出方向性操作建议，作出风险提示。

股市分析师应当有强烈的法律意识，其发出的政策分析和投资建议应该严谨扎实，不应该为吸引眼球搞噱头。

第三，股市分析师分为"买方"分析师与"卖方"分析师两大类。

证券投资基金、养老基金及保险公司等投资机构通过投资证券获得资金增值回报，该机构的分析师为本机构的投资组合提供分析报告，被称为"买方"分析师。

而投资银行通过股票承销业务和经纪业务的佣金获得收入，其分析师往往向投资者免费提供分析报告，通过吸引投资者购买其承销的股票或通过其所属的公司进行证券交易来提高公司的收入，因此该类分析师被称为"卖方"分析师。

所以，普通投资者应该明了分析师是有立场的。这也反过来要求分析师不管受雇于谁，还是要坚持客观公正为好。

对于股市分析师，我国法律文件中称为"投资咨询机构从业人员"。《证

券法》第169条规定，"投资咨询机构、财务顾问机构、资信评级机构、资产评估机构、会计师事务所从事证券服务业务，必须经国务院证券监督管理机构和有关主管部门批准"。证券法等还规定了对非法证券咨询等服务的罚则，对合规机构人员违反禁止性规定的罚则。

目前，一些人员未取得合法资格，却通过公开渠道进行证券咨询服务，危害正常的股市秩序，同时扰乱了股市舆论生态，应当依法加强治理。

41. 媒体和其他社会力量该如何对待企业？

> 根据我国媒体生态的现实情况，要强调"双向保护"原则和机制，即既要保护媒体和记者的合法权益，也要保护企业的合法权益，这才是真正保护公众利益。记者与其他社会成员一样，不应享有法律规定之外的特权。

企业是市场经济的主体，上市公司是它们当中的活跃群体。企业承担着将自然资源、社会资源产品化、服务化、商业化的专门职责，既肩负着社会责任，也获取相应的利润回报。由于企业是一个个不同的个体，它们所从事的生产和服务又各不相同，其利润构成更是千差万别，人们去了解每一个企业的情况是不可能的。

此时，就需要媒体发挥作用。在我国，媒体与企业的关系主要有三层：一是客观报道企业动向，帮助公众了解企业的生产和服务情况；二是靠媒体的品牌效应，帮助企业塑造公众形象，为企业提供收费广告服务；三是靠媒体的研究实力、信息整合实力，为企业提供收费咨询服务。当然，还有以会议、论坛等平台为企业提供形象展示、信息发布服务，同时收取费用的模式，但这一模式也是以上三层关系模式的变种或者叠加。

不过，在实践中，媒体滥用自己发布信息的权利，对企业正常运营造成干扰的情况屡屡发生。由于媒体是轻资产运营模式，并且媒体具有公共权力特征，其在与一般企业打交道的过程中占据优势。另一方面，我国长期存在轻商文化，人们头脑当中仍有"无商不奸"思维的遗毒。这是对企业运营极为不利的一种文化传承。由于这些原因，在媒体作出对企业特别是产业公司伤害性报道时，社会公众的宽容度特别高。这是我国媒体生态和企业舆论环境的一个严重隐患。

因此，根据我国媒体生态的现实情况，要强调"双向保护"原则和机制，即既要保护媒体和记者的合法权益，也要保护企业的合法权益，这才是真正保护公众利益。

我国已经形成了相对完备的媒体管理制度。其中一项核心内容是，新闻媒体和记者执业实施行政许可制度，即由国家主管部门核发媒体执业资格和记者采访资格。虽然媒体和记者职业有鲜明的公权力性质，但毋庸置疑，记者职业也是一些人的谋生手段——他们不一定对公权力有尊重的心态。由于体制不健全和法治薄弱，前些年滋生了一些滥用新闻发布权、欺压其他社会成员，为个人和小集体谋取不当利益的单位和个人，并且，他们的胃口越来越大。

受有的西方媒体理论的影响，我国一些媒体人士认为，新闻媒体和记者即使报道不实，也不应承担法律责任，因为媒体和记者没有像司法机关一样的调查权。但笔者认为，这种认识是偏颇的：如果媒体和记者充分尽职，使用了尽可能多的信息源，那么，即使推出的报道有失实部分，也会得到道义支持；但是，不少报道并非如此，其信息源极为单一，且采访浮光掠影、道听途说，甚至违背基本的经济学常识，违背基本的市场经济逻辑，误导公

众。一些媒体记者认为自己拥有特权，不可一世，毫不尊重采访对象，甚至违法乱纪。极端的情况，就是媒体和记者为了谋取特定商业利益，滥用报道和评论权，脱离了维护公众利益的立场。

这种做法是在损害国家和公共利益，伤害社会和国家整体秩序。

应该充分认识到，企业和媒体机构、记者个体都是相互平等的，应当互相尊重。记者与其他社会成员一样，不应享有法律规定之外的特权。同时，采写监督性报道的记者，首先要有好的身手。没有过硬的功夫，没有泰然的心态，不敢于切断私念，就不能担此大任。

以 2013 年 10 月陈永洲和《新快报》案为例，陈永洲先后发表了 15 篇批评中联重科的报道，但后者称陈未采访过他们。中联重科要求记者实地采访调查，新快报及其记者坚决不接受；中联重科公开批评该记者，该报即要求中联重科撤销批评；中联重科不撤销批评，媒体就说对方没有反应。这不是强盗思维吗？这不是对媒体权力的滥用吗？《新快报》和陈永洲应就这些违反新闻执业原则的行为承担道义责任。

经调查，长沙市公安局认定，陈永洲捏造的主要事实有三项：一是捏造中联重科的管理层收购旗下优质资产进行利益输送，造成国资流失，私有化。二是捏造中联重科一年花掉广告费 5.13 亿，搞"畸形营销"。三是捏造和污蔑中联重科销售和财务造假。陈永洲未向相关监管、审计部门和会计师事务所咨询，只是凭主观臆断。2012 年 10 月 26 日，陈永洲亲口承认收钱发稿，未经采访刊发失实报道。次日，《新快报》在头版位置就记者陈永洲收钱发表失实报道一事致歉。2014 年 10 月 17 日，一审判决原新快报记者陈永洲被判刑 1 年 10 个月。

再以 2014 年 9 月的 21 世纪报系和沈颢案为例。

2014 年 9 月 25 日，21 世纪报系总裁沈颢被警方带走。2014 年 11 月 19 日，上海市人民检察院第一分院对 21 世纪报系总裁沈颢、总经理陈东阳等几名犯罪嫌疑人批准逮捕。罪名涉及强迫交易、敲诈勒索、非国家工作人员受贿、职务侵占、挪用资金等；涉案金额 2 亿余元。据警方调查，21 世纪经济报道、21 世纪网、理财周报利用其在财经界的广泛影响力，与上海润言、深圳鑫麒麟等公关公司相勾结，指使下属媒体记者通过各种途径主动挖掘、采编上市公司、拟上市公司的负面信息，并利用上市公司、拟上市公司对股价下跌、上市受阻以及相关产业公司商誉受损的恐惧心理，以发布负面报道为要挟，迫使上市公司、拟上市公司与其签订合作协议，收取"保护费"。沈颢供认，"无论是利用负面新闻还是利用有偿沉默谋取经济利益，都是对媒体社会公器的玷污，是一种犯罪行为。"

2015 年 12 月 24 日，上海市浦东新区人民法院依法对此案作出一审判决。以强迫交易罪对被告单位二十一世纪传媒公司判处罚金人民币 948.5 万元，追缴违法所得；对系列案件的其余被告单位分别处罚金人民币 3 万元至 5 443 万元，追缴违法所得；以敲诈勒索罪、强迫交易罪等数罪并罚，判处沈颢有期徒刑四年，并处罚金人民币 6 万元，追缴违法所得；对系列案件的其余被告人分别处一年六个月至十年六个月不等有期徒刑；对部分认罪悔罪、积极退赃，犯罪情节较轻的被告人宣告缓刑。

过去一些年，动辄以新闻监督为名威胁企业，索要或变相索要财物的媒体和记者不在少数；以负面报道施压，要求对方刊登广告或者给予赞助的媒体更为普遍。这种做法实际上是一种行政腐败的延伸，是我国社会治理的毒瘤，必须充分曝光，依法进行打击。

要建立起企业、媒体和所有社会主体平等相待，依法办事，依法监督，依法相互制约的良好社会秩序。这才是社会主义民主的真正诉求。

42. 媒体发表股市评论应该注意哪些问题？

应当对媒体涉及股市的评论报道进行治理，严格依法办事，强化专业精神。媒体主要负责人应当提高财经专业能力，依法依规管理媒体。广大投资者应当对媒体报道评论进行监督，提高对涉股市报道评论的辨识能力。

在我国股市当中，媒体是不可忽视的力量。一、国家宏观经济数据和财税、货币、产业政策等均通过媒体发布；并且，专家学者对这些问题的解读也要通过权威媒体发布。二、由于中国投资者有观察重点媒体政治经济态度的习惯，重点媒体对于重大事件的报道评论成为影响投资者情绪的重要因素。三、由于股市建设面临很多难题，每个阶段都可能有新的政策推出，对这些政策的分析解读也可以影响投资者的情绪。四、不同的媒体还会对股市具体走势乃至板块、个股走势作出各式各样的预测，专业的、非专业的混杂不清，这对投资者预期的稳定产生不良影响。

应当对媒体涉及股市的评论报道进行治理，严格依法办事，强化专业精神。第一，涉及宏观经济政策、重大政治经济事件，应本着实事求是、团结稳定的原则进行报道，不应该和股市生拉硬扯。第二，对于产业运行、产业调整以及具体企业的报道，要依法合规，秉持专业态度。第三，对于股市政策和制度建设，要由专业人士进行分析，非专业人士的意见也要从专业角度进行把握。第四，无论财经媒体，还是非财经媒体，报道评论股市走势，分析板块、个股走势等，必须使用有合法专业资格人员的意见；编辑记者不得充当证券分析师进行评论。违反规定应当予以处罚。第五，对于作出重大失实性报道、重大误导性报道，违反专业流程操作，制造和传播谣言的行为，要根据实际情况给予纪律处罚和行政处罚；情节严重的，应当追究法律责任。

　　媒体主要负责人应当提高财经专业能力，依法依规管理媒体。广大投资者应当对媒体报道评论进行监督，提高对涉股市报道评论的辨识能力。

主体动态

43. 为什么说个别险资 "打擦边球" 示范效应很坏？

> 恒大人寿在 1 个多月的时间内，大规模集中买进卖出栋梁新材、国民技术等 6 只股票，引发小机构和散户投资者追随，人为制造了一个 "险资短炒偶像剧"，损害了大型机构投资者所应坚持的长期投资理念。

2016 年 11 月 14 日晚，被恒大人寿 "准举牌" 的栋梁新材、国民技术、中元股份、积成电子和金洲管道同时发布公告，恒大人寿对公司股票进行了增持并计划长期持有，承诺持有公司所有股票均自愿锁定 6 个月。这标志着，恒大人寿快进快出买卖相关股票的行为得到了一定程度的纠正。

公开信息显示，恒大人寿买入上述 5 只股票的时间都是自 2016 年 9 月 28 日起，而减持时间都是在 10 月 31 日和 11 月 1 日，持有时间仅 30 多天。此外，恒大人寿还于 9 月 28 日至 30 日动用约 5.3 亿元买入梅雁吉祥 4.95% 的股权，尔后在 10 月 31 日全部卖出，盈利过亿元。

尽管恒大人寿解释称，卖出相关股票并非出于投机目的，而是顺应市场变化，并且，没有通过短炒 "大幅度获利"。但是，恒大人寿在 1 个多月的时间内，大规模集中买进卖出栋梁新材、国民技术等 6 只股票，引发小机构和散户投资者追随，人为制造了一个 "险资短炒偶像剧"，损害了大型机构投资者所应坚持的长期投资理念。

笔者认为，不但险资不能短炒，大型投资机构都不能短炒，要完善监管制度，杜绝短炒风大型化、机构化、常态化。

事实上，大量统计数据早已证明，无论在何种情况下，通过短炒大幅度获利的只可能是少数投资者。但这种投资方式一旦传染和扩散，损害的是整个市场的信誉，并最终影响到所有市场参与者的实际利益。所以，对恒大人寿这样的短炒行为不能放任不管。

短炒无限度蔓延给市场带来的伤害是当前市场监管和建设的重要课题。不但对保险公司，而且应当对所有利用信息不对称、账户分布不对称、通道不对称进行短炒的机构投资者加强监管，要求其公开说明集中大规模买进卖出相关股票的理由，把6个月锁定期制度固定下来，避免因其不当买卖行为给市场带来不良示范效果。

在恒大人寿获利抛售梅雁吉祥后，恒大系企业仲勤投资于2016年11月10日再度买入梅雁吉祥5%的股份，明确举牌，表明了长期投资的态度。可以说，这是恒大系对恒大人寿短炒行为的纠正。上交所已使出监管手段，一是于11月11日发出《问询函》，要求仲勤投资说明买入梅雁吉祥股票的主要考虑和目的，二是要求梅雁吉祥及仲勤投资在11月16日召开媒体说明会，之后梅雁吉祥才可以复牌。

恒大系应该给公众一个负责任的解释。如果在恒大系短炒过程中，任何人、任何机构、任何组织涉及违法违规行为，应当一律依法处理并公开曝光。这不仅仅是因为大范围短炒对市场造成不尽的危害，而且是因为短炒成风本身就是对法治的践踏。

44. 万科股权之争暴露了哪些制度性风险？

万科股权之争说明，除了公司内部治理存在缺失之外，企业的外部竞争环境、舆论生态的气质，都存在不利于优秀企业发展的问题。政府有责任、有义务，依法督导重组事宜。再少的国有股也是"金子"，是金子就该发光，发挥支持优秀企业持续健康发展的积极作用。有关监管部门应当确保各方依规合法办事，支持上市公司持续健康发展。

笔者在 2016 年 7 月 3 日公开发文指出，"沸沸扬扬的万科股权之争，本质上是一家优秀公司的前途之争。这家优秀公司能否长期良性运行，未来能否涌现出更多的优秀公司，取决于三点：一是公平的竞争环境，二是完善的公司治理，三是理性的舆论气质。所以，万科命运的轨迹，在一定意义上也是国家和社会治理的一个投影，而不单单是一家企业的兴衰变化"。

万科是混合所有制的一个样板，它的原第一大股东是国有企业华润股份有限公司，持股比例在 14% 上下，其他股东的所有制各异，但单独持股比例相对较小，股权相对分散。2015 年，宝能系企业——深圳市钜盛华股份有限公司及前海人寿保险股份有限公司不断以巨资增持万科股权，至年末，成功夺得第一大股东地位，华润退居第二大股东。万科管理层（这些人员都参加了万科事业合伙人计划，载体为深圳盈安财务顾问企业）随后采取了反制措施：一是于 2015 年 12 月 18 日宣布停牌；二是于 2016 年 3 月 13 日以董事会名义发布公告，宣布万科与深圳市地铁集团签署合作备忘录，将购买其旗下资产。

在宝能系大举购买万科股权的长达数月内，华润身为第一大股东，除有一次微小增持外，总体上默不作声，人们只能看到万科管理层的应对和反抗。在万科发布拟与深圳地铁合作的公告后，华润集团立即表态，此事没有经过董事会讨论，是万科管理层作的决定。华润过往的"万科公司战略支持者""万科价值观和发展理念同行者"的形象发生根本动摇，至少从表面看，应对股权之争只能靠管理层自己了。

2016 年 6 月 17 日，万科董事会审议与深圳地铁的资产重组预案，因宝能、华润一致反对，没有获得通过。6 月 23 日深夜，宝能在先、华润紧跟，声明不支持万科董事会提出的重组预案，并表示关注万科的内部人控制问题。至此，宝能与华润的一致行动人色彩愈加浓厚。对此，监管者已经出手——深交所已于 6 月 27 日发函，要求华润、宝能说明情况。虽然两方均否认为一致行动人，但从华润前期表现来看，洗清并不容易。

按照万科管理层提出的重组预案，通过向深圳地铁集团公司定向发行股票，吸收其旗下前海国际发展有限公司全部资产，万科股东结构将发生如下变化：深圳地铁持有万科股份 20.65%，宝能系持股 19.7%，华润及其一致行动人持股 12.1%。

从万科管理层来说，既然华润已改变"初心"，宝能系强行入主并且潜藏着资金和法律风险，并且，按照公司法、证券法并不能阻止华润、宝能的下一步行动，那么，找到与公司发展战略一致的深圳市地铁集团，并达成入主协议，从而使万科可以继续良性运行，是一个完全合理的选择。

有人质疑万科管理层通过"事业合伙人计划"不断增持股票，未来会成为真正的大股东，并指这是谋取私利。笔者认为，任何人、任何机构，只要其资金、运作方式合理合法，并且其行为有利于公司长期良性运行，都不应过多地受到指责。现在被称为"万科内部人"的管理层人员，基本上都是万科的创始人、建设者、经营者，他们持之以恒地投身于万科的发展，未来成为真正的大股东，也没有什么不可以。

万科股权之争说明，除了公司内部治理存在缺失之外，企业的外部竞争环境、舆论生态的气质，都存在不利于优秀企业发展的问题。固然，各路资本只要符合法律的规定，都可以介入一家上市公司，对其改造和调整，媒体和评论者只要符合法律规定，都可以评判这一事件；但是，一家优秀的企业，一个与企业发展有着血肉相容关系的优秀经营团队，不只是属于资本的，而是属于全社会的，属于人民的。因此，在当前情况下，各级政府应当有所作为，对事态发展予以高度关注，引导和推动各方朝有利于企业良性运行的方向走。

万科作为深圳的标杆企业之一，每年的税收贡献为 323 亿元，仅次于华为的 337 亿元。深圳市政府有责任、有义务，依法督导重组事宜。深圳市地铁集团作为地方国有企业，支持万科长远良性发展，应当给予肯定。华润作为央企，应当深刻记取宋林腐败案的教训，从国家和社会全局出发，维护万科长远发展利益。华润持股比例不是很大，但再少的国有股也是"金子"，是金子就该发光，发挥支持优秀企业持续健康发展的积极作用。有关监管部门应当从严控金融风险的角度出发，对控股权争夺中的资金来源、长短期限进行核查，确保各方依规合法办事，支持上市公司持续健康发展。

在经历了宝能系"强势进驻"、老东家华润股份"半遮半掩"、恒大系"半路救场"、深圳地铁"望眼欲穿"之后，万科股权争夺战终于迎来了新节点。2017 年 1 月 12 日上午，万科 A 和万科 H 股发布公告，称第二大股东华润股份及其全资子公司中润国内贸易有限公司将筹划涉及所持公司股份的重大事项，公司因此公告停牌。晚上，正式消息公布：深圳地铁集团与华润集团签订协议，深圳地铁拟受让华润集团所属华润股份有限公司、中润国内贸易有限公司所持有的万科 A 股股份，通过此次股份受让，深圳地铁将成为万科重要股东。

尽管深圳地铁入主万科并不意味着万科股权之争所引发的问题得到完全解决，但可以说，事件开始朝着积极方向迈出了第一步。目前局面依然复杂，相关问题仍需进一步协调。

45. 该不该对险资参与股市提出"道德要求"？

> 2015年下半年起，个别保险公司及其关联公司，个别投资机构及其关联公司，在二级市场大幅度买入特定公司的股票，或者真举牌或者"准举牌"。它们一方面在二级市场兴风作浪赚取差价，一方面入主特定上市公司吞噬本属于全体股东的财富。这必然会生成金融风险隐患。

2016年12月3日，证监会主席刘士余在中国证券投资基金业协会第二届会员代表大会上发表讲话，语气严厉地批评了部分举牌上市公司的机构。他指出，"最近一段时间，资本市场发生了一系列不太正常的现象，你有钱，举牌、要约收购上市公司是可以的，作为对一些治理结构不完善的公司的挑战，这有积极作用。但是，你用来路不当的钱从事杠杆收购，行为上从门口的陌生人变成野蛮人，最后变成行业的强盗，这是不可以的。"

2015年下半年起，个别保险公司及其关联公司，个别投资机构及其关联公司，在二级市场大幅度买入特定公司的股票，或者真举牌或者"准举牌"。它们一方面在二级市场兴风作浪赚取差价，一方面入主特定上市公司吞噬本属于全体股东的财富。从万科到南玻集团再到梅雁吉祥，宝能和恒大这两家土豪式投资者凭借资金实力，并且采取杠杆融资方式，成为上市公司大股东。这些新入主的土豪们以"占领者"姿态搞行业扩张，而不理会其他中小股东的诉求。其中，南玻集团原高管团队已集体出走，万科的高管团队与新大股东严重对峙。

这种"资本决定一切"的行为模式其实是对资本市场"三公"原则的践踏。有钱人可以依照规则举牌，但举牌之后还有一些规则，包括维护中小股东基本权益、确保公司治理有序和经营稳定、确保公司承担的社会责任得以延续等。像宝能系动辄试图罢免万科所有董事的做法，就值得认真检讨。

同时，个别机构投资者还把本属于商业保险偿付和短线理财的资金用于争夺上市公司股权，短钱长用；个别保险机构的股东把保险公司当作自己的提款机，通过眼花缭乱的途径挪用保险资金。这些做法，都违背了"险资姓保"的基本原则，而把保险公司当作一个普通的融资平台。这必然会生成金融风险隐患。

2016 年以来，对于险资收购上市公司股权的交易，证监会一直高度关注。监管措施主要由沪深交易所具体执行，包括对上市公司发关注函、问询函、监管函，要求相关股东进行充分的信息披露。对于恒大人寿"快进快出"交易梅雁吉祥与栋梁新材的行为，保监会也出手约谈，明确表态不支持保险资金短期大量频繁炒作股票。

险资以其自有资金，按照监管规则进行财务投资，既可以获取市场收益，又可以专业视角监督上市公司，这本身是一件双赢的制度安排。保险公司投资股权应以相对分散、稳健、长期为原则。目前出现的险资举牌现象，却是短期大幅度拉升，各类资金跟风。恒大人寿甚至通过"准举牌"方式炒作 5 只股票，示范效应极坏。

笔者以为，并非险资绝对不可以举牌上市公司，恰恰相反，有能力的保险公司，一方面可以把自己的部分长期资金用于长线股权投资，另一方面可以选择合适的上市公司，举牌成为大股东，参与其日常管理。但所有这些行

动，都有一条底线，就是认真履行社会责任。具体要做到三条：资金使用不违规，入主公司不霸道，市场操作不短炒。

46. "保险资金入市"的哪些篱笆没有扎牢？

> 由于我国金融市场和金融监管相对落后，金融司法也相对落后，对于相对复杂的案件，仅仅依靠部门来监督管理是不够的。该"跨界"就要"跨界"，该"联合"就要"联合"。分业风险由各金融监管部门管，跨业风险则需要多个部门一起来管。

国家允许保险资金依法依规进入股市，初衷是实现保险公司所代理资金的保值增值、分散风险、增加收益，落脚点是保障保险人的利益，同时促进上市公司健康发展，诉求是服务公众利益。但是，保险公司的实际控制人利用保险公司代理的资金，集中购买一家同业竞争、利益冲突的企业股票，以实现长期控股为目的，则是服务于特定人的利益。并且，由于存在短贷长用、过度杠杆等问题，积聚了巨大的金融风险。

在万科股权争夺过程中，无论华润集团的国有资产，还是万科公司国有股的权益，还是万科公司社会股东的权益，无论万科公司所承载的公共利益，还是宝能系直接动用的保险资金，还是整个争夺战中所牵连的银行资金、客户理财资金等，都应该得到法律的保护。要切实防范个别人拿所谓市场规则甚至法律条文当挡箭牌，暗度陈仓转移国有资产，钻监管空子谋取不义之财，搞秘密协议破坏市场公平。

如果由于监管不力，导致国有资产、上市公司资产、金融机构资产被违法违规者侵蚀，诱发金融和社会动荡，则各方面都可能付出更大代价。

2016年7月22日，证监会新闻发言人邓舸表态，对万科相关股东与管理层激化矛盾、影响市场稳定的做法明示不满，提出谴责。这应当是证监会对华润、宝能以及王石团队的最直率的批评了。邓舸同时指出，证监会希望各方着眼大局，本着负责的态度，尽快在法律法规、公司章程框架内寻求共识，拿出切实行动，协商解决问题，促进公司健康发展，维护市场公平秩序。虽然证监会没有列举相关违法违规行为，也没有透露是否在进行调查，但从多种迹象看，相关调查已经展开。

由于华润属于中央级国有企业，宝能系举牌所用资金多有跨界、已超出证监会管辖范围，万科公司作为深圳市明星企业、受到深圳市高度重视，证监会对于这一案例的调查处理面临一些实际困难。为此，笔者于2016年7月7日、9日两次公开发文提出，由国务院国资委、中国人民银行、中国证监会、中国银监会、中国保监会、深圳市政府以及司法机关组成联合调查组，进驻相关单位，开展全面调查。对此，有人认为，联合调查组有一些行政色彩，还是应由各监管部门来调查处理。

笔者认为，由于我国金融市场和金融监管相对落后，金融司法也相对落后，对于相对复杂的案件，仅仅依靠部门来监督管理是不够的。该"跨界"就要"跨界"，该"联合"就要"联合"。分业风险由各金融监管部门管，跨业风险则需要多个部门一起来管。华润、宝能和万科管理层采取种种方式明争暗斗，问题高度复杂性，单个部门无力落实监管之责，联合工作组是必需的选择。

保监会主席在2016年12月21日表示，要让那些真正想做保险的人来做保险，决不能让公司成为大股东的融资平台和"提款机"，特别是要在产融结合中筑牢风险隔离墙。他还提到，这几年，少数公司进入保险业后，在

经营中漠视行业规矩、无视金融规律、规避保险监管，将保险作为低成本的融资工具，以高风险方式做大业务规模，实现资产迅速膨胀，完全偏离保险保障的主业，蜕变成人皆侧目的"暴发户""野蛮人"。这个认识是对的，但的确来得晚了一些。

保险公司及其大股东如何践行社会责任义务，自身业务发展如何与经济社会发展大局相适应、相协调，尽最大可能避免"发展风险外溢"，是一个很大的课题。就拿保险公司来说，相对于发达市场，资金规模、业务规模都还比较小，加快发展是当然之选，但如果为了壮大而壮大，把本来用于保障社会安全的资源（资金、土地、金融工具等）转移为特定股东的跨界业务，则是令人担忧的。不单保险行业，证券、银行、信托、地产等行业，如果存在这种"发展风险外溢"的情况，都应当予以重视。

47. 监管层对险企举牌出台了哪些约束性举措？

> 保监会先后采取了暂停相关保险公司万能险新业务、委托股票投资业务，对相关保险公司高管采取市场禁入、撤销任职资格等措施。出台了《关于进一步加强保险资金股票投资监管有关事项的通知》。

2016 年 12 月，监管层对保险公司投资股市的监管不断趋严，出台了一系列新规定。2017 年 1 月 24 日，保监会颁布《关于进一步加强保险资金股票投资监管有关事项的通知》，将股票投资分为一般股票投资、重大股票投资和上市公司收购三种情形，实施差别监管。保险机构投资单一股票的账面余额不得高于本公司上季末总资产的 5%；投资权益类资产的账面余额合计不得高于本公司上季末总资产的 30%。禁止保险机构与非保险一致行动人共同收购上市公司。

从国际经验看，保险资金进入上市公司，当上市公司的股东，是一件很正常的事。西方国家过去 30 年的经验表明，保险公司是股票市场长期资金的主要供应者，也是主要的机构投资者；保险资金投资于债券市场、货币市场和股票市场的回报率分别为 7.9%、3.6% 和 14.4%。

我国也一直在努力构建支持保险公司参与股市投资，当上市公司股东的常态化机制。毕竟，股票市场需要源源不断的长线资金，而保险资金具有期限长，风险偏好低的特点。将保险资金与资本市场对接，既拓宽了保险资金分享国家经济增长收益的渠道，有利于保险资金保值增值，也可以将保险公司的风险约束机制转化为上市公司外部约束机制的要件，促进上市公司规范运作。

国务院在 2004 年 1 月颁布的《关于推进资本市场改革开放和稳定发展的若干意见》中，就已明确提出"支持保险资金以多种方式直接投资资本市场，逐步提高社会保障基金、企业补充养老基金、商业保险资金等投入资本市场的资金比例"。随后，通过一系列制度安排，保险资金进入股市操作的空间一步步放宽。2014 年 2 月实施的《关于加强和改进保险资金运用比例监管的通知》规定，保险公司投资权益类资产的账面余额，合计不高于本公司上季末总资产的 30%，且重大股权投资的账面余额，不高于本公司上季末净资产。账面余额不包括保险公司以自有资金投资的保险类企业股权。

客观来说，这一制度性规定是相对稳健的。如果保险公司自身治理、自我约束机制足够有力，理想化的"保险公司—股票市场互动机制"就可以建立起来。但事实上，我国保险公司内部治理存在较大缺陷。个别保险公司通过交叉持股、层层嵌套，掩盖真实股权结构，形成内部人控制，大量从事不

公平的关联交易。有的控股股东把保险公司定位为"融资平台"，大量发行激进的产品，进而倒逼出激进的资产配置和投资风格。

另一方面，保监会的监管理念、监管规则、监管力度存在重大缺陷，对"匪夷所思的险资举牌行为"猝不及防，防无可防，不能及时应对市场和监管矛盾。导致土豪式举牌行为不断蔓延，一定程度上扰乱了金融秩序。

2015年7月，保监会在救市背景下发布《关于提高保险资金投资蓝筹股票监管比例有关事项的通知》，大幅度放宽保险资金入市门槛：符合一定条件的保险公司投资单一蓝筹股票的余额占上季度末总资产的监管比例上限由5%调整为10%；投资权益类资产的余额占上季度末总资产比例达到30%的，可进一步增持蓝筹股票，增持后权益类资产余额不高于上季度末总资产的40%。这一政策调整很快被激进的保险公司滥用。2015年10月之后至2016年11月，前海人寿、恒大人寿、安邦保险等不断举牌上市公司。其中不乏借机短炒行为。前海人寿与非保险一致行动入主万科引发了一系列问题。

保监会虽然采取了一些措施，但力度微弱。如2016年5至8月，保监会对万能险业务量较大、占比较高的前海人寿、恒大人寿等9家公司开展万能险专项检查，部分公司存在产品费用不合规、产品账户额度不清晰及不同产品账户资金混用等问题。10月，保监会下发监管函，要求相关公司限期整改。

2016年12月是一个转折点，一是刘士余、项俊波"联袂喊话"；二是保监会推出一系列措施，包括暂停前海人寿万能险新业务，暂停恒大人寿委托股票投资业务。2017年1月颁布的《关于进一步加强保险资金股票投资监管有关事项的通知》，明确禁止保险机构与非保险一致行动人共同收购上市公司，是亡羊补牢之举，也是不得已而为之。2017年2月24日，保监会针对前海人寿编制提供虚假材料、违规运用保险资金等问题，依据相关规定，决定撤销该公司董事长姚振华任职资格，并禁入保险业10年。

不少人认为，保险资金入主上市公司天经地义，不需要"额外约束"。这个想法是过于天真了，个别保险公司的大股东把保险公司当作融资平台，把保险人的钱当作保险公司的钱，把保险公司的钱当作大股东的钱。入主上市公司后，又把全体股东的权益当作大股东一家的权益，横冲直撞，土豪作风泛滥。所以，需要阶段性地收敛一下。随着今后保险公司治理机制进一步完善，相关约束性举措可以再做调整。

48. 为什么说暴涨暴跌不是散户所为？

> 受情绪性因素困扰不只是散户特征，很多机构也是如此。我国股市散户众多的特征还将持续，要尊重这个现实。机构总拿散户众多当作市场无法实现理性的托辞，是不负责任的，大型机构投资者应当主动地引领理性潮流。

在 2015 年 1 月 4 日推出熔断机制当天，大盘出现暴跌，再次验证了中国股市内在稳定机制很差。于是有分析说，中国股市长期以来易受情绪性因素的困扰而出现大起大落，这与其与生俱来的"散户为主"特征密切相关。为此，要让中国股市平稳健康运行，除了熔断等交易机制的持续完善外，尚有赖于引进更多长期资金，让价值投资取代投机，成为中国股市的主流投资文化。

引进更多长线资金入市，是对的。但是，把中国股市易受情绪性因素困扰归结于"散户为主"，就不一定正确了。因为，受情绪性因素困扰不只是散户特征，很多机构也是如此。我们经常看到和听到，证券机构的一些研究

员的"研究"和"分析"很情绪化，听风就是雨；对涨跌原因的剖析很不深入，有的夸大不具备系统性影响的消息的因素，有的夸大技术性分析的作用。这些做法客观上对市场不稳定性推波助澜。同时，还需要注意的是，我国股市散户众多的特征还将持续，要尊重这个现实。机构总拿散户众多当作市场无法实现理性的托辞，是不负责任的，大型机构投资者应当主动地引领理性潮流。而且，各方面都应该尊重散户投资者，想方设法保护和引导他们；而不能整天拿散户当"负担"，更不应把散户当作主流机构不作为的"挡箭牌"。

资本市场的发展同样要"以人民为中心"，要真正尊重大众需求和创造精神。要通过科学立法立规，严格用法执法，完善基础性制度，加强市场知识的普及，来实现中国股市的转型升级。

目前我国储户众多，其中的相当一部分会转化为股市投资者。所以，我国股市的散户化特征还将持续一个较长的时期。大家都说欧美的机构投资者占主流，但是那里的老百姓出生后不久就知道有股市和基金，因为他们的父辈早就参与股市和基金了。父辈的言行就是包括投资内容的，他们一辈一辈委托基金投资，已经成为文化了。我们的投资传统、投资文化还没有完全建立起来。

散户众多是一个绕不开的现实。我国银行储户更多地转变为股市投资者，是一个难以逾越的历史进程，主观地"消灭散户"不可行，而应当引导其理性投资，完善基金、信托制度，承接这种"变迁"。

对于散户投资者，监管者、证券服务机构要尽责提示风险，但是对于他们参与股市的热情，也要给予保护。

我们要对散户投资者提一点忠告：不是每一个个体都适合直接参与股市；如果你不善于把握市场趋势，不善于提前发觉市场波动的因素，还是委托专业机构为好。无论是公募基金还是私募基金，都有比单个散户更强的进行投资组合的能力。基金还可以用杠杆等工具来配比和组合，这是散户难以做到的。

49. 如何完善核心证券公司、基金公司的 "担当机制"?

> 加快完善相关机制，从根本上解决证券经营机构从业人员重自身利益、轻社会责任，甚至急功近利、唯利是图的问题。证券公司、基金管理公司特别是国有控股的证券公司、基金管理公司，要自觉服务于资本市场改革发展和经济社会发展大局。对做不到的，要以党纪、行业纪律和法律问责。

从本质上说，任何一个市场都是由各个参与者共同构建起来的；不同的参与者根据自己的需求，在不违反市场基本规则的前提下规避风险、获取收益、盘活资产。因此，市场发展得好，对大家都是有益的；市场发展不好，对大家都是不利的。而决定市场发展大方向的，是那些体量大、影响力大的大型主体。

由于证券公司、基金公司是连接筹资者和投资者的中介组织，也是政府政策的主要实践者，是市场定价、市场交易、市场信息传导的重要载体，他们的作用就至关重要。在西方股市，大型投资银行、大型基金同样承担着主导市场反向、平抑市场曲线、平衡政府政策的职能。从一定意义上说，西方国家的部分经济管理职能，即部分宏观调控和市场管理的职能，已经成功地让渡给了这些大型机构。而在我国，这一机制尚未完全理顺。

我们是社会主义国家，我们的证券公司、基金管理公司履行社会责任是

一个基本要求。这里所说的社会责任，就是维护国家金融市场和股票市场的秩序和稳定运行。令人不安的是，在2015年股市异常波动期间，这些主体并没有尽到应有的责任。有的机构在异常波动期间冷眼旁观，认为责任不在我；有的机构对大盘蓝筹股追涨杀跌，加剧市场波动；还有些机构放任违法违规行为。在政府拿出真金白银稳定市场时，有的机构居然勾结起来，套取国家资金。

2015年8月，中信证券总经理程博明等人因涉嫌内幕交易已被公安机关立案调查。这只是冰山一角。

我们必须立即行动起来，加快完善相关机制，从根本上解决证券经营机构从业人员重自身利益、轻社会责任，甚至急功近利、唯利是图的问题。要将其内部的公司治理、市场操作和外部的公众监督、法律约束统一起来，树立担责光荣、失责可耻，担责嘉奖、失责处罚，合法鼓励、违法惩罚的行业文化。对公司治理、市场操作有劣迹的公司高管和公司本身，实施信用记录积分制度，依法长线约束。

在制度设计上，应当遵循我国两个"毫不动摇"的经济发展战略，依靠核心证券公司、基金管理公司维护国有资本的主导，维护国有股的价值中枢，不要被西方理论所羁绊。比如，可以对大型证券公司和基金公司持有大型蓝筹股的比例以及进出市场的机制作出配套规定，鼓励其维护蓝筹股价值中枢。同时，对于蓝筹公司的公司治理，也要通过大股东执行能力建设，实现国有股权有效增值和市场化运作的平衡。

证券公司、基金管理公司必须切实增强社会责任感，培育和践行以价值投资为核心的投资文化，同时，要增强"抱团取暖"精神，自觉维护市场秩序和行业形象。证券公司、基金管理公司特别是国有控股的证券公司、基金管理公司，要自觉服务于资本市场改革发展和经济社会发展大局。对做不到的，要以党纪、行业纪律和法律问责。

50. 什么是券商风控的"四大支柱"?

> 调整后的风控指标体系，由风险覆盖率、资本杠杆率、流动性覆盖率及净稳定资金率四个核心指标构成，更加合理和有效。

2016 年 10 月 1 日，修订后的《证券公司风险控制指标管理办法》（以下简称《办法》）及配套规则开始实施。其中，在新增资本杠杠率、两个流动性监管指标的基础上，为避免冲突和重复，将净资产比负债这一杠杆控制指标由不得低于 20%调整至 10%，将原有反映流动性的净资本比净资产指标从 40%调低至 20%。

有分析认为，前述两个指标降低，说明监管层有意放松风控体系，这是一个误读。实际情况是，新增加的资本杠杆率和两个流动性指标将替代现有指标，对券商的杠杆和流动性进行约束。证监会调整风控指标的目的，是优化风控体系，提升资本监管有效性，强化全面风险管理要求，并没有降低现有杠杆、流动性等风控要求。

此次《办法》修订，是在总体框架不变的基础上，对不适应行业发展需要的具体规则进行调整，并结合行业发展的新形势，改进优化有关风控指标，使指标设置更加科学合理。一句话，就是从制度设计和机制安排上提升指标的完备性和有效性。

现行《办法》有净资产比负债、净资本比负债两个同属杠杆控制的指标，属于"双重控制"；同时，两个指标都没有将表外业务纳入控制。为此，《办法》拟将这两个杠杆控制指标优化为一个资本杠杆率指标——核心净资本比

表内外资产总额；将原来未纳入杠杆计算的证券衍生品、资产管理等表外业务纳入控制，使风险覆盖更全面，杠杆计算更合理。

既然有了"核心净资本比表内外资产总额"这个优化了的替代性指标，原来的两个杠杆控制指标理应废止，但是，鉴于现行《证券法》明确规定证监会应当对净资产比负债、净资本比负债两个指标比例作出规定，因此继续保留这两个杠杆控制指标。但为避免新指标与旧指标的冲突和重复，拟将净资产比负债指标由不得低于20%调整至10%，未来主要通过新指标（资本杠杆率指标）对公司杠杆进行约束。

修订版《办法》拟规定，"核心净资本比表内外资产总额"不得低于8%。需要说明的是，8%资本杠杆率的倒数所算出的倍数（12.5倍）不是通常意义的财务杠杆倍数。按资本杠杆率8%的监管标准进行测算，并结合流动性指标要求，财务杠杆率大体为6倍左右，与现行办法的要求基本相当。

实践表明，现行《办法》用于防范流动性风险的净资本比净资产指标，现实针对性不足，难以有效防范流动性风险。为此，从2014年2月中国证券业协会发布《证券公司流动性风险管理指引》起，在证券公司监管中引入了流动性覆盖率和净稳定资金率两项流动性风险监管指标。经过两年多的实践，证明两项指标基本符合行业实际，能够反映和监测行业流动性风险。因此，拟将两项流动性风险监管指标由行业自律规则上升到证监会部门规章。

虽然前述两项流动性监管指标已替代净资本比净资产指标，后者理应取消，但鉴于目前《证券法》明确证监会应当对后者作出规定，所以拟继续保留该指标。同样为了避免新指标与旧指标的冲突和重复，根据实际情况，将旧指标（净资本比净资产指标）由不得低于40%调整至20%。

可见，降低净资产比负债、净资本比净资产两项指标的控制标准，并非降低风险控制标准，而是在优化现有监管指标、引入更加有效监管指标的同时，兼顾到与现行《证券法》衔接，是一种现实主义的操作。可以预期，待《证券法》修改后，净资产比负债、净资本比净资产两项指标将彻底废止。

此次《办法》修订，体现了三方面重大调整：一是厘清主次，依据资本吸收损失能力的不同，将净资本区分为核心净资本和附属净资本，目的是提升资本质量和抵御风险的能力。二是去除重复，针对金融资产风险重复计算的问题，将金融资产的风险调整统一纳入风险资本准备计算。三是针对性强，将按业务类型计算风险资本准备调整为按照市场风险、信用风险、操作风险等风险类型计算，提升风险计量的针对性。按照修订版《办法》，风险覆盖率（净资本比风险资本准备的比例）将不得低于100%；调整后的行业平均风险覆盖率约为200%，可以较好满足风险覆盖要求。

调整后的风控指标体系，由风险覆盖率、资本杠杆率、流动性覆盖率及净稳定资金率四个核心指标构成，更加合理和有效。可以说，修订版《办法》强化了券商风控体系的"四大支柱"，对券商风险管理的要求更高了。

为了确保修订版《办法》执行到位，监管部门进行了风险测算。结果表明，行业的风险总体全覆盖，杠杆水平及业务结构均维持在合理状态。不过，由于个别公司资产负债或者业务结构有短板，可能出现不达标的情形。针对这一情况，证监会拟在《办法》实施前给予一定期间的准备期，要求相关公司采取补充资本、调整资产负债结构等措施改善相关风控指标，确保《办法》实施后达标。

51. 证金公司能否成为名副其实的"平准基金"?

> 证金公司作为履行国家职责的主体，第一责任是通过入市操作稳定市场秩序，维护市场流动性基本稳定。赋予证金公司维护股市稳定的职能不是一时的应急措施，而是长久之计。

中国证金公司自 2015 年 7 月初走上股市维稳的前台，担当起平准基金的职能，备受各界关注。证金公司的职能是维护股市秩序的稳定，不是为了与其他市场主体争夺利益，而维护市场秩序稳定的本质是履行国家赋予的职责。

证金公司买入股票的标准，首先是价值处于低估区域，其次是流动性有不足。一旦这两个理由同时不存在了，证金公司就可以择机退出。

我们不希望出现这种局面：一旦证金公司介入某一只股票，就引起各路资金集中追捧；一旦证金公司择机退出一只股票，就"树倒猢狲散"。如此，就达不到稳定市场的目的，是得不偿失。因此，证金公司会精心选择买股的切入点，在人弃我取的状态下行动。

证金公司稳定市场的举措会高度尊重和遵循市场规律。

证金公司作为履行国家职责的主体，第一责任是通过入市操作稳定市场秩序，维护市场流动性基本稳定。而为了达成这样的效果，选择标的就要坚持"稳"字优先，即业绩要稳，经营要稳，前景要稳，不能选择概念性过强的股票。

既然是市场操作，就会有买有卖，有进有出。但无论买入还是卖出，也都要坚持"稳"字优先。当个别股票的估值趋于稳定并且买气明显增强时，减持也是水到渠成，这是对市场规律的尊重。

证金公司稳定市场是"计在长远"而不是"急在一时"。

我国股市运行的稳定性比较差，究其原因，其一，市场本身需要一个从小到大、从相对不规范到相对规范的发展历程；其二，市场制度建设需要一个逐步推进、逐步升级的过程；其三，大型投资银行建设这个短板十分突出——无论在股市发展的哪一个阶段，大型投行的市场定价能力和定价权威性都很不足，公众信誉都不够高。

在大型投行还不能担当市场定价平衡器的当下，通过证金公司等特定机构维护市场稳定，维护国家资产价值中枢的稳定，是必要之策。所以，赋予证金公司维护股市稳定的职能不是一时的应急措施，而是长久之计。

52. 如何理解"证金公司今后若干年不会退出"？

"当市场剧烈异常波动、可能引发系统性风险时，仍将继续以多种形式发挥维稳作用"。对于畸形市场状况，必须采取措施加以校正，否则将严重危害改革进程。

在股市发生剧烈异常波动、可能引发系统性风险时，中国证金公司入市购买股票，一些大型投资机构增持股票，稳定了市场秩序和市场情绪，这是一条重要经验。证监会 2015 年 21 号公告明确表示，"今后若干年，中国证金公司不会退出，其稳定市场的职能不变"；"当市场剧烈异常波动、

可能引发系统性风险时，仍将继续以多种形式发挥维稳作用"。这是对国家维稳机制的完整表述，表明了基本态度，说明了工作方向。2015 年 7 月 8 日中国人民银行发出的"积极协助中国证金公司通过拆借、发行金融债券、抵押融资、借用再贷款等方式获得充足的流动性"的声明，依然有效，并没有改变。

在股市非正常动荡时期，中央政府出手维稳，天经地义，这不是"干预市场自身涨跌"，而是处置非市场行为对市场行为的干扰，是维护和恢复市场正常秩序。

在 2015 年异常波动期间，什么股票都大幅下跌，跌得头破血流，是违背中国政治经济发展基本面的，不是什么"市场行为"。所谓的"市场行为"，是指在公众拥有共同价值取向的基础上，各主体依照既定的规则公平交易。对于那种"自我砸盘"的畸形市场状况，必须采取措施加以校正，否则将严重危害改革进程。

有一种说法是，21 号公告表明证监会"不再干预市场自身涨跌"，有故意混淆是非之嫌，因为其暗示的意思是"证监会前期管指数，现在不管指数了"。显然，这里混淆了"市场自然涨跌"和"违法违规操作导致的异常交易"两个概念。证监会不会因为股指高低而去干预市场，但一定会对违法违规交易行为采取措施；不但证监会要管，公安司法机关也会管。

监管者该做什么，不该做什么，是有界限的。

53. 大股东减持的"侧门"关上了吗？

> 大股东董监高减持新规只是阶段性措施，主要目的在于防范大股东集中、大规模减持对市场造成冲击，目前的制度安排可以说是延缓术。长期看，价格预期稳定了，也就不需要特别限制了。

2016 年 1 月 9 日，中国证监会出台的《上市公司大股东、董监高减持股份的若干规定》（以下简称《减持规定》）正式实施，1 月 10 日就有上市公司大股东公告协议减持，于是有人惊呼：快看哪，大宗交易可以随便减持！又惊呼：据打听，大宗交易换手后可以随便抛向二级市场！还有人神神秘秘地告诉笔者：证券公司里，大股东排队大宗减持呢！

还有一家媒体针对《减持规定》中的那句"通过协议转让方式减持股份并导致股份出让方不再具有上市公司大股东身份的，股份出让方、受让方应当在减持后六个月内继续遵守本规定第八条、第九条的规定"，煞有介事地分析说，"反之，如果大股东通过大宗交易减持股票，减持后自己仍然是大股东的，转让方和受让方都不受 1%规定的影响，也就是说受让方通过大宗交易平台得来的股票，其实是可以随便在二级市场卖的。"

但这是曲解和误解。既然连大股东出让的股份都要采取限制措施，对"减持后自己仍然是大股东的"当然要继续限制。大股东减持后仍然是大股东的，它以及受让方，都要遵守三个月通过二级市场坚持不得超过总股份 1%的规定限制，都要预先披露。

对此，1 月 9 日，沪深交易所已分别发布关于落实《减持规定》的相关

事项通知，明确规定：上市公司大股东通过协议转让方式减持股份的，单个受让方的受让比例不得低于5%；协议转让价格范围下限比照大宗交易的规定执行。法律法规、部门规章及本所业务规则另有规定的除外。同时规定，上市公司大股东通过协议转让方式减持后，持股比例低于5%的股份出让方、受让方，在减持后6个月内应当继续遵守《减持规定》第八条、第九条的规定；减持后持股比例达到或超过5%的出让方、受让方，在减持后应当遵守《减持规定》的要求。

看看，相关规则很清楚！

当然，大股东董监高减持新规只是阶段性措施，主要目的在于防范大股东集中、大规模减持对市场造成冲击，而不是堵死大股东减持所有通道。目前的制度安排可以说是延缓术。长期看，价格预期稳定了，也就不需要特别限制了。但这是另外一回事了。

54. 约束大股东董监高减持的四大"紧箍咒"是什么？

> 四大硬约束条件可以使上市公司大股东、董监高等"直系持股人"更加严肃地对待公司经营，更加严肃地对待市场稳定，可以为深化改革创造更为有利的条件。

2016年1月9日开始实施的《上市公司大股东、董监高减持股份的若干规定》明确了三大基本原则，提出了四大硬约束条件，为上市公司大股东、董监高减持股份打造了尺度清晰、便于监督的制度"笼子"。一是稳定市场预期，二是为后续改革创造条件。

上市公司大股东、董监高是公司的当家人、知情人、内幕人，他们对所持股份的态度必然影响其他投资者的预期；并且，他们作为内幕人，有可能利用信息和其他优势不公平获利和避险。加强对这些"直系持股人"的监管，其实就是抓住了市场公平的重要源头。

若干规定明确的三大基本原则是：1.上市公司大股东、董监高减持股份，必须遵循法律法规作出的限制性规定和公司内部作出的减持承诺；2.依法多渠道减持，既可以通过证券交易所的证券交易卖出，也可以通过协议转让及法律、法规允许的其他方式减持；3.充分披露信息。

在此基础上，若干规定进一步提出了四大硬约束条件：1.大股东通过二级市场集中竞价交易减持，需提前15个交易日披露减持计划；2.大股东在三个月内通过证券交易所集中竞价交易减持股份的总数，不得超过公司股份总数的百分之一；3.通过协议转让方式减持股份并导致股份出让方不再具有上市公司大股东身份的，股份出让方、受让方应当在减持后六个月内继续执行前述两款规定；4.因司法强制执行、执行股权质押协议、赠予等"非常态"减持股份的，同样要执行前述规定。

笔者认为，四大硬约束条件可以使上市公司大股东、董监高等"直系持股人"更加严肃地对待公司经营，更加严肃地对待市场稳定，更加严肃地对待自己的责任；也使监管的操作性更强、可检验性更强。这无疑将增强市场的稳定预期，可以为深化改革创造更为有利的条件。

55. 大股东减持问题还有哪些后续安排?

> 要采取立体化措施,构建起各个市场主体之间的相互信任机制。根植于信任基础上的价值判断才能相对稳定,有相对稳定的价值判断才能有稳定的市场预期。

在加强对上市公司"直系持股人"监管的同时,我们也要对三个问题有清醒的认识:一、大股东、董监高有依法减持股票的权利,对其不能一堵了之。加强对其减持行为的规范只是第一步。二、大股东、董监高无论大宗减持,还是零星减持,最终都有可能汇集到二级市场。硬约束可以延缓当期压力,但长期压力仍存。三、大股东、董监高依法减持股票本身不是问题,其扰动市场的"动力机理"是很大的问题。为此,必须进一步研究推出相关长线机制。

长期以来,中国股市存在"低廉筹码恐慌症",即担心原始股东减持股票、与二级市场争夺资金。一个比较普遍性的看法是,在资金一定的情况下,大股东、董监高无论是在二级市场直接减持还是通过大宗交易平台减持,最终都将占用二级市场资金,造成市场下跌。笔者认为,这种看法带有一定偏见,但我们必须正视。

解决这一问题,要从两头抓:一头是,完善股票发行制度,实现发行定价的市场化,提高新股定价的公众信任度。当投资者认可新股价格,认为"直系持股人"与自己的持股成本没有巨大反差时,"低廉筹码恐慌症"就可以消解了。另一头是,扩大长期资金入市的规模,为大股东、董监高依法减持股票"接盘"。这就需要从税收制度入手，对长线投资者实行低税、免税政策。还应当建立健全相对应的基金运营模式。

总之，要采取立体化措施，构建起各个市场主体之间的相互信任机制。毕竟，根植于信任基础上的价值判断才能相对稳定，有相对稳定的价值判断才能有稳定的市场预期。为此，包括监管政策、定价机制、公司文化、基金制度等都需要进一步改革完善。

56. 全国社保基金在股市中发挥什么作用？

全国社保基金参与股市投资，其职责是充当最保守投资者的角色，践行价值投资、长期投资、责任投资的先进理念。不会采取短期投资行为，不会依靠股市的大起大落炒作盈利。

全国社会保障基金进入股市的时间较早。2002 年底，全国社保基金理事会通过"选秀"，确定南方、博时、华夏、鹏华、长盛、嘉实六家证券投资基金公司为全国社会保障基金的首批受托管理人，中国银行、交通银行为基金托管人。从 2003 年 6 月起，全国社保基金就开始拿出一定比例的资金，以"委托投资"的方式进入股市。

全国社保基金是中央政府集中的社会保障战略储备，主要用于弥补今后人口老龄化高峰时期的社会保障需要和其他社会保障需要。2000 年 8 月 1 日，经中共中央批准，国务院决定建立全国社保基金，同时设立全国社保基金理事会。

　　按照《全国社会保障基金投资管理暂行办法》（2001 年 12 月 13 日颁布）规定，社保基金的投资范围限于银行存款、买卖国债和其他具有良好流动性的金融工具，包括上市流通的证券投资基金、股票、信用等级在投资级以上的企业债、金融债等有价证券。其中，由全国社保基金理事会"直接运作"的全国社保基金的投资范围限于银行存款、在一级市场购买国债；其他投资需"委托"社保基金投资管理人管理和运作，并"委托"全国社保基金托管人托管。

　　划入全国社保基金的货币资产的投资，按成本计算，银行存款和国债投资的比例不得低于 50%，其中银行存款的比例不得低于 10%，企业债、金融债投资的比例不得高于 10%，证券投资基金、股票投资的比例不得高于40%。

　　目前，全国社保基金投资收益良好。2014 年，基金权益投资收益额1 424.60 亿元，投资收益率 11.69%。其中，已实现收益额 883.84 亿元，已实现收益率 7.45%，交易类资产公允价值变动额 540.76 亿元。基金自成立以来的年均投资收益率 8.38%，累计投资收益额 5 611.95 亿元。

　　全国社保基金参与股市投资，其职责是充当最保守投资者的角色，践行价值投资、长期投资、责任投资的先进理念。社保基金投资股市，着眼于分享国民经济增长的长期收益，着眼于分享股票市场健康发展的成果。社保基金不会采取短期投资行为，不会依靠股市的大起大落炒作盈利；相反，它是股市中的一支稳定力量。

57. 养老金入市起什么作用?

> 既然是市场操作，在某一具体时点，养老金也会有亏有赚；但由于其坚持理性投资方式，并且交由专业机构操作，投资决策十分稳健，保持稳定的收益是完全可能的。

一谈到"养老金"入市或"社保基金"入市，就经常会出现一些概念混淆。在此，先就基本概念做一个说明：大家日常所说的"社保基金""养老金"，其实都只是个简称，不能准确反映我国社保制度和养老金制度的现状。

我国有两大块"社保基金"：一块叫"全国社会保障基金"，是国家社会保障储备基金，专门用于人口老龄化高峰时期的养老保险等社会保障支出的补充、调剂。其中用于未来养老的那一部分储备资金可以叫"未来养老金"。这笔钱由全国社会保障基金理事会负责管理运营。另一块是我们通常理解的"社保基金"，即由地方政府管理的"社会保险基金"，包括基本养老保险基金、基本医疗保险基金、工伤保险基金、失业保险基金和生育保险基金。可以叫"当下养老金"。

养老金又分基本养老金、企业年金和事业年金、商业补充养老金。

近些年大家争议较多的"养老基金投资运营"，针对的是地方政府管理的"社会保险基金"中的养老金部分。有一种观点认为，美国的全国统筹养老金是不进入股市的，所以中国也不能这样做。这种比较是机械的，是不务实的。美国的全国统筹养老金不入市，是事实，但其替代率仅为40%。但其以企业年金为主的补充养老金，替代率接近60%，这一部分基金绝大部

分都入市。

中国地方政府管理的"社会保险基金"，养老金部分与美国的全国统筹养老金类似，但其替代率比美国高。据有关机构评估，替代率为70%左右。而中国的企业年金部分尚未"长大成人"。鉴于中国的社保制度与美国有很大差异，养老金的管理也不能简单地参照美国模式。

在严格控制风险的前提下，坚持最保守的投资原则，将"当下养老金"按照一定比例，以委托方式入市，不仅是可行的，也是必需的。

2012年3月，经国务院批准，广东省企业职工基本养老保险结存资金1 000亿元率先试点。2015年8月17日，经党中央、国务院批准，《基本养老保险基金投资管理办法》正式发布实施。办法规定，"养老基金限于境内投资"，"投资股票、股票基金、混合基金、股票型养老金产品的比例，合计不得高于养老基金资产净值的30%"。

截至2014年底，这部分保险金累计结存3.56万亿元，各类年金总规模为0.77万亿元。据此推算，有超过1万亿元的资金可以直接或间接地投资股票市场。

养老基金属于长期理性的投资基金，其入市有助于提升机构投资者的占比，引导投资行走向理性。与全国社保基金一样，养老金投资将遵循最保守的策略，即会在市场低潮时入市，在高潮时减仓。但养老金不会追求短线利差，而是根据中长期走势增减仓位。

既然是市场操作，在某一具体时点，养老金也会有亏有赚；但由于其坚持理性投资方式，并且交由专业机构操作，投资决策十分稳健，保持稳定的收益是完全可能的。

58. 地方养老金入市有何新进展？

2016 年末，一些省份相继委托全国社保基金理事会对阶段性的结余养老保险金进行运作。据估算，地方养老金累计结余接近 4 万亿元，其中可交给社保基金进行投资运营的资金约 2 万亿元。

2016 年 3 月 28 日，《全国社会保障基金条例》正式公布，这将从两个方面利好股市和利好经济：第一个方面是，条例公布再一次向全社会传递了我们有能力、有机制，当然也有资金储备，来应对日益增强的人口老龄化问题。

2000 年建立的全国社会保障基金是战略储备基金，就是为了应对人口老龄化难题。如果社会保险基金资金供给不足，就要从这个基金里边来支付。这项制度建立以来，运转有效，积累比较充实，并且下一步还要进一步充实。因此，条例公布就可以使方方面面对于所谓养老金入不敷出、有很大的黑洞、是无底洞的说法不攻自破。社会保障制度可以托底，对于稳定公众预期是极为重要的。十八大前至今，有关养老金的各种说法不断，可谓混乱，需要"舆论止血"。

第二个方面是，全国社会保障基金不仅自己入市，还将接受地方政府委托，将社会保险基金资金结余部分投资于股市。目前，广东省、山东省已经委托全国社保基金实施社会保险资金结余部分入市，投资业绩可喜。社保基金结余部分入市，有助于提升股市的稳定性，有助于将居民保障制度与经济发展进程相统一，是一件大好事。

　　社保基金入市不是为了博取短差，而是坚持价值投资、理性投资、长期投资理念，扮演的是"最保守投资者"的角色。社保基金的这一角色对于调节股市投资气氛有积极作用。

　　2016 年末，一些省份相继委托全国社保基金理事会对阶段性的结余养老保险金进行运作。如，广西壮族自治区与全国社会保障基金理事会正式签订了资金总额 400 亿元的《基本养老保险基金委托投资合同》。

　　有研究数据表明，养老金纳入投资运营的比例（纳入投资运营部分 / 累计结余部分）与累计结余规模负相关：累计结余高的省份，纳入投资运营的比例较低；累计结余低的省份，纳入投资运营的比例较高。这是因为，累计结余越少的省份，养老金支付压力越大，通过投资运营来实现保值增值的需求将更加迫切。

　　据估算，地方养老金累计结余接近 4 万亿元，其中可交给社保基金进行投资运营的资金约 2 万亿元；根据《基本养老保险基金投资管理办法》规定，养老金投资股票（或股票型）产品的比例不得高于养老基金资产净值的30%。参照全国社保基金（入市比例 12% 左右）和险资（上限 30%，入市比例 14% 左右）的历史数据，估计养老金入市的比例在 12% 左右，规模接近 2 500 亿元，仅占 A 股总市值的 0.45%，整体影响不大。

　　养老金入市，既是为了增加股市长线稳定资金，也是为了实现养老金的保值增值。这注定了养老金的低风险偏好，其资产配置与基本面的关系更为密切，应偏好大盘蓝筹股。

　　社保基金的持股风格可以作为养老金入市的参照。首先，从市值分布来看，社保基金明显呈现出轻小盘股、重中大盘股的特征，其中配置 100 亿元规模以下公司的比例远低于市场均值，500 亿元以上市值的公司配置比例基本与市场持平，超配范围多集中在 100 亿元至 500 亿元中等规模的公司股票。

其次，从行业偏好方面看，社保基金配置股票在绝对数量上排名前列的行业分别为医药生物、化工、电子、TMT、机械设备、公用事业和房地产，而行业总市值配置占比上，社保基金更倾向于配置休闲服务、农林牧渔、TMT、医药生物、食品饮料和轻工纺服等行业的股票。

再次，从公司基本面维度来看，估值水平低和盈利能力强的股票明显更受社保基金青睐，表现在社保基金对于净资产收益率小于和大于 5% 的公司在配置比例上的明显差异，以及高配估值在 50 倍以下的股票。

最后，从稳健性方面看，社保基金对于高分红和低贝塔公司的偏爱体现了其相对保守和偏防御的投资风格，但也不排除其对部分高贝塔成长股的配置需求。

59. 国有资产运营公司对股市有何影响？

> 国有控股投资、运营公司可以像中央汇金公司、保险公司一样，依规买入自己看好的股票，卖出不看好的股票。要打造一种机制，让国有控股投资、运营公司的运作成为市场主流价值的风向标。

按照中央部署，现有国有资产发展体制、监督管理体制将实施重大改革，其中一个重要抓手就是打造若干家国有资本投资、运营公司。

2015 年 10 月 25 日，国务院印发了《关于改革和完善国有资产管理体制的若干意见》，对"改组组建国有资本投资、运营公司"，提出两种方式：一是通过划拨现有商业类国有企业的国有股权，以及国有资本经营预算注资

组建；二是选择具备一定条件的国有独资企业集团改组设立。

改革开放以来，我国国有资产管理体制改革稳步推进，到目前，国有资产出资人代表制度基本建立，保值增值责任初步得到落实，但国有资产管理体制中仍存在政企不分、政资不分、国有资本配置效率不高等问题。为此，把国有资本投资、运营公司当作一个重要抓手，构建新型的国有资产监督机构与国有资本投资、运营公司的关系，界定国有资本投资、运营公司与所出资企业关系，是关键阶段的关键举措。

今后，我国国有资产管理体制将划为三层，国资委为最上面的第一层，第二层是国资委管理下的多家国有资本投资、运营公司，第三层是国有资本投资运营公司所控制的各类国企。

按照部署，2016 年起将开展"两个试点"，即"由国有资产监管机构授权国有资本投资、运营公司履行部分出资人职责试点"和"政府直接授权国有资本投资、运营公司履行出资人职责试点"。这意味着今后国有资产监管机构的指令主要通过国有资本投资、运营公司这一平台，通过规范的法人治理结构，以"市场化"的方式往下层层传导，规避政府对市场的直接干预，真正实现政企分开。

具体操作上，可以由现有国有控股集团改组改造形成，如把中粮集团改造成粮食资本控股集团；也可以新设，如在设立一两个中央汇金公司这样的资本运营公司。

在多个国有资本投资、运营公司体制下，国有资本就可以拥有真正市场化的管理机制、管理平台，不同的国有资产投资、运营公司可以展开相互博弈。还必须使资本市场的作用真正发挥出来。股市不是单纯买卖股票的地方，而是资源有序流动、合理配置的市场化平台。从监管者来讲，要进一步简化并购审核程序，解除不必要的行政性管制，让投资者、企业依据市场需求去选择兼并收购的对象和具体操作方式。

　　国有控股投资、运营公司可以在股市上展露风采，它们可以像中央汇金公司、保险公司一样，依规买入自己看好的股票，卖出不看好的股票。通过股票交易实现动态资本控制、企业估值管理。要打造一种机制，让国有控股投资、运营公司的运作成为市场主流价值的风向标。要通过完善信息披露机制，使依照价值投资理念的操作成为常态，而不至于"打压"市场。

60. 国有股是否影响股市的效率和公平？

> 　　即使在美国、日本，上市公司的大股东们也没有把他们的股份都"流通"起来，他们同样不肯放弃他们的控股权。大型企业决策都要慢于中小企业。这是全球通病。我们要抓紧改革，完善国资、国企管理体制，提高全要素生产效率。

　　每遇到风吹草动，有关"中国股市实际流通市值很低"的说法就会抬头，并以此演绎出我国股市市场化不足的一系列话题。这既影响老百姓的投资预期，也对日常监管行为形成不小的干扰。笔者认为，对这个问题，必须拿出一个明确的说法，必须作出理论上的清晰阐释。

　　在 2015 年 6 月争论股市杠杆率时，有人就反复提出，中国股市的流通市值占总市值的比例其实很低，按照美国彭博社的说法，这一数值仅为40%，所以，官方所说的场内杠杆率 3% 左右不是事实，真实的杠杆率远高于 20%。彭博社还说，日本流通市值占总市值的比例是 75%，美国是94%。

这种违背事实的说法应当纠正。

目前，在国有大型银行以及其他重点行业国有企业中，国有资本占据绝对控股地位，这是我国社会主义性质决定的，不会轻言改变。所谓中国股市流通市值只有总市值的40%的说法，是不成立的。

按照我国监管部门的统计口径，我国股市流通市值占总市值的80%左右。经过2015年至2016年的股权分置改革，国有股和法人股不流通的问题已经解决，不存在不可以流通的问题。同时，我国作为社会主义国家，国有持股机构将继续按照相关法律规定持有相应股份，同时依法依规有序流动，这是一个基本道理。

一些西方学者认为，只有完全私有化的股份才是可流通股份，所以，中国上市公司的国有股其实不能算可流通股份。那么，为了实现股市的完全市场化，中国的国有持股就只有让给私人，才能流通起来。

在笔者看来，这是一剂"温柔的毒药"，是试图借股权市场化偷换中国的所有制基础。其实，即使在美国、日本，上市公司的大股东们也没有把他们的股份都"流通"起来，他们同样不肯放弃他们的控股权。私有制主导下大股东维持自己的控制地位，与公有制主导下大股东维持自己的控制地位，本质上是一样的。

当然，通过制度创新，让我国的国有股权更具交易性，是需要突破的课题。但是，这与大股东控制权并不矛盾，而恰恰是相辅相成的。

按照新的国有资产监管体制，就是该管的要管住，不该管的要交给市场主体。将国有资产监管机构配合承担的公共管理职能，归位于相关政府部门和单位。原来由国有资产监管机构行使的投资计划、部分产权管理和重大事项决策等出资人权利，将授权给国有资本投资、运营公司和其他直接监管的企业行使；将依法应由企业自主经营决策的事项归位于企业；加强对企业集团的整体监管，将延伸到子企业的管理事项原则上归位于一级企业，由一级企业依法依规决策。

在这样的体制下，国有资本投资、运营公司，国有一级企业就可以依据市场供需波动的情况，依照法律法规规定，自主决定是否卖出和买进股份。这三类持股主体所持有的股份就是可流通股份，与西方股市当中大股东持股没有本质差异。

从国有资产宏观管理而言，可以制定法定持股比例，按照区间管理的原则进行管理。

还有一种观点认为，国有股持股主体的决策效率低，导致上市公司运营效率低，所以国有控股上市公司是效率最低的群体。对此，要客观理性看待。任何大型企业，由于其管理的资产规模、经营项目、技术体系、流通渠道都具有体量大的特点，所以，决策都要慢于中小企业。这是全球通病。我国国有控股上市公司效率较低，有自身改革不到位的原因，也有通病因素。我们要抓紧改革，完善国资、国企管理体制，提高全要素生产效率。

61. 独立董事制度该如何改造?

> 独立董事在美国公司中实际上扮演了中国公司法中监事会的角色，对经营管理层进行监督。我国的公司治理采用二元制的结构，既有董事会这个决策机构和内部监督机构，又有监事会这个监督机构。监事会之外，是否需要设立独立董事岗位，值得认真反思。

独立董事制度是我国从西方资本市场引进的一项制度，始于 2001 年 8

月。当时，中国证监会为此发布了《关于在上市公司建立独立董事制度的指导意见》，指明"上市公司独立董事是指不在公司担任除董事外的其他职务，并与其所受聘的上市公司及其主要股东不存在可能妨碍其进行独立客观判断的关系的董事"，并强制要求所有上市公司建立独立董事制度。

设立这一制度的目的，是让不享有股权、也不参与公司日常管理的独立董事，与公司董事会形成制衡，以此保护中小投资者的利益。

按照规定，独立董事可以对上市公司董事会和高管人员任免、重大关联交易、对外举债等有可能损害中小股东权益的事项发表意见，还可以建议召开董事会、股东大会，在股东大会召开前公开向股东征集投票权，独立聘请外部审计机构和咨询机构，提议聘用或解聘会计师事务所等。

但是，由于独立董事的选聘权在上市公司董事会而不在中小投资者，并且，独立董事还从上市公司领取报酬，虽然相当一部分独立董事取得的报酬大大低于内部董事，但仍然受到指责。从实际运行的效果看，独立董事事实上很难发挥制约董事会、维护中小投资者的作用。

目前，独立董事制度处境尴尬，一些上市公司把独立董事当作点缀门面的工具，一些退休公职人员把独立董事当作一项专有福利。更为严重的是，一些独立董事和上市公司相互配合，侵害中小股东权益。虽然上市公司设置了这一岗位，但独立董事们的履职情况却无法全程监管。很多投资者抱怨，独立董事只有在类似股东大会这样"看得见"的场合才能检验，至于在"看不见"的日常操作中，独立董事有何违规行为，无从得知。

不少上市公司聘请名人担任独立董事。名人做独立董事可以给公司带来知名度、关系资源和知识资源，但问题在于，一些名人同时兼任多家公司的独立董事，很难保障依法履行职责。

有专家建议，可以对现行的独立董事产生路径进行改革，比如设立独立董事协会，由这个协会向上市公司派遣独立董事，或者由中小股东推举产生，割断独立董事与大股东、上市公司的利益纽带。但是，也有另外一种意见，即在缺少监督的情况下，这种路径产生的独立董事同样可以被上市公司收买，并不能真正解决问题。

需要思考的是，在美国公司治理中相对成熟的独立董事制度，是不是适用于中国公司治理，以及如何构建相互适合的机制。美国的公司治理采用一元制结构，不设监事会，完全依靠董事会的内部监督。为了增强外部监督，提高股东长期投资信心，于是设置了独立董事岗位。独立董事在美国公司中实际上扮演了中国公司法中监事会的角色，对经营管理层进行监督。

但我国的公司治理采用二元制的结构，既有董事会这个决策机构和内部监督机构，又有监事会这个监督机构。监事会与董事会可谓朝夕相处，只要在机制上加以完善，如消除交叉决策、隔离决策和监督职能等，监事会完全可以起到监管效果。监事会之外，是否需要设立独立董事岗位，值得认真反思。

62. 如何看待上市公司的一股独大问题?

"一股独大"本身并不是公司治理的"恶源"，股权分散和多元化并不能有效解决"一股独大"引起的公司治理问题，要通过完善上市规则，使中国的家族企业以相对简化的股权结构上市，而不是限制"一股独大"。

在我国股市当中，有关"一股独大"的讨论比较多。不少人认为，大股

东不能够公平地对待中小股东，需要限制大股东的权利。同时，不但国有控股的上市公司面临这样的问题，创业板上很多民营资本控股的上市公司也面临这样的问题。那么，该怎样看待"一股独大"问题呢？

从基本概念来说，"一股独大"有两种情况，一种是上市公司第一大股东占据51%以上，甚至70%、80%的股份，处于绝对控股地位；另一种是上市公司第一大股东持有30%甚至20%、10%等股份，处于相对控股地位。

由于众多国有控股上市公司是由国有独资企业转制而来，其大股东多为母公司（集团公司），所以，一些地方政府或行业主管部门通过大股东干预和控制企业，作为第一大股东的国有控股公司往往成为"一股独大"者。

绝对控股下的"一股独大"，第一大股东几乎完全支配公司董事会和监事会，形成一言堂，日常经营中一手遮天，容易产生造假、不分配、肆意侵吞公司资产等漠视其他投资者利益的行为。

针对这种情况，应当通过股权多元化，降低第一大股东的持股比例，让社会资本充分参与。可以让员工持股，包括高层管理者持股。还可以引入优先股方式。

但相对控股下的"一股独大"对于保证公司正常运行有积极意义，对此应有充分的认识。

还有一种情况，几个小股东私下结盟，组成一个"大股东"，从而把各自利益放大化。这种情况看似没有"一股独大"，但同样需要加以约束。

在谈到中国上市公司"一股独大"问题时，有些人士往往"举证"说，"在西方更为成熟的证券市场，很多大公司都是无人控股的，股权结构相当分散。西方国家的控股股东一般是相对控股，持股比例一般也不超过30%。"还有人说，"美国上市公司最大的股东也不过拥有1%的股份，如果有谁拥有某一家上市公司1%的股票，就已经是大股东了，而且是相当大的大股东，大股东欺负小股东这种现象很少存在。"也有人说，"美国公司之所以为全球最具活力和竞争力群体的一大因素，在于他们的股权结构具有足够引起股东之间权力均衡的高度分散化所形成的合理的股权结构。"

然而，这种说法其实并不可靠。

考察国外成熟股市可以发现：一股独大并非中国特有。一些科技企业上市后，风险投资者在短期内套现退出，更凸显出创始人一股独大。例如微软上市时，盖茨持股45%，另一位创始人艾伦持股15%，盖茨"一股独大"。美国有相当多的上市公司最大股东持股比例超过51%。美国研究机构对2001年全球97个国家传媒产业公司的股权结构的研究表明，在西方出版、传媒上市公司中，家族仍然绝对控股。

可见，国外上市公司"一股独大"并非凤毛麟角，"一股独大"也不是公司治理的天敌，完善公司治理不能简单地理解为股权多元化。

股权集中和股权分散是相对的，由股权集中到股权分散一个长期的历史演变过程。从发达国家的情况看，一家公司上市后数十年，经过不断增发新股和并购交易，才会出现创始人家族股权比例低和股权分散的格局。例如，盖茨至今还持有微软23.7%的股份。

随着股票市场机制创新和演变，职业投资者操作模式发生改变，金融技术不断进步，如果股权结构过度分散，会重新走回相对高的集中度，呈现集中——分散——集中的循环。从发达市场看，很多战略投资者希望价值驱动力量强的创始人保持"一股独大"，甚至在合约中设定创始人股东的持股低限，限制创始人减持股份。例如，美林证券在投资深圳太太药业公司时，在合约中要求创始人朱保国家族的控股比例不能低于50%。

"一股独大"本身并不是公司治理的"恶源"，股权分散和多元化并不能有效解决"一股独大"引起的公司治理问题，还可能产生其他问题。比如会形成股权分散条件下的内部人控制格局，降低大股东对公司价值驱动的激励，增加了股东协调成本。

相对于中国的家族企业，西方家族企业上市时，股权结构比较简单。例如，微软公司的控股股东并不是微软集团，戴尔的控股股东也不是戴尔集团，而是盖茨和戴尔本人。亚洲地区的家族或民营企业往往业务多元化，上市公司容易形成家族集团控股、金字塔或相互持股循环的复杂的股权结构。所以，要通过完善上市规则，使中国的家族企业以相对简化的股权结构上市，而不是限制"一股独大"。

63. 上市公司不分红就不是好公司吗？

> 我国上市公司分红背景与境外成熟市场有所不同。尽管已有部分公司具备持续分红的条件，但与发达市场相比，还处于积累实力阶段。同时，更多的公司处于规模扩张和业务升级的阶段，如果将利润即时分掉，并不一定有利于公司发展和参与全球竞争。

长期以来，有一个十分流行的说法：中国上市公司不能够提供更多的分红，所以是资金推动型市场；美国上市公司分红丰厚，所以是业绩推动型市场。这种把中国股市与境外成熟市场截然对立起来的观点是偏颇的，容易产生误导。

美国等发达股市中，的确有一部分上市公司利润稳定，分红也稳定，其股票受到投资者追捧。但另一个客观事实是，一些耳熟能详的公司罕有分红，却也得到投资者追捧，甚至股价扶摇直上。比如苹果公司，在 2012 年，苹果首次推出分红方案，而此前的 17 年从未分过红。类似的还有谷歌公司和亚马逊公司。巴菲特的伯克希尔·哈撒韦以第一高价股闻名于世，却不分红。巴菲特坚持不分红的理由是，他自己能够更好地使用资本，并为投资者带来超额收益；几十年来他确实做到了。这些公司以自身良好的成长性给投资者带来"价值增长收益"，远超过现实的分红。

在境外市场，分红并不需要监管者鼓励，如果上市公司既没有令投资者认同的高速增长，又没有令投资者满意的现金分红，那么投资者就自然抛售这只股票，令其股价下跌。所以说，上市公司"创造利润分红"与"创造成长价值"并不是完全对立的。

客观来说，我国上市公司分红背景与境外成熟市场有所不同。尽管已有部分公司具备持续分红的条件，但与发达市场相比，还处于积累实力阶段。同时，更多的公司处于规模扩张和业务升级的阶段，如果将利润即时分掉，并不一定有利于公司发展和参与全球竞争。简单拿美国成熟上市公司分红状况与中国上市公司分红状况进行对比，存在生搬硬套之嫌；并且，这种生硬对比也不利于中国企业创新创业和升级换代。

在说明上市公司"创造利润分红"与"创造成长价值"同等重要的道理之后，我们再看一下中国价值投资的亮点：据有关统计，此前3年（2012年、2013年、2014年）每年都能赚钱，且净利润同比正增长的A股上市公司中，有37家每年都分红，且3年来分掉了一半以上的利润。持有相关股票的投资者既能够享受大比例分红，又能分享到公司每年的价值成长。这样的"双重红利"在A股市场虽然比较少见，但有真实存在，已经让人欣喜。

更可喜的是，该统计还显示，上述榜单中30只个股3年来股价涨幅均超过100%。这说明，价值投资在中国股市已经生根发芽，我们希望，这一趋势能够进一步扩大。

64. 新股发行是否一定会抢走二级市场资金?

> 只要新股发行定价真实合理，新股供应就不是一个影响大盘趋势的理由。2015 年底，新股发行预缴款制度已取消，造成资金大搬家的制度性因素不复存在。

有人认为，只要发行新股，就会抢走二级市场的存量资金，进而造成市场下跌；而过去实行的新股发行预缴款制度，在很大程度上加重了人们的这种认识。把新股发行与二级市场稳定对立起来，在制度设计上是失败的，对于培养市场主体理性是很不利的。

按道理，无论新股、老股，其二级市场的价格归根结底要依照企业的真实价值来决定。只要新股发行定价真实合理，新股供应就不是一个影响大盘趋势的理由。

我国股市有"炒新"的习惯，一是由于新股的信息披露程度相对有限，并且缺少多个会计周期的比较，人们盲目参与的情绪容易被调动；二是由于发行人和承销商为了获得一个较佳的上市效果，预留出了一二级市场的"套利差"。

针对"炒新"问题，监管部门推出了一系列措施：除了对新股上市价格波动采取限制性措施，还推出了按市值申购的新股发行模式。2015 年底，新股发行预缴款制度已取消，造成资金大搬家的制度性因素不复存在。

虽然炒新的现象依然存在，但新股上市必涨的神话已经打破，新股发行导致大量二级市场资金"逃逸"的情况已经大幅度减弱。

65. 证券公司如何做到"了解你的客户"?

> 对于客户信息，要充分采集，包括客户的身份、财产与收入状况、投资经验和风险偏好等信息；要认真审查客户身份信息的真实性、准确性和完整性。

证券公司作为市场中介，既要连接筹资者，又要连接投资者，同时要组织、协调两者形成自主、公开、对等的价格"谈判场"，最终达成双方共同接受的价格。因此，证券公司是市场风险防范的极其重要的看门人。

总结 2015 年股市异常波动以及以往工作的经验，必须在证券公司体系全面落实"了解你的客户"原则。

"了解你的客户"，本来就是各类金融机构的法定责任和义务，也是国际通行惯例。但客观来看，我国证券公司并没有做好这项工作。不少机构在开立证券期货账户、外部接入信息系统中，未按规定审查、了解客户真实身份，未采取可靠措施采集、记录、识别客户身份信息，未实施有效的客户回访、检查等程序，为非法证券期货业务活动提供了便利。这个漏洞不堵上，市场秩序就不稳，市场风险就会借机蔓延。

证券公司要全面落实"了解你的客户"原则。对于客户信息，要充分采集，包括客户的身份、财产与收入状况、投资经验和风险偏好等信息；要认真审查客户身份信息的真实性、准确性和完整性。要在完善制度、健全流程、明确责任、强化督促落实等方面狠下功夫。完善制度，就是要对照各项监管要求，转化细化为公司内部管理制度；健全流程，就是要从信息采集、信息存储、身份审查、信息更新、客户回访等各个环节，建立健全相应的

操作流程；明确责任，就是要切实将各个环节的职责落实到具体岗位、具体人，并强化内部责任追究；强化督促落实，就是要定期对各个环节落实情况进行检查，绝不能流于形式。

证监会要加强对证券基金期货经营机构落实"了解你的客户"情况的监管和检查，对落实不到位的，依法采取监管措施；对拒不落实、仍然为非法证券期货活动提供便利甚至协助客户造假的，依法严厉查处。

证券公司、基金公司、商业银行还要加强投资者适当性管理，"把合适的产品卖给合适的投资者"。

过去一个时期，不少机构在销售金融产品、提供服务过程中，风险揭示不充分。有的机构虽然也让投资者填了一堆表格，但一线工作人员并不向客户充分讲解风险内容，甚至想法掩饰风险，只图销售规模扩大。这个问题必须纠正。金融经营机构要真正树立以客户为中心的理念，切实强化适当性管理，建立以投资者专业判断能力和风险承受能力为核心的客户分类制度，完善客户动态评估机制，建立各类金融产品和服务的风险评估制度，确保提供的服务或销售的产品与客户的风险承受能力相匹配。

66. 上市公司如何"给公众一个真实的公司"？

> 上市公司要立足于公司价值持续增长进行市值管理，坚决不搞伪市值管理、真欺诈操纵；立足于做强主业进行融资，不能总想"以钱炒钱"、赚快钱。监管者要加强对上市公司现金分红、市值管理、并购重组和再融资等重点领域的专项检查。

　　稳定股市预期，提升股市的吸引力，最基础的工作是抓好上市公司。尽管上市公司也十分重视与投资者沟通，十分重视维护自身形象，但长期以来，上市公司与投资者之间的互动关系依然存在很多问题，存在制度性短板。

　　总体看，普通投资者对上市公司的信任程度并不高。在以往的信息披露工作中，有的公司选择性披露，报喜不报忧；有的公司随意更名编造题材，迎合市场炒作；有的公司信息披露模板化、格式化，缺乏针对性。

　　为此，上市公司要本着"给投资者一个真实的公司"的理念，进一步强化信息披露责任，提升信息披露的质量。

　　上市公司要按照真实、准确、完整、及时、公平的"十字要求"披露信息，并积极主动增加自愿披露内容，为投资者决策提供更充分的依据。还应当创新运用多样化的沟通渠道，加强与投资者的互动。

　　证监会和派出机构、交易所要加强对上市公司信息披露的监管。针对信息披露方面的新情况新问题，一线监管要快速响应，及时采取针对性措施。要规范停牌行为，加强对"举牌"上市公司行为信息披露的监管，切实提高

信息披露质量。

证监会和派出机构、交易所要与其他社会监督机构一道，督促上市公司维护中小股东合法权益。上市公司要公平对待每一位股东，坚决抵制控股股东利用持股优势挖地下通道、搞利益输送。要严密监控、及时揭示上市公司控股股东、实际控制人占用上市公司资金问题，并及时采取监管措施。上市公司要综合运用网络投票、征集投票权机制为中小股东参与公司决策提供便利。监管部门要加强对上市公司维护股东合法权益情况的监管，对未按照规定分红、侵犯中小股东权益的，坚决采取监管措施。

要显著提高上市公司的规范运作水平。上市公司要立足于公司价值持续增长进行市值管理，坚决不搞伪市值管理、真欺诈操纵；立足于做强主业进行融资，不能总想"以钱炒钱"、赚快钱。董事会、监事会成员，高级管理人员不得利用职权谋取私利或为他人谋利，要远离虚假披露、市场操纵、内幕交易三条高压线，更不能沦为少数利益者的代言人。

监管者要加强对上市公司现金分红、市值管理、并购重组和再融资等重点领域的专项检查，对检查发现的问题，要及时采取监管措施，涉嫌违法违规的，要及时立案查处。

上市公司的规范运作、透明运作，需要全社会的监督，为此，一要提升监管部门的监管效率；二要提升第三方社会机构的监督评价能力，防止橡皮图章的社会化；三要提升媒体的监督意识和监督能力，防止简单道德化评价和伪市场化监督。全社会都要当以专业精神、法治精神，以对市场发展和国家利益负责的态度参与监督，这是一项基本要求。

博弈与风险

67. 中国的牛市和熊市有何特点？

中国股市历来有牛短熊长的特点。无论牛熊，其共同特征主要有三个：一是政策市特征明显；二是投资者情绪极端化；三是监管预期不稳定。我国出现的像样的牛市不多，到位的熊市却较多。这是我国股市基础不牢的必然结果。

中国股市历来有牛短熊长的特点。究其原因，有人认为，是由于中国经济形势不好；也有人认为，是由于体制改革不到位；还有人认为，是由于监管存在严重问题；还有人认为，是由于长线投资者太少。

那么，除了时长这个特点之外，中国的牛市、熊市还有哪些自己的特点呢？梳理这些问题，对于正确认识中国股市至关重要。

笔者认为，我国股市无论牛熊，其共同特征主要有三个：一是政策市特征明显；二是投资者情绪极端化；三是监管预期不稳定。

虽然牛熊交替是股市的一般法则，但在我国，牛熊周期是相对复杂的。我国出现的像样的牛市不多，到位的熊市却较多。这是我国股市基础不牢的必然结果。

目前来看，超过两年的"长牛"只有两次。第一次是从 1999 年 5 月 19 日到 2001 年 6 月 14 日。该轮长达两年多的牛市行情，上证综指由 1 047 点上涨至 2 245 点，涨幅达 114%。第二次是从 2005 年 6 月 6 日到 2007 年 10 月 16 日，该轮长达两年半的牛市行情，上证综指由 998 点上涨至 6 124 点，涨幅达 513%。

从前两次牛市前后的情况看，都是熊途漫漫。第一次长牛前，1997 年 5

月 12 日至 1999 年 5 月 18 日，上证综指由 1 510 点调整至 1 025 点，两年下跌 33%。第一次牛市后、第二次牛市前，2001 年 6 月 14 日至 2005 年 6 月 6 日，上证综指由 2 245 点调整至 998 点，四年多下跌 55.5%。第二次长牛后，熊市再度来临，上证综指在 2008 年 10 月 28 日创出 1 664 点的低点之后，虽然出现过数次反弹，但一直到 2014 年上半年，总体上处于熊市之中。其间，从 2013 年起，创业板市场走出了长达两年多的牛市行情。不过，在笔者看来，主板疲弱不堪，创业板"孤独牛市"，是不健康的。

第三次长牛时长接近 1 年，即 2014 年 7 月 18 日至 2015 年 6 月 12 日，上证综指从开盘 2 047 点上涨至 5 178 点，涨幅达 153%。这次牛市的背景与前两次相比有很大不同，中国已是第二大经济体，国内金融创新有所加快，全球经济出现全局性调整，国际政经博弈日趋激烈。可以说，全球化条件下的多重矛盾、多元力量的博弈均在我国股市上有所表现。这就造成了第三次长牛呈现出比较复杂的局面。

以上三次长牛行情，都有很强的政策市特征，第一次是在国有企业改革、金融改革的基础上爆发的，股市政策以做多为主；第二次是在汇率改革、国企改革、新一轮金融改革基础上爆发的，股市政策也是做多为主；第三次是在全面深化改革基础上爆发的，股市政策同样是以做多为主。

当然，我们说政策支持做多，并非要把股指无限度推高，而是预期股市适度活跃。但是，投资者往往把这当作"灯塔"，直至把灯塔击碎为止。这是我国股市的一大软肋。

毫无疑问，无论是成熟股市还是不成熟股市，涨跌都与投资者的预期有关。在积极预期下，利好会被人为加磅，中性因素会当作利好看待；在消极预期下，利空也会被认为加磅，中性因素则会当作利空看待。同时，影响投资者预期的，既有实际已经发生的事情，也有过去的经验，还有投资者心理因素的波动。

我国股市监管长期存在"怕涨不怕跌"的心理因素。1996年股市持续暴涨，监管层连下了"十二道金牌"，导致大盘进入暴跌通道；2007年上证综指接连创造高点纪录，管理层通过调整印花税等举措，促使市场持续大幅跳水。2015年股市又一次暴涨，管理层采取的措施是清理场外融资，政策市的影子挥之不去。

当然，2003年以来，我国社会对资本市场的认识有所改进，在股市低迷时，政府也往往采取提振措施。但从市场表现来看，提振措施的效果是有限的，而打压措施的效果却很明显。这是因为，政策因素对投资者的预期发挥着相当大的作用。

从1990年12月恢复建立以来，股市投资者的目光便紧盯政策指挥棒，相当一部分投资者把上市公司、行业和整体经济的基本面抛到脑后。在股市低迷时，利好政策效应需要不断累加；当利好政策效应累加到临界点时，投资者往往排队入市，即使是连年亏损的上市公司，股价也有可能一飞冲天。在股市处于相对高位时，如果出台利空政策，投资者则夺路而逃、竞相踩踏。此时，即使业绩再好的上市公司，也可能不断下跌，跌破净资产并不稀奇。

而针对暴涨行情，管理层的政策有时缺乏稳健性。在2007年5月30日，上证指数一路高歌猛进，财政部连夜宣布，将证券交易印花税的税率由1‰上调至3‰。次日大盘暴跌。2015年5月28日，在中央汇金公司减持四大行消息打压下，大盘暴跌逾300多点。这种为打压而打压的措施，值得认真反思。2015年5月以后，针对场外不合规融资所采取的监管措施，同样值得反思。

管理层针对市场中的违法违规操作，如欺诈上市、内幕交易、操纵股价、侵害中小股东等行为，采取常态化、应急性整治措施，都是必要的，这也是其基本的职责所在。但如果市场参与者陷入政策依赖当中，则对股市生

态是不小的伤害。

我国股市当中，不仅普通中小投资者，甚至大量的机构投资者都热衷于"跟风而动"，追求所谓的"快进快出"投机模式；在引进发达市场的量化投资、高频交易技术后，在开通股指期货交易后，这种投机模式被进一步放大。这样做的后果，不仅伤及各类投资者自身，而且拉低了整个市场的资源配置效率，弱化了股市对实体经济提供支持的应有功能。

所谓牛短熊长，从根本上说，是市场基础制度薄弱所致。在预期积极时，股市大盘和个股往往快速上涨到位，随之而来的是快速下跌，然后在底部盘整很长一段时间。这样的运行模式，严重损害了股市三大基本功能（资源配置、分散风险、财富管理）的发挥，必须加以改变。

68. 中国股市的市盈率多高才合适？

> 改革将释放有利于上市公司和整体经济运行的红利，中国股市的市盈率总体上比发达的"老股市"高一些，是合理的。当然，并不是市盈率越高越好，而是要根据上市公司基本面和可预期的发展趋势来判断是不是合理。

一谈到中国股市的投资价值，很多人会向境外市场"看齐"。如 2016 年 2 月 19 日美国道琼斯指数平均市盈率为 15 倍左右，纳斯达克综合指数市盈率为 38 倍左右；日经 225 指数市盈率为 17 倍左右；德国 DAX 指数市盈率为 20 倍左右。没有最低，只有更低，中国香港恒生指数市盈率为 8 倍左右。

那么，中国股市的市盈率究竟多高才算合适？如何找到中国股市的价值中枢？是不是只有与美、德、日股市的市盈率一致了才算合理？如何看待香港股市的偏低市盈率问题？

让我们仔细看一下美国纳斯达克市场的板块分布和市盈率水平，并和深圳创业板比较一下：2016 年 2 月 16 日，纳斯达克 2 645 家上市公司平均市盈率 21.13 倍，中国深圳 495 家创业板公司市盈率 76.42 倍（只有 2 家公司市值达到 100 亿人民币）。但纳斯达克扣除苹果、谷歌、微软后市值小于 300 亿元人民币的公司有 2 437 家，平均市盈率 40.76 倍；市值小于 200 亿人民币的公司有 2 352 家，平均市盈率 475 倍；市值小于 100 亿元人民币的公司有 2 162 家，平均市盈率 –60 倍。

上述分析的重要价值在于，还原了实事求是和具体问题具体分析的基本原则。不仅每个市场的总体构成不同，每个公司的体量、质量、前景也大不相同。简单拿某个市场的数据去套另外一个市场，可能会面临重重问题。

笔者希望，政府监管机构、大型投行、智囊机构就这一问题，尽快组织力量作出深入研究，达成"基础性共识"，降低其对公众基本判断的误导性影响。在这个"基础性共识"的基础上，进一步明确：哪些问题属于制度性问题，可以通过加强治理来解决；哪些问题确实只是市场自身应有的现象，应由市场自己调节。

当然，我们对于局部的、个别的、与公司基本面大相径庭的市盈率泡沫，也要严肃对待，不能掉以轻心，自我麻痹。而是要实事求是看待市盈率问题。

相比发达国家，我国经济发展后劲更足，可发掘的效益空间更大，投资者获得的回报也会更丰厚。我们的不足是改革还没有完全到位，一些制约生产力发展的体制性因素还有待消除。改革将释放有利于上市公司和整体经济运行的红利，中国股市的市盈率总体上比发达的"老股市"高一些，是合理的。

当然，笔者这么说，并不是市盈率越高越好，而是要根据上市公司基本面和可预期的发展趋势来判断是不是合理。但不能简单地向发达市场看齐，更不能削足适履，是一个十分朴素的道理。

69. 什么叫"恶意做空"？

> 因此，恶意做空交易通常伴随以下明显特征：联合多家机构，短期内大量抛售，开出与市场交易现价差异巨大的交易单，同时编造传播虚假信息。

从全球金融发展的历史来看，通过大力度集中做空某一个市场获利，是跨国金融寡头的游戏方式之一。

2016年1月21日，索罗斯在达沃斯论坛称，由于全球面临通缩压力，他看空美国股市，并且做空了标普500指数。在他发言时，标普500指数已经累计下跌8.5%。索罗斯还表示，他上年底买入了美国国债，做空了原材料生产国股市，并下注亚洲货币将对美元下跌。他继而发出做空人民币的明确信号，"中国正在陷入通缩，加上债务率高得惊人，经济硬着陆很难避免"；"中国当前经济增速更准确的数字是3.5%，不可持续的债务负担及资本外逃都给中国带来了不祥的信号"。

针对索罗斯做空人民币的探测气球，我国政府态度鲜明。1月23日凌晨，新华社英文版发表题为《中国经济转型检验全球投资者智慧、勇气》的英文评论文章称，肆意投机和恶意做空将面临巨大损失，甚至法律严惩。1月24日，新华社再发文严厉警告索罗斯们，做空人民币死路一条。那些急切砸盘套利的投机者和恶意做空者，却面临更高交易成本乃至严重的法律后果；须知，一个具有坚强变革意志和纠错韧性的转型中大国，所拥有的雄厚资源和政策弹药，使其足以掌控局面。

也有人分析，索罗斯把自己的做空计划袒露在瑞士达沃斯论坛的聚光灯下，是一个计策。索罗斯狙击各地，屡获战果：1992 年，打赌英镑贬值，获利 10 亿美元；1997 年，狙击泰铢及港元，引发亚洲金融风暴；2012 年，做空日元，至少赚 10 亿美元；但 1998 年袭击港币，却遭中国中央政府和香港政府成功反击，损失 10 亿美元。索罗斯 2016 年 1 月 21 日在达沃斯发出十分反常的言辞，很可能是他声东击西、暗度陈仓的一个组成部分。

不过，笔者认为，2016 年年初人民币离岸市场暴跌也不可小觑。做空者不可能完全没有借口，而是要充分利用一切理由翻云覆雨。

1 月 27 日，管理着 1.43 万亿美元跨国资产的美国太平洋投资管理公司（PIMCO）通过其欧洲外汇主管表示，PIMCO 最有信心做空亚洲货币，其做空的一篮子亚洲货币之中包括韩元和泰铢，做多美元对这些亚洲货币可以视为做多美元对人民币的替身。尽管这个表述刻意回避了人民币，但其用意十分明显。

跨国金融寡头在汇市、股市、债市、期市从事投机活动，是一个常态，不足为奇。但也要充分重视。特别是作为一个主权国家，应当把跨国金融寡头的翻云覆雨活动列入监测范畴，从维护国家安全的角度加以应对。

我国股市尚未完全开放，外资直接进出我国股市仍受到额度、渠道等的限制。所以，有人认为，境外资金直接做空做多我国股市的条件是不具备的。不过，这种认识过于肤浅。笔者认为，即使手段不足，境外做空中国的力量也不可能自动退缩，而且，从其根本利益出发，会不遗余力地选择时机，展开行动。境外做空中国的力量还会千方百计地采取一系列措施，影响中国境内的大型投资机构的行为，服务于其整体战略。对此，不可不察。

很多人说，无论做多还是做空，都是市场主体的权利，为什么还有恶意做空之说呢？我们所说的恶意做空，不同于正常的做空行为，而是指凭借超级资本力量，利用市场制度漏洞，大肆实施虚假交易、自买自卖、操纵市场的做空行为。这样的恶意做空，必然导致金融市场混乱。

严格地说，"恶意做空"是一个日常用语，而不是法律术语。这类做空行为，其实就是以制造、夸大和扩大看空预期为特征的市场操纵行为，广义上还可以包括以此为特征的编造、传播虚假信息行为。"恶意"不是指一个人慈眉善目还是张牙舞爪，而是指不道德行为和违法犯罪活动。

从本质上来说，投机者与买涨者的多空平衡，有助于帮助市场发现合理价格，消除价格扭曲，保证证券市场流动性。因此，做空行为本身并不是"恶意做空"的构成要件。因此，恶意做空交易通常伴随以下明显特征：联合多家机构，短期内大量抛售，开出与市场交易现价差异巨大的交易单，同时编造传播虚假信息。

恶意做空有四个基本的特点：一是凭空捏造做空理由，事先谋划做空计划；二是组织多个账号联合行动，其发出买卖指令的终端会尽量隐蔽和分散，但并非无迹可寻；三是抛售现货和做空期指不以营利为主要目的；四是境内外有利益联系的机构，在境内境外相关市场联合行动，配合操作。

具备以上条件的操纵行为，如果反向做多，也一样危害一国的股市和金融市场稳定，同样要积极应对。当然，恶意做空的杀伤力更大。

70. 股指期货"交割日魔咒"靠谱吗？

无论股票市场，还是股指期货市场，决定性因素都是宏观经济和全球政治基本面。即使有操纵行为，也是操纵得了一时，操纵不了数日。市场监管者不可能任由"交割日魔咒"念来念去。

所谓"交割日魔咒"，就是"到期日效应"，"魔咒"二字不过是更吸引眼球的说法。在股指期货最后一个交易日（即交割日），期货市场的多空双方为了交割时掌握主动权，会在现货市场搏杀，导致股指大幅震荡，从而形成"交割日效应"。

由于股指期货合约是以股票指数为参照，从理论上说，大块头的交易者可以凭借资金优势进入现货市场，从事有利于自己的操作，即打压或推高指数。但现实是，这样的操纵很难实现。一方面，沪深300、上证50和中证500指数抗操纵性强，即便不考虑法律风险，要想打压沪深300指数，需要付出非常高昂的成本并承担极大的市场风险；另一方面，操纵股指，就必然要影响当天的结算价。目前，我国的期指交割制度结合了我国股市的实际情况，强调抗操纵性，选择了计算相对复杂、操纵成本较高、抗操纵性更好的交割日最后2个小时现货指数的算术平均价。该制度下，交割结算价操纵成本较高、操纵难度较大。

此外，期指市场还有包括《期货异常交易指引（试行）》（2010年11月15日实施，2015年4月10日第一次修订）在内的一系列监管措施，对十种异常交易行为实行严厉的监控和惩罚措施。在实际操作中，中金所对异常交

易实行高效实时监控，巨量下单进行期现货操纵套利难以绕开监管防火墙。

需要指出的是，一些投资者把股指期货涨跌视作股市涨跌的"指挥棒"，其实也是片面的。从基本逻辑来说，现货市场走势决定着期货的走势；股指期货具有一定的价格发现功能，但并不能左右现货市场。无论股票市场，还是股指期货市场，决定性因素都是宏观经济和全球政治基本面。即使有操纵行为，也是操纵得了一时，操纵不了数日。何况，操纵市场本身是违法行为，是打击的对象。市场监管者不可能留出这样的空隙给违法者，不可能任由"交割日魔咒"念来念去。

所以，投资者不必闻"期指交割日魔咒"而色变。

71. 我国股指期货市场有哪些缺陷？

> 由于股指期货市场的品种不够丰富和多层，参与者类型不够广泛，其稳定市场中枢的作用不明显。期现互补的机制尚未建立起来。监管体系也存在缺陷。

我国股指期货于 2010 年 4 月 16 日正式推出。当时提出了"高标准、稳起步、强监管、防风险、重功能、促发展"的十八字方针。经过近 6 年的发展，交易品种有所增加，但也暴露出一些新的问题。

目前，我国股指期货合约有沪深 300、中证 500、上证 50 三种。期货业协会数据显示，沪深 300 期指的上半年成交额同比翻两番，达 242.9 万亿元。中金所成交额 6 月达 88.67 万亿元，已占中国期货市场的 90%；8 月有所回落，依然达到 51.3 万亿元。

由于股指期货市场的品种不够丰富和多层，参与者类型不够广泛，其稳定市场中枢的作用不明显。并且，由于现货市场的不稳定性较强，期现互补的机制尚未建立起来。在特定的时候，助涨助跌的作用比较突出。监管体系也存在缺陷。

也有人指出，股指期货交易比现货交易出现得晚，在期指诞生前后，股市暴涨暴跌的程度及频率没有明显区别。美国 1929 年股灾是在没有股指存在的背景下发生的，中国股市从 6 124 点下跌至 1 664 点的大熊市，同样也是在股指推出之前发生的。不过，这一说法没有充分考虑资金的跨市场流动，对投资者心理波动的研究也是不够的。

针对 2015 年股市异常波动的情况，监管者对股指期货交易体系进行了必要调整。

2015 年 7 月 31 日至 8 月 1 日，中金所对包括国际对冲基金巨头 CITADEL 公司在内的 34 个账户实施限制交易措施。这些账户频繁申报或频繁撤销申报，涉嫌影响证券交易价格或其他投资者的投资决定。

2015 年 8 月 25 日到 9 月 2 日，中金所三度修改股指期货的相关规则：8 月 25 日，分三天时间将非套期保值持仓的交易保证金由 12% 梯度性上调至 20%，同时将单个股指期货产品、单日开仓交易量限制在 600 手以内。8 月 28 日，将非套期保值持仓的交易保证金一次性提高至 30%，同时将单个产品、单日开仓交易量限制在 100 手之内，该措施于 8 月 31 日起施行。9 月 2 日，发布中金所进一步加大市场管控严格限制市场过度投机的公告，对股指期货交易作出四大规定：一是调整股指期货日内开仓限制标准，将单个产品、单日开仓交易量限制在 10 手之内；二是提高股指期货各合约持仓交易保证金标准，将非套期保值持仓交易保证金标准由 30% 提高至 40%，将套期保值持仓交易保证金标准由目前的 10% 提高至 20%；三是大幅提高股指

期货平今仓手续费标准，将股指期货当日开仓又平仓的平仓交易手续费标准，由之前按平仓成交金额的万分之一点一五收取，提高至按平仓成交金额的万分之二十三收取；四是加强股指期货市场长期未交易账户管理。对于长期未交易的金融期货客户，要求会员单位要切实做好风险提示，加强验证与核查客户真实身份。

中金所采取严厉收缩措施后，9月金融期货成交量与成交额相比8月下降93.91%和94.85%。对此，有人认为会伤害中国金融市场的发展。持这种观点的人举例说，上世纪90年代的日本就曾误伤股指期货。1990年，日本股市下跌，日经225指数期货被当作替罪羊，监管者提高了交易成本以限制期指的交易。然而，对期指的打压未能提振现货市场的走势，日经股指期货的主要交易还由此从大阪转向新加坡。

笔者认为，所谓"严管股指期货导致资金外流""造成国内期指产品丧失国际竞争力"的说法，固然有一些道理，但是，如果股指期货市场存在严重扰乱整体经济秩序的交易，调整管理措施则是十分必要的。一个市场是否有国际竞争力，是一个极其复杂的问题；既要让它生存，还要让它健康的生存，这才是竞争力的关键所在。

2017年2月17日，中金所对2015年股市异常波动时推出的限制交易措施给予松绑。即日起将股指期货日内过度交易行为的监管标准从原先的10手调整为20手；沪深300、上证50股指期货非套期保值交易保证金调整为20%，中证500股指期货非套期保值交易保证金调整为30%，三个股指期货平仓手续费调整为成交金额的万分之九点二。

72. 熔断机制为何来去匆匆？

熔断机制既不是管理层刻意制造的错误，也不是设计者的无意之失，而是各方面对境内股市与境外发达股市的差异认识不到位造成的。

所谓指数熔断机制，是指对相关指数设定一定的价格波动阈值，当价格突破阈值时，在一定时间内停止交易。

在 2015 年 6、7 月被正式提出，历经数轮讨论修改，直到 12 月 4 日才制定成型的股指大盘熔断机制，却在 2016 年初实施 4 天后黯然退出中国股市舞台。

有人质疑监管者无事生非，给股市增添乱子，那么，大盘熔断机制又因何推出呢？

2016 年 1 月 4 日，股指熔断机制实施首日，沪深 300 指数于 13 点 13 分超过 5%，引发熔断，三家交易所暂停交易 15 分钟。恢复交易之后，沪深 300 指数继续下跌，并于 13 点 34 分触及 7% 的关口，三个交易所暂停交易至收市。1 月 7 日，早盘 9 点 42 分，沪深 300 指数跌幅扩大至 5%，再度触发熔断线，两市将在 9 点 57 分恢复交易。开盘后，仅 3 分钟，沪深 300 指数再度快速探底，最大跌幅 7.21%，二度熔断触及阈值。当日熔断也创造了休市最快纪录。

1 月 7 日晚，为维护市场平稳运行，经中国证监会批准，上海证券交易所决定自 2016 年 1 月 8 日起暂停实施《上海证券交易所交易规则》第四章第五节规定的"指数熔断"机制。

熔断机制如此短命，不仅说明了股市政策之难，也充分说明了引进发达市场制度模块之难。很多在发达市场看似有用、有效的措施，拿到我们这个市场，不一定合适。只有将发达市场经验与我们这个市场发展的实际结合起来，并经过市场检验，才能够形成适合本土市场发展的政策、措施、制度。

始自美国期货市场的熔断机制，的确在其期货、股票市场运行中发挥着重要作用。在市场异常波动时，可通过暂时停止交易，帮助投资者冷静下来，稳定情绪，防止大规模踩踏行情。

按照美国证监会的规定，当标普指数在短时间内下跌幅度达到7%时，美国所有证券市场交易均将暂停15分钟，即所谓"熔断机制"。美国证监会对个股还设有"限制价格波动上下限"的机制，即如在15秒内价格涨跌幅度超过5%，将暂停这只股票交易5分钟，但开盘价与收盘价、价格不超过3美元的个股价格波动空间可放宽至10%。

2013年8月16日，光大证券公司策略投资部门使用"套利策略系统"申买24个成分股，因系统缺陷和操作失误，申买了24组180ETF成分股，生成巨量订单；这带动了上证综指瞬间上涨100多点，71只股票触及涨停。这一事件被称为"光大证券乌龙指事件"。从那时起，就有专家向监管部门提出建立股指熔断机制，以约束大盘异常波动。

2015年股市异常波动期间，有关建立股指熔断机制的提议再次高涨起来。9月6日晚间，证监会负责人对新华社记者发表谈话，表示将研究制定实施指数熔断机制。9月7日晚，管理层就指数熔断相关规定公开征求意见；2015年9月21日，征求意见结束。11月底，由于熔断机制没有露面，不少市场人士呼吁尽快出台这一制度。在进一步修改完善后，2015年12月4日，上交所、深交所、中金所正式发布指数熔断相关规定，熔断基准指数为沪深300指数，采用5%和7%两档阈值。该规定于2016年1月1日起正式实施。

当时，不少业内人士表示，境内股市的涨跌停板制度还不能完全起到稳定市场的作用，必须推出熔断机制。有一家证券公司的首席经济学家指出，涨跌停板制度仅针对股票市场，从而对市场间的恐慌蔓延无能为力。当前我国股票衍生品已大量存在，股指期货等合约也成为股市风险的有效对冲工具。在今年6、7月的股市异常波动中，为对冲跌停股票可能继续下跌的风险，投资者在期货市场大量做空，导致股指期货连续暴跌。而这反过来又进一步加大了股票现货市场上的抛售压力。这种不同市场间的恐慌蔓延和放大难以为涨跌停板机制所阻断的。

一位证券公司的高级分析师指出，在极端行情出现时，上市公司为了维护自身形象而采取临时停牌措施，停牌家数最多的2015年7月8日高达1 442家，超过半数个股停牌。这是在没有缓冲机制的情况下，上市公司主动采取的自我保护措施，但导致未停牌上市公司的利益受损，对投资者也是不公平的。如果有熔断机制存在，这种极端情况就不会出现。

还有一位证券公司的对冲交易总部总经理表示，引入指数熔断机制，可以在市场未出现急剧暴跌之前抑制过度看空投机行为，缓解投资者极度恐慌情绪的蔓延，促使市场信心逐步恢复，解决市场的流动性危机，并为监管层注入流动性提供充足的时间。相反，如果市场出现非理性暴涨的话，熔断机制的冷却效应也会为投资者提供深入冷静思考的时间和空间。因此，双向熔断机制恰如压力容器的"安全阀"。

在熔断机制正式实施并产生助跌的"磁吸效应"后，又有人指出，15分钟冷静期太短，当一些理性的投资者买入后，又很快被抛盘砸下去。更有人认为，熔断机制会在市场剧烈波动时抽走流动性，加剧市场动荡。对此，笔者不予认同，熔断机制固然停止了市场交易，但其本质是引导市场参与者冷静、及时了解消化市场信息，非但不是阻断流动性，而且是引导流动性"理性流动"。熔断机制不应成为投机操作、跟风操作的替罪羊。

在熔断冷静期内，由政府部门或者交易所、行业自律机构就投资者关心

的问题给予说明，是很必要的。但 2016 年 1 月 4 日两次触发熔断点后，相关方面并未发布相关信息，不仅未消除投资者的一些疑虑，而且促成了投资者的一致行动。

现在看来，这些美好的愿望是脱离实际的。熔断机制既不是管理层刻意制造的错误，也不是设计者的无意之失，而是各方面对境内股市与境外发达股市的差异认识不到位造成的。这个例子充分说明了，治理好国内股市远非一些人想象的那么简单。

73. 该如何看待股市中的杠杆资金问题？

> 杠杆资金只要是来源合法，风险管控到位，就不应当受到干涉；并且，杠杆资金的风险管控，应该是资金使用者基于市场风险高低、基于股票价值中枢高低的自觉行为。

由于 2015 年中国股市发生了异常波动，"杠杆资金"问题被广泛热议。不可否认，杠杆化操作确实给股市运行带来新的风险点；但对于杠杆的使用，也要有客观科学的认识。

笔者认为，杠杆资金只要是来源合法，风险管控到位，就不应当受到干涉；并且，杠杆资金的风险管控，应该是资金使用者基于市场风险高低、基于股票价值中枢高低的自觉行为。而违法资金无论是充当"杠杆资金"，还是充当"扶贫助残资金"，都应当是金融监管部门依法处理的对象。"杠杆资金"不等于"违法资金"，不能把"杠杆资金"看成洪水猛兽和违法违规排头兵。

美国整个国家寅吃卯粮，债台高筑，债务风险可谓危如累卵。美国股市的市值相当于 GDP 的 150%，这是一个常态。但没有人指责美国是杠杆美国。同时，商业活动举债是一个很正常的现象。无论制造汽车，还是开发住宅，还是开办商场，都要借钱发展，但是，也没有人说杠杆汽车公司、杠杆房地产、杠杆商场。

中国股市搞了一点杠杆资金，就被戴上了"杠杆牛市"的帽子，笔者认为，这是小题大做，转移话题。2015 年股市异常波动与"杠杆资金"有一定关系，但生硬地去杠杆是不理性的。生硬地去杠杆导致市场连环下跌，投资者损失惨重，是又一个深刻教训。

74. 场外配资该不该禁止？

> 对于"场外配资"，要分清合法与违法。管理层清理的是非法配资，对于合法配资，应当给予放行。应当进一步细化相关法律规定和监管规则。

2015 年中国股市中的一个被反复提及的热词，就是"场外配资"。所谓"场外配资"，就是与"场内融资业务"相对应的，处于监管视线之外的"借钱买股"行为。

2015 年 7 月 16 日早间，最大的配资电子软件提供商恒生电子发布公告称，将落实中国证监会有关政策要求，关闭 HOMS 系统任何账户开立功能；关闭 HOMS 系统现有零资产账户的所有功能；通知所有客户，不得再对现有账户增资。这是严查场外配资活动的一个标志性成果。

据有关媒体描述，只要你手里有 10 万元，找到一家配资网站，1 个多小时就能完成从开户到交易的整个流程，按 1：4 杠杆计算，资金量就可以轻松达到 50 万元。只要买入的股票有一个涨停板，获得的收益就将近 5 万，达到了 10 万本金下 50% 的收益率。媒体还描述说，只要一个跌停板即股价下跌 10%，配资公司就会要求客户补充保证金，否则就执行强行减仓甚至平仓。客户无力追加保证金，被平仓，就会损失 50% 甚至更多。因为不仅个股市值蒸发掉一大块，还会引发配资快速抽离；而且股票下跌越快，诱发的平仓盘就越多，抽离的资金规模就越庞大。

看起来，这的确是一个很险恶和悲催的场景，现实中也有这样的案例。但是，经过认真调查，这样的现象并不普遍。并且，风险控制完备的"场外融资"也不会如此戏剧化地演变。同时，媒体把场外配资描绘得如此"轻松"也是不可靠的。可以说，"一家配资网站，1 个多小时就能完成从开户到交易的整个流程"，是很不规范的，本身就可能存在不了解客户、担保物不足的巨大风险。

所以，对于"场外配资"，也要分清合法与违法。管理层清理的是非法配资，对于合法配资，应当给予放行。无论是场内融资还是场外融资，如果是合乎法律规定的，是市场发展所需要的，是有利于促进产业经济和金融经济发展的，就应该给予发展空间，而不是围追堵截。为此，应当进一步细化相关法律规定和监管规则。

目前来看，场内融资融券的风险管理做得是好的，风险防范的重点在场外融资方面。对于那些违反证券账户实名制、资金来源合法等基本监管要求的行为，本来就应该清理。这与融资参与股市不应混为一谈。

在清理非法融资的过程当中，出现了"扩大化的解读"。有必要说明一下，监管者查的是非法融资、非法交易；并不是说规范的融资不能做。这是因为，如果停掉所有的"杠杆"，扩大直接融资很可能就是不可能完成的任务了。

75. 该如何看待股市换手率的高低？

作为新兴经济体，中国中小盘股票因其良好的成长性受到市场追捧，出现较高的换手率和高市盈率现象，具有一定的合理性，但短期内过高的换手率和股价大起大落，过度投机应引起足够重视。

换手率指在一定时间内市场中股票转手买卖的频率，是反映股票流通性强弱的指标之一。

日换手率＝当日成交股数／总流通股数 ×100%。

就中国股市的情况来说，日换手率在 3% 以下为常态。日换手率在 3%—7% 之间，该股进入相对活跃状态；在 7%—10% 之间，则该股处于高度活跃状态。

也有机构认为，应当根据股票盘子大小来确定换手率高低的界限。大盘股 5% 以下、中盘股 8% 以下、小盘股 10% 以下均视作正常换手率水平。

还有一种特殊情况，即股票上市首日，由于投资者追捧强烈，换手率会远高于常态。一般认为，60% 以上算高，80% 以上就应发布风险提示公告。

股票的换手率越高，意味着该股票的交投越活跃，人们购买该只股票的意愿越高，属于热门股；反之，股票的换手率越低，则表明该股票少人关注，属于冷门股。

换手率比较高意味着股票流通性好，进出比较容易。但换手率较高的股票，往往也是短线资金追逐的对象，投机性较强，风险相对较大。

将换手率与股价走势相结合，可以对未来股价作出一定的预测。如果某

只股票的换手率突然上升，成交量放大，可能意味着有投资者在大量买进，股价可能会随之上扬。如果某只股票持续上涨了一个时期后，换手率又迅速上升，则可能意味着一些获利者要套现，股价可能会下跌。当然，还要结合股票基本面和相关消息进行综合判断。

一般来说，以个人投资者为主体的股市，换手率往往比较高；以基金等机构投资者为主体的股市，换手率相对较低。而在我国，除了个人投资者交易频率高之外，一些中小机构也热衷于高换手率。

换手率的高低还与市场容量、交易潜力和技术进步有关。

相对高的换手率可以吸引更多投资者的追捧，但繁华散尽往往是悲伤。使过高的换手率降低一些，光靠说教是不可能完成的，恐怕还是需要一个历史洗礼的过程。

据海通证券两名分析师提供的统计显示，高换手后的股票往往会走下坡路。

这项统计显示，从 2012 年 4 月 6 日到 2015 年 9 月 17 日共计 842 个交易日，5 分钟内换手率超过 5% 的异动共出现 3 694 次，平均每个交易日 4.4 次。从板块分布来看，高换手异动板块主要集中在中小板和创业板。股票高换手异动后，跑输沪深 300 指数是大概率事件。这些异动股票的 5 日平均收益低于沪深 300 指数 1.13 个百分点，10 日平均收益低 1.60 个百分点。

这说明，高曝光率的个股（高换手、高涨幅、分析师持续推荐）存在股价反应过度的现象。当个股高度曝光，进入个人投资者关注阶段后，股价将会大概率出现反转，并贡献显著的负超额收益。

境外机构也把中国股市的换手率曲线作为研判市场趋势的重要依据。高盛 2015 年 9 月中旬发布的一份报告显示，2005 年上证综指 998 点形成大底之前，2005 年 5 月沪市流通市值为 6 296 亿元，日均成交额为 53.42 亿元，真实换手率为 0.85%，达到地量水平。2008 年大熊市时，真实换手率也是不断萎缩到极致，8 月两市平均真实换手率猛降至 1.05%，9 月和 10 月该数值分别为 1.21% 和 1.37%。低换手率水平维持 3 个月后，一轮反弹随之到来。

很多人将中国股市与美国股市作比较，认为中国股市换手率比美国高出不少，应该向美国靠拢。美国无论股市大盘还是个股，换手率都比较低，日换手率高于 2% 个股很少。而在中国，即使经历过 2015 年两次大跌和 2016 年初的大跌后，2016 年 2 月 5 日，日换手率高于 2% 的个股仍超过 1 000 只，超过 7% 的 147 只（含所有沪深股市上市股票）。这反映出两个市场在机制、文化上都存在很大的不同。

拿美国股市作为标杆来要求中国股市，缺乏科学及合理性。中国股市是新兴资本市场，美国股市是西方最成熟的资本市场，两者处在资本市场不同的发展阶段。此外，证券市场本身具有特殊的地域和文化特性，这也决定各地市场有不同的特点。伦敦、法兰克福和东京等都无法复制华尔街，中国当然也不能。中国内地股市的规范和发展，应该更多地借鉴香港地区资本市场的管理经验。中国最迫切要做的是，打击违规，严格监管。无论是高市盈率还是高换手率，都不是问题的核心。

作为新兴经济体，中国中小盘股票因其良好的成长性受到市场追捧，出现较高的换手率和高市盈率现象，具有一定的合理性，但短期内过高的换手率和股价大起大落，过度投机应引起足够重视。必须进一步完善监管机制，加大执法力度，特别要针对机构操纵股价、上市公司高管内幕交易以及财务造假等采取严厉措施。

76. "快进快出的聪明人"把股票卖给谁了?

所谓的"快进快出"并不容易。有的新投资者在牛市上涨途中"短暂持股获利",严格地说,不属于科学意义上的短线交易。短线交易不是跟风操作,而是在准确、超前掌握行情趋势,并对可能影响行情的新因素有比较全面了解的基础上,果断开打的有把握之仗。

在我国股市当中,有关"快进快出"的传说很多,不少投资者也都喜欢尝试"快进快出"。那么,快进快出该如何掌握?那些"快进快出的聪明人"又把股票卖给谁了呢?

所谓"快进快出",指的就是短线交易,即以较短的持股时间获得适当利润的操作模式。不过,持股时间的长短是一个相对量,我们一般把持股1至2天的短线操作,称为超短线交易。

当然,这种买卖首先要符合法律规定;利用内幕消息从事短线交易是违法行为,不在此列。

短线交易又分为趋势方法和"炒单"方法两类。前者看趋势,后者基本没有趋势念,完全针对价格的波动来交易。我们日常所说的短线交易仍然是针对趋势的交易,只是相对于中长线而言,它依据的是"短期趋势"。

进行短线交易特别是超短线交易,难度非常大。可以说,超短线高手是万中挑一的,必须有先天优势,还要经过千锤百炼。短线操作者对大盘和目标股票短期走势的预测必须具有较高的准确性;对市场热点、板块轮动具有敏锐的洞察力,在行情、个股快速波动时能第一时间追进;对股价的行进结构了然于心，对进出点位能够精细化把握。短线操作对心理素质有特殊要求：操作者须具备耐心、冷静、果断、大胆的心理素质；执行操作须进出迅猛，一出手就赢。

可见，所谓的"快进快出"并不容易。有的新投资者在牛市上涨途中"短暂持股获利"，严格地说，不属于科学意义上的短线交易。短线交易不是跟风操作，不是追涨杀跌，而是在准确、超前掌握行情趋势，并对可能影响行情的新因素有比较全面了解的基础上，果断开打的有把握之仗。

既然"快进快出"是聪明人所为，其交易对手就相对要"傻"一点。这些"傻子"包括：一是追涨杀跌的跟风操作者。这类投资者对行情趋势缺乏准确和全面的认识，对大盘和个股涨跌的判断相对盲目。二是长线投资者。这类投资者不在乎短线波动，而是注重从相对长期趋势中获利。

客观来说，快进快出者也必然会丧失一些中长期上涨的获利机会。

77. "断崖式下跌"是怎么形成的？

断崖式下跌，主要还是由于市场中缺少长线投资者，市场没有建立起相对稳定的价值中枢；一旦跌势来临，质地优良的股票照样下跌，部分机构投资者利用公共舆论工具、自有咨询平台"呼风唤雨"，渲染恐慌气氛，以期拿到更加低价的筹码。

快涨必然快跌，这是股市运行的一个基本规律。在 2015 年六七月间和 8 月下旬，中国股市两轮大幅下跌，与前期涨幅过大有关。但是，进入 2016

年，中国股市再次连续下跌，就很难用快涨必然快跌来解释了。从 2015 年 12 月 31 日上证综指收盘 3 539 点算起，仅用交易日，到 1 月 27 日，盘中最低点 2 638 点，下跌幅度达 25.5%。

是什么重大利空导致大盘如此调整？仔细盘点，无论是大股东减持问题，还是注册制问题，还是经济增长问题，还是人民币汇率问题，都不足以支持这样的下跌。特别是在中国股市经过前期大幅度调整之后，再次断崖式下跌，很难拿出令人信服的"诊断书"。

在 2015 年六七月间股市异常波动之后，所谓杠杆资金都被清理了一遍。随后，券商对客户融资爆仓的处理变得更加灵活。证监会已在 2015 年 7 月出台政策，不再设定 130% 的融资强制平仓线，券商可自主决定强制平仓线；不再设 6 个月的强制还款期限，可商定展期。从券商自我风险控制来看，融资比例也有所下沉，折算率可根据风险情况进行调整。进入 2016 年，两融业务比 2015 年更加谨慎，虽然也有一些客户存在触发平仓线的情况，但都在正常范围内。并且，如果触发强平线，券商会和客户进行沟通，或追加担保金，或给客户留出操作时间，不会一触发就强平。引发杠杆资金助推下跌的可能性较低。

据证监会公布，截至 2016 年 1 月 14 日，融资融券余额 1.01 万亿元，平均维持担保比例约 250%。维持担保比例低于平仓线（130%）的负债合计 20.2 亿元，占全部融资融券客户负债的 0.2%。而且触及警戒线或平仓线的一些客户，采取了追加担保物等方式避免了强制平仓。2016 年以来融资融券业务日均平仓近 6 000 万元，比 2015 年下降约 40%，在全市场交易量中占比很小，对市场影响有限。

针对有媒体说"部分上市公司大股东质押的股票中有 5 000 多亿市值因价格下跌触及平仓线可能被平仓处置"，证监会于 2016 年 1 月 15 日明确回应，媒体报道有误。截至 1 月 14 日，场内股票质押业务低于平仓线的融资余额为41亿元，占整体规模的0.6%，多数借款人通过追加担保物等措施消除了平仓风险，目前整体平均履约保障比例约280%。截至目前，尚未出现上市公司大股东因股票质押回购业务而平仓的情况。此外，该项业务主要参与方为上市公司持股5%以上股东，根据《上市公司大股东、董监高减持股份的若干规定》，上市公司持股5%以上股东在3个月内通过证券交易所集中竞价交易减持股份的总数，不得超过公司股份总数的1%，因此，该项业务的违约处置一般通过协议转让、大宗交易或司法过户等方式进行，对市场的影响有限。

也有专家认为，在2015年股市异常波动期间，证监会于7月8日出台的"大股东减持禁令"，即从禁令出台之日起6个月内，大股东及董事、监事、高级管理人员不得通过二级市场减持本公司股份。但是，随着禁令于2016年1月8日到期，市场开始炒作"减持压力将于2016年1月集中释放"。尽管这是一个莫须有的说法，但却引发了恐慌情绪。

在出台《上市公司大股东、董监高减持股份的若干规定》之后，证监会还于2016年1月29日公布了相关监管数据。首先是增持数据。2016年1月4日至28日，已有389家上市公司实施股东增持计划，增持股份数量为10.23亿股，增持金额116.69亿元。其次是减持数据。2016年1月9日至1月28日，沪深两市大股东通过二级市场共减持4.61亿股、74.78亿元（沪市1.55亿股、27.69亿元，深市3.06亿股、47.09亿元），共涉及54家上市公司（沪市12家、深市42家）。其中，按金额计，通过大宗交易方式减持的比例为99.5%。

2015年同期（2015年1月9日至28日），沪深两市大股东通过二级市场共减持28.73亿股、391.19亿元（沪市18.05亿股、246.6亿元，深市10.68亿股、144.59亿元），共涉及上市公司152家（沪市49家、深市103家）。

可见，2016年以来大股东减持明显低于上年同期水平（减持数量约占

上年同期的 16.05%、减持金额约占上年同期的 19.12%）。

笔者认为，中国股市出现断崖式下跌，主要还是由于市场中缺少长线投资者，市场没有建立起相对稳定的价值中枢；一旦跌势来临，质地优良的股票照样下跌，甚至大跌。同时，部分机构投资者利用公共舆论工具、自有咨询平台"呼风唤雨"，渲染恐慌气氛，以期拿到更加低价的筹码。

机构投资者在弱势时落井下石，制造和渲染恐慌气氛，已有模式化趋势。对此，应当引起高度重视。

我们还注意到，对于中国股市的解释，从来就存在较大的误区：在经济形势好时股市下跌，有人解释说股市涨跌与经济没有多少联系；在经济形势不好时下跌，人们又说经济低迷是股市走熊的根本原因。这两种说法让人无所适从。但不可否认，股市走熊与经济下行叠加，给公众预期和实际工作带来的冲击是严重的。对此，必须从理论上、舆论上、现实政策上加以解决，不能当鸵鸟。

78. 高频交易会导致哪些不可预知的风险？

> 对于高频交易者来说，最理想的交易环境就是市场剧烈波动且成交量巨大的时候。所以，中国股市 2015 年六七月剧烈动荡，被高频交易者紧紧盯住了。当时高频交易在股指期货市场已占较高比重。

高频交易，就是事先设定好电脑程序，电脑就可以同时监控数千只股票的情况，按照设定好的条件发出买卖指令，以极快的速度准确下单或者撤单。

这种交易要求下单速度超级快，有的机构为了实现极限，甚至将自己的"服务器群组"安置到了离交易所计算机最近的地方，以缩短交易指令通过光缆传输的距离。

一名交易员用这样形象的语言描述高频交易：假设你要在超市花 5 美元买一加仑牛奶，但当你走到收银台结账的时候，价格已经涨到了 5.05 美元，而且你只能买到四分之三加仑。在这个情境里，高频交易者就是速度极快且能推测你购买行为的其他顾客。如果这样的顾客太多，超市就很难维持正常秩序了。

过去 10 余年，高频交易逐渐成长为全球 ETF 及金融衍生品领域的主要力量。美国战略咨询公司 Tabb Group 的数据显示，2015 年 8 月高频交易股占美股交易量最高时可达 49%。而在 2009 年，这个比例曾高达 61%。

对于高频交易者来说，最理想的交易环境就是市场剧烈波动且成交量巨大的时候。所以，中国股市 2015 年六七月剧烈动荡，被高频交易者紧紧盯住了。当时高频交易在股指期货市场已占较高比重。

7 月 31 日至 8 月 3 日，沪深交易所对 38 个存在异常交易的证券账户采取了限制交易措施。违规行为主要分为两种情形：一是当日累计撤单量占比过高，某账户一日累计申报卖出近 1.6 万笔，金额超过 15 亿元，申报后的撤单率高达 99.18%；二是涉嫌日内短线操纵行为，影响个股交易量及价格，诱导投资者买卖，以趁机高价卖出或低价买入股票。上述账户之一的司度（上海）贸易有限公司的账户，因与国际对冲基金 Citadel 存在关联关系颇受关注。

2015 年 11 月 1 日晚，公安部公布了一起境外机构利用高频交易技术操纵期货市场的案件。此案中的主角伊世顿国际贸易有限公司为俄罗斯背景，两名主要负责人也是俄罗斯人：一位是扎亚（Georgy Zarya），为公司法定代

表人；一位是安东（Anton Murashov），为关键技术管理人员。总经理高燕为中国江苏南通人。扎亚和安东曾分别供职于欧洲的投资银行和期货公司；2012年9月，两人在香港各自注册一家公司，然后，用这两家香港公司名义在江苏省张家港保税区成立了伊世顿国际贸易有限公司。

伊世顿在中金所开立多个账户，该账户组通过高频程序化交易软件自动批量下单、快速下单，申报价格明显偏离市场最新价格，实现成交量达8 110手、113亿元人民币的交易，其间包括自买自卖。下单最快时间为0.03秒，一秒最多下单31笔。目前已查明，伊世顿非法获利20亿元。

据金融界网刊文称，全球的高频交易高手都有俄罗斯背景，很多华尔街大银行高频交易公司从事设计程序的人都是俄罗斯人，而且这些俄罗斯人相互之间都认识，多来自电信、物理、药物研究、大学数学系等领域。

2015年11月3日，美国联邦法院也判处了一起高频交易违法案件。这是美国也是全球针对商品交易欺诈以及幌骗（spoofing）罪名的首宗刑事起诉。

在庭审中，来自美国证券交易委员会和美国商品期货交易委员会的证人提供的相关数据表明，高频交易员米歇尔·科斯夏常常于2011年，在期货市场挂出大单之后取消交易，而小单取消的几率就小得多。检方指控科斯夏此举是制造假象，诱使其他交易员入市，从而使自己获利。他在3个月的时间里通过"诱饵调包阴谋（bait-and-switchs cheme）"非法获利140万美元。

最终法院裁定科斯夏六项商品欺诈和六项幌骗罪名全部成立。每项欺诈罪名的最高刑期都是25年，外加25万美元罚款；而幌骗罪名的最高刑期是10年，外加100万美元罚款。

尽管有人认为，科斯夏的交易行为属于灰色地带并且与复杂的科技相关，但陪审团仅用了约1个小时就裁定科斯夏有罪。这发出了一个明确的信息：这类交易行为并非不可辨认，而是确实的非法交易行为。

此前涉嫌"幌骗交易"罪名的最著名案例是，美股 2010 年 5 月 6 日发生的"闪电崩盘"事件，当时因高频交易导致道琼斯指数瞬间暴跌近千点，跌幅达 9%，美股市值蒸发近万亿美元。美国司法部于 2015 年控告 36 岁英国高频交易员萨劳，指控他涉嫌以"幌骗交易"，即利用自动化程序，预设大量指数期货沽盘，推低价格后取消交易，让自己能够以低价购买获利。但由于处罚萨劳需要英国政府配合引渡，此案尚未了结。

对于中国 2015 年 6、7 月间股市异常波动，有人认为有高频交易参与其中。鉴于美国监管机构花了 4 年多时间才拿出 2010 年 5 月 6 日"闪电崩盘"事件的调查报告，希望中国监管部门用很短时间拿出关于 2015 年 6、7 月股市异常波动的调查报告，也是不现实的。

79. T+0 到底该不该搞？

> 目前，中国股市的换手率总体上偏高，T+0 作为一种活跃交易的手段，不宜使用。应当通过提升投资者素质，引导长期理性投资，打击过度投机行为，来提高市场的稳定性。在市场价格中枢相对稳定的大前提下，T+0 交易才会真正发挥其应有的效应。

我国股票交易实施 T+1 制度，即当日买入股票，次日才能卖出。而美国、中国香港等地实施 T+0 制度，即当日买入股票，当日即可卖出。

每当股市异常波动时，一些专家和投资者就会呼吁恢复 T+0 制度。他们认为，T+0 制度有助于避险。比如早盘开盘后不久低位买入股票，中午

收市前走高就已获利；但由于当天不能卖出，午后跌下来只能眼睁睁看着跳水，毫无办法。不过，机构却可以通过股指期货、ETF、融券等工具进行避险，非常不公平。并且，T+1制度下，如果当日午盘大跌，投资者不敢进场；而且由于有一部分投资者当日不能卖出，次日早上会集中抛售，又会加剧下跌。

上边这种说法，乍听起来似乎很有道理，但经不住推敲。以上描述的只是需要T+0的"场景"；如果换成"早盘低开，之后一路上涨到收盘"的场景，就完全不是那么回事了

股票市场的一个魅力就是无法准确判断行情走势，投资者买进某只股票后发现股价一路下跌，固然可以在T+0制度下及时卖出止损，但谁又能保证卖得一定对呢？也许刚刚卖出，股价就开始回升了。当然，遇到这种情况，投资者还可以及时补仓，但这种频繁的买进卖出往往只有利于券商赚取手续费。

还有人认为，股票交易不实行T+0就会造成制度性不公平。由于目前股票交易实行T+1，股指期货交易实行T+0，机构投资者和股指期货投资者（由于设有门槛，一部分投资者不能参与股指期货交易）可以针对股票市场的标的物做空。当股市大幅度下跌时，一些符合适当性规定的投资者就会到股指期货市场，通过套空来锁定风险，这就对股指期货的下行产生了一定压力，从而会在更宏观的层面影响现货市场趋势。

上边这种说法看似也有道理，但同样是片面的。大家都采取趋势性追随操作必然加大抛压，背后原因还是投资者的普遍性恐慌。假设股票交易实行T+0，大家就都会及时卖出现货，不需要到期货市场操作，只是一种假想而已。

还有人认为，股票交易T+0可以增强市场活跃度。中国股市一直深受流动性不足的困扰，特别是在新股上市压力较大时，大盘往往表现疲弱。一

且实行 T+0，同样一笔资金，一个交易日里可以做几个来回，市场成交量可以成倍放大，行情上升也就有了基础。

但是，从本质上说，T+0 只是一种交易手段，它与任何交易手段一样，既有利也有弊。实行 T+0，市场成交量确实可以放大，但这种用同一笔资金来回做的交易其实只能制造行情泡沫，并不能真正反映市场多空力量的变化。T+0 对部分投机者也许有好处，但对于中小投资者来说，意味着风险加大。

目前，中国股市的换手率总体上偏高，T+0 作为一种活跃交易的手段，不宜使用。在现有制度体系下，应当通过提升投资者素质，引导长期理性投资，打击过度投机行为，来提高市场的稳定性。特别是提高机构投资者的理性投资程度。在市场价格中枢相对稳定的大前提下，T+0 交易才会真正发挥其应有的效应。目前，没有必要借这一制度提高市场的活跃度。它也不可能成为一个真正意义上的避险手段，而是很可能成为新的投机工具。

有一种意见认为，应当完善市场流动性机制和风险控制机制，按照市场化原则和国际化要求，建立现货市场与期货市场、我国国内市场与境外市场相互衔接的交易规则体系。因此，股票市场全面实行 T+0 交易制度的时机已经成熟。

笔者认为，这个愿望是好的，但如何对接我国股市的现实，还需要论证和探讨。

关于 T+0 交易的最新信息是，2016 年 1 月 9 日，经证监会批准，沪深交易所发布通知，明确投资标的实行当日回转交易的跨境 ETF 和跨境 LOF 可以实行又称 T+0 交易。该规则于 1 月 19 日起实施。证监会已就此明确表态，称这是完善境内证券交易所交易制度的积极举措，但与在 A 股市场推行 T+0 没有直接关系。

其实在推出沪港通机制时，就明确了一个原则，即不改变内地市场和香

港市场双方的规则和交易习惯。所以，内地股市不会因为引入沪港通机制而
改变交易规则。

80. 中国股市投资者为什么"习惯性做多"？

> 中国人的这种投资习惯，也是整个亚洲地区投资者习惯的一种反映。亚洲
> 投资者乐于做多，更乐于接受"落到袋子里"那种安全感、收获感，做空主动
> 性不够，这跟欧美投资文化有很大不同。

在中国股市，无论机构投资者还是个人投资者，都有习惯性做多的特
点；而主动做空的习惯还没有建立起来。可以说，中国人的这种投资习惯，
也是整个亚洲地区投资者习惯的一种反映。亚洲投资者乐于做多，更乐于接
受"落到袋子里"那种安全感、收获感，做空主动性不够，这跟欧美投资文
化有很大不同。

什么叫主动做空？就是当发现风险的时候，通过融券抛售获利，通过买
空期货获利。大家还是习惯跟随市场上涨趋势一路做多；一旦市场出现下跌
趋势，很多投资者就不分青红皂白抛售，以至于出现自由落体式下跌、踩踏
式下跌。

这就需要完善市场交易机制，并培育相应的市场主体，去营造多空制约
的市场生态。我们希望散户投资者在充分识别了市场情况之后，会委托机构
投资者去代理；如此，机构投资者的比重就可以扩大，散户投资者的比重就
可以下降，机构之间的博弈就更充分和理性。但能否实现这样的局面，还需

要实践验证。

目前，我们已经建立的融资融券制度，股指期货交易也已实施了近6年。但客观来看，这些做空机制平抑市场波动的作用仍然相对有限。从融资融券交易来看，统计发现，无论机构还是个人，融资的比重较高，而融券的比重很低，其规模不足融资规模的1%。形成这样一种局面，既有转融券制度不顺畅、券商自有券源不足等机制上的原因，在很大程度上，也与我国投资者的投资习惯有关——大家更习惯于用钱买券，而不习惯借券抛售。

从股指期货交易的实际情况来看，多个品种齐涨齐跌的现象十分严重，已经常态化。这说明，买卖股市期货的投资者更多的是把股指期货当作炒作品种，而不是什么平抑市场波动的手段。目前，股指期货实施T+0交易，股票现货市场实施T+1交易，这被认为是市场操纵的一个制度性缺口。按道理，股指期货是市场做空机制的重要组成部分，它除了让投资者套期保值、降低投资风险之外，就是价格发现功能，让不合理的价格向其价值回归，使股票的价格走向合理。但现实往往不尽如人意，这样的目标并没有如约实现。

81. 如何看待"大盘股炒不动"问题？

所谓的"大盘股炒不动"，一个隐含的意思是操纵难度大，这反证出小盘股被操纵的可能性大。针对于此，应该加大对违法违规行为的打击力度，同时对为操纵股价提供便利的中介机构实行惩罚，将违法违规行为公开曝光。

大盘股就是总盘子和流通盘子较大的上市公司股票。一般在5亿股以上

就算大盘股了。反之，小盘股就是总盘子和流通盘子较小的上市公司的股票。一般来说，流通股为1亿股以下，就是小盘股了。中盘股就是介于大盘股与小盘股之间的股票。当然，也不宜将这个划定原则当作"水火不相容"的界限，大中小的标准都是动态的、相对的。

传统的大盘股如工农中建四大行，中国石化、中国联通、宝钢股份等，有的还属于超级大盘股。随着资本证券化步伐加快，越来越多的行业都有大盘股了，比如商业百货行业的苏宁电器，金属采掘中的大部分上市公司等。

我国股市流行这样一种观念：小盘股好炒，大盘股股性呆滞。在选股时，投资者往往钟情于小盘股。但对此也要辩证地来看，固然，小盘股的成长空间比较大，扩张性比较强，而且比较容易被收购、重组；但是，中国的所谓大盘股如果按照国际标准来衡量，就只能算中小股，企业的成长空间还是很大。并且，小型企业（小盘股）经营风险较大，未来有很大的不确定性；而大企业（大盘股）有较强的实力，经营风险较小，前景比较确定。其实，无论大小，都要看企业是否治理完善，是否有有利的行业地位，是否有持续发展的潜力，买与不买，主要取决于这些条件。

从股市操作的现实来看，所谓的小盘股好炒，机构炒的并非是企业的成长性，而是可以用相对少的资金量实现控股，然后配合各种消息，信马由缰拉升或打压股价。

所谓的"大盘股炒不动"，一个隐含的意思是操纵难度大，这反证出小盘股被操纵的可能性大。针对于此，应该加大对违法违规行为的打击力度，同时对为操纵股价提供便利的中介机构实行惩罚，将违法违规行为公开曝光。

由于炒作小盘股之风盛行，每当行情上涨时，大多数小盘股股价都可能翻倍，上涨数倍的小盘股票也比比皆是。相对来说，即使在上涨行情中，大盘股的涨幅也往往落后于股指，甚至在底部徘徊。小盘股普遍性上涨，既存在盲目跟风行为，也存在主动共谋行为，对此要两手抓，即提示风险和依法打击。

然而，小盘股的想象空间、上涨空间也往往会在短时间内消耗殆尽。此时，估值较低的大盘股就具备了买入的条件。

大盘股多为国家经济支柱企业，业绩相对稳定，应对经济波动有更大的优势，这些公司完全有理由成为长线投资者的核心资产。

大盘股中的很多股票也是蓝筹股。公认的一线蓝筹股，是指业绩稳定、流股盘和总股本较大的个股。这类股一般价位不是太高，但群众基础好。这类股票具有牵一发动全身的地位，主要有：工商银行、中国石化、贵州茅台、民生银行、万科、深发展、五粮液、浦发银行、保利地产、山东黄金、大秦铁路等。二线蓝筹股，是指在市值、行业地位上以及知名度上略逊于以上所指的一线蓝筹公司，是相对于几只一线蓝筹而言的。比如海螺水泥、三一重工、葛洲坝、广汇股份、中联重科、格力电器、青岛海尔、美的电器、苏宁电器、云南白药、张裕、中兴通讯等。其实，这些公司也是行业内响当当的龙头企业；如果单从行业内部来看，它们又是各自行业的一线蓝筹。

在 2014 年大力推进混合所有制改革的背景下，大盘股也迎来了"题材之春"，这为大盘股估值中枢上移带来了历史性机遇。2015 年，南车、北车合并，引发了机构投资者的热情追捧。令人遗憾的是，对于两车合并，市场估值也发生了非理性波动，每股价格从 4.5 元左右上涨到近 40 元，又下跌至 10 元左右。

82. 如何做强中国的蓝筹股群体？

> 要建立"机构投资者信用公示制度""长线投资税收优惠制度""蓝筹投资基金税收优惠制度"，强化中国特色蓝筹股市场的制度基础。不管你买蓝筹股还是概念股，都要看业绩，看公司业务的前景，看公司运营的阶段，看新业务的拓展。

蓝筹股市场是决定我国股市价值中枢的关键，也是衡量我国股市独立定价权强弱的重要指标。

所谓蓝筹股，是指在所属行业具有举足轻重地位，规模较大，业绩优良，红利分配优厚的上市公司的股票。这类公司也就叫蓝筹公司。一般来说，这些公司即使在行业不景气时，也有能力赚取利润，投资风险较小。

在我国，蓝筹股又分为一线蓝筹、二线蓝筹、绩优蓝筹、大盘蓝筹等。公认的一线蓝筹，是指业绩稳定、流股股和总股本较大的股票，一线蓝筹股股价相对稳定，群众基础好。二线蓝筹，是指在市值、行业地位和知名度上略逊于一线蓝筹的蓝筹股。绩优蓝筹是从业绩排名来说的，排在前面的被称为绩优蓝筹。大盘蓝筹是从流通股和总股本排名来说的，排在前面的被称为大盘蓝筹。

人们还提出了"新兴蓝筹"或"新蓝筹"概念，但目前并没有形成统一的标准，而是用其概括可以引领驱动中国经济下一轮发展、代表未来产业发展方向的公司，以示与传统的银行、石油、铁路等行业龙头相区别。如中国联通、中国中车、中国核电、康美药业等。

从我国股市发展历史来看，蓝筹股具有一定的群众基础，但由于大型上市公司具有特殊的股权结构，同时我国股市缺少超级投资者（已有的公募基金并未发挥超级投资者的作用），蓝筹股行情并不稳定，没有形成投资蓝筹股的市场风气。

2014 年初，上海证券交易所提出实施蓝筹股战略。当时，股市经过 6 年左右的大调整，大盘蓝筹股大面积破净，动态市盈率不足 10 倍。而创业板市场，则在 2012 年底至 2014 年初展开了持续的爆炒。

在 2014 年 7 月牛市行情爆发后，直至 11 月末，以上证 50 指数成分股为代表的蓝筹股才显著上扬，滞后于整个市场。在国家鼓励上市公司展开并购活动的背景下，以中国南车、中国北车重组为契机，形成了一段投资蓝筹股的热潮；但令人遗憾的是，这股热潮中充斥着概念化的炒作之风。

而 2007 年中国石油高价上市、高价开盘，套牢投资者的前车之鉴，给蓝筹股市场制造了不良的先例，迄今令人痛惜。

经过市场反复洗礼，多数蓝筹股的地位和信誉依然良好，这是我们总结经验教训，完善市场机制，做好蓝筹股市场的重要基础。要建立"机构投资者信用公示制度""长线投资税收优惠制度""蓝筹投资基金税收优惠制度"，强化中国特色蓝筹股市场的制度基础。

笔者认为，中国股市是中国特色社会主义制度的有机组成部分，应当建立与之相匹配的内部支撑要件。"机构投资者信用公示制度"用来约束国有大型金融机构短线炒作蓝筹股行为，"蓝筹投资基金税收优惠制度"用来激励专注投资蓝筹股的各类基金，"长线投资税收优惠制度"用来鼓励所有长线投资者。

要在股市中落实好"两个毫不动摇"，就需要建立相应的制度体系。要根据自身实际创新体制机制。要通过制度建设促进观念调整，逐步形成中国的新股市文化——让更多的普通投资者买蓝筹股。

从国际成熟资本市场来看，老百姓也喜欢蓝筹股。如果中国的蓝筹股不能翻身，不能让老百姓喜爱，那么，股市改革发展就没有到位。

倡导投资蓝筹股，并不等于只许投资者买蓝筹股，也不等于建议投资者任何时候都买蓝筹股；反对炒绩差股、概念股，反对过度炒新股，也不等于按住大家的手不许炒绩差股、概念股、新股。但是，从长期看，蓝筹投资、价值投资的理念逐步壮大，最终会使得中国投资者的收益更可测和可控，会吸引更多长线投资者入市，也必然有利于整个市场；同时，一定的投机行为存在，是合乎逻辑的市场行为。

对普通投资者来说，不管你买蓝筹股还是概念股，都要看业绩，看公司业务的前景，看公司运营的阶段，看新业务的拓展。公司质量永远是投资之本。

市场改革

83. 外资企业该如何在 A 股市场上市？

> 让在华外资企业到主板、新三板发行股票，仍需慎重。应当从股权结构、产业链等方面作出必要限定，确保在华外资企业上市执行与本土企业一致的标准，实行完整的国民待遇，不得搞"专席专座"。

2017 年 1 月 22 日，有关"支持在华外资企业在中国股票市场上市"的说法被一些方面提起。笔者认为，对外开放需要新的举措，但让在华外资企业到主板、新三板发行股票，仍需慎重。应当从股权结构、产业链等方面作出必要限定，确保在华外资企业上市执行与本土企业一致的标准，实行完整的国民待遇，不得搞"专席专座"。

有关开放外资公司在境内发行上市的消息已经炒作了多次。其中，2016 年 6 月 21 日，有媒体称《中国人民银行 2015 年报》提出"将允许符合条件的优质外国公司在境内发行股票"。不少人据此认为，央行或证券监管层就当下放开外国公司在境内发行股票作出了政策表态。但据笔者了解，这一"重磅消息"是又一次乌龙：

《中国人民银行年报》是中国人民银行主办的资料性年刊，主要作用是记录中国人民银行各年度金融事业改革与发展情况，并刊登相关统计数据。《中国人民银行 2015 年报》主体部分有 26 个，分别是国际经济金融形势、中国宏观经济、中国金融运行、货币政策、信贷政策、金融法治、金融稳定、金融改革、金融市场等。

为了配合佐证这些工作，《年报》在 26 个部分的尾部附有专栏文章。引

起高度关注的"将允许符合条件的优质外国公司在境内发行股票"这句话，既不在《金融改革》主体内容中，也不在《金融市场》主体内容中，而是在《人民币国际化》主题内容尾部所附的"专栏文章"中，题为《有序实现人民币资本项目可兑换》。该"专栏文章"在描绘"未来一段时期的重点任务"时，出现了"进一步推进资本市场双向开放。允许符合条件的优质外国公司在境内发行股票，可考虑推出可转换股票存托凭证（CDR）；进一步扩大债券市场开放程度"的提法。

由于《有序实现人民币资本项目可兑换》并非《中国人民银行2015年报》的"正文"，是说明和解释性的专栏文章，所以，相关表述不是中国人民银行和证券监管部门的政策表态。

在境内企业对发展资金嗷嗷待哺的背景下，开放外资企业上市并不迫切。早在2011年，有关方面就提出过开设股市国际板，为外资公司上市设专席专座的动议。同年5月，监管层和地方政府正式推动此事。后因争议巨大，被搁置。

2016年1月，一位财经官员在达沃斯论坛再次提及此议。随后，就是2017年有关方面提出"支持在华外资企业在中国股票市场上市"的概念。笔者认为，任何开放都要基于自己的现实条件，并且应当研究清楚具体操作方式。目前，本土企业融资压力很大，新三板、地方股权交易中心设立后，申请挂牌的企业蜂拥而至。当前，还是应当把解决本土企业融资需求放在第一位。

从长远看，外国公司只要遵守中国法律，符合证券法和相关发行上市的规定，都可以来境内申请上市。但在当下，"强扭的瓜不会甜"，我们更相信"水到渠成"的逻辑。

84. 资本市场"扶贫"会伤害股民利益吗？

为贫困地区企业首次公开发行股票、新三板挂牌、发行债券、并购重组等开辟绿色通道，但不会降低发行上市的审核标准。如果该类企业和中介机构在申请发行以及发行上市过程中弄虚作假、违法违规，同样要依法查处。

2016 年 9 月，《中国证监会关于发挥资本市场作用服务国家脱贫攻坚战略的意见》（以下简称《资本市场服务脱贫意见》）公开发布，其中有关对贫困地区企业首次公开发行股票、新三板挂牌、发行债券、并购重组等开辟绿色通道的表述受到关注。

有人据此认为发行上市政策发生了重大变化，并且这种变化将冲击现有市场供需平衡和监管规则。还有人认为，资本市场应该遵循"钱导向"，讲"扶贫"是荒唐可笑的；中央对证监会并没有这样的要求，证监会是"自找麻烦"。还有人认为，资本市场扶贫是拿股民的钱救穷，会损害股民的利益。

笔者认为，持上述看法的人没有真正了解相关政策规定，是误解了。

第一，为贫困地区企业首次公开发行股票、新三板挂牌、发行债券、并购重组等开辟绿色通道，但不会降低发行上市的审核标准。

《资本市场服务脱贫意见》就"支持贫困地区企业利用多层次资本市场融资"提出了三条意见：1. 对注册地和主要生产经营地均在贫困地区且开展生产经营满三年、缴纳所得税满三年的企业，或者注册地在贫困地区、最近一年在贫困地区缴纳所得税不低于 2 000 万元且承诺上市后三年内不变更注册地的企业，申请首次公开发行股票并上市的，适用"即报即审、审过即发"

政策。2.对注册地在贫困地区的企业申请在全国中小企业股份转让系统挂牌的，实行"专人对接、专项审核"，适用"即报即审、审过即挂"政策，减免挂牌初费。3.对注册地在贫困地区的企业发行公司债、资产支持证券的，实行"专人对接、专项审核"，适用"即报即审"政策。

上述政策主要是"通道"上的安排，不会因企业是贫困地区企业而降低现行主板、创业板、新三板发行、上市（挂牌）的标准，也不会因此改变上市（挂牌）的程序。

同时，不但不会因企业身处贫困地区而降低发行上市（挂牌）标准，如果该类企业和中介机构在申请发行以及发行上市过程中弄虚作假、违法违规，同样要依法查处。

第二，《资本市场服务脱贫意见》是指导性意见，具体操作要遵循市场规律，严格依法合规。

《资本市场服务脱贫意见》提出的政策不仅局限于发行上市和并购重组，还包括鼓励上市公司结对帮扶贫困县或贫困村，鼓励证券公司通过组建金融扶贫工作站等方式结对帮扶贫困县，鼓励上市公司、证券公司等市场主体设立或参与市场化运作的贫困地区产业投资基金和扶贫公益基金等实实在在的措施。

目前已经上市的公司和证券基金期货公司，有条件根据实际情况帮扶贫困地区，这是它们应当承担的社会责任。所谓证券基金期货公司、上市公司应该完全遵循"钱导向"、不应花费力量扶贫的说法，是缺乏社会责任感的表现。

当然，帮扶工作要实事求是、公开透明。要遵循各主体内部治理的规则，要符合法律法规的规定。不允许打着"扶贫"的旗号套政策"差价"，谋取私利。

第三，国家脱贫攻坚战略是一项整体战略，国务院各组成部门都要担责，"一行三会"也不例外。

《中共中央国务院关于打赢脱贫攻坚战的决定》中关于"加大金融扶贫力度"一节中，主要对银行、保险、担保机构等提出了要求，并未涉及资本市场如何参与的具体要求。《资本市场服务脱贫意见》结合资本市场特点，提出在企业首次公开发行股票、新三板挂牌、发行债券、并购重组方面给予适度的"通道"支持，鼓励上市公司、证券基金期货经营机构参与扶贫，履行社会责任，是一项指导性意见，并非不顾市场规律，硬压任务。

刘士余出任证监会扶贫工作领导小组组长，并非孤例，如中国人民银行扶贫工作领导小组组长为潘功胜（副行长）、银监会扶贫工作领导小组组长为曹宇（副主席）、保监会扶贫工作领导小组组长为项俊波（主席）。打赢脱贫攻坚战不是哪一个部门的事，是大家的事。所以，各部门作出这样的安排，体现的是政治责任。

还要指出的是，《资本市场服务脱贫意见》作为指导性意见，还会在实践中加以完善和调整。这既是打赢脱贫攻坚战的必然要求，也是稳定发展资本市场的必然要求。

85. 如何强化依法退市？

要坚决打掉政府部门对所辖濒临退市公司的"保护伞"，不允许乱找借口拿财政款进行救济性补贴。也要打掉中介机构对濒临退市公司的"保护伞"，发现策划、指导、帮助相关公司造假的行为，依法严格处罚。

2015年12月23日晚，珠海市博元投资股份有限公司发布对上海证券

交易所问询函的回函公告，称"收到上市公司董事长高中同学的 8.59 亿资产无偿捐赠，理由是不忍看到老同学的公司退市"。此前的 2015 年 12 月 12 日，博元公告称，已与自然人股东郑伟斌签署《资产捐赠协议》，郑伟斌将其持有的福建旷宇建设工程有限公司 95% 的股权无偿捐赠给上市公司，这笔股权资产对应评估值高达 8.59 亿元。这则公告令退市机制再次成为公众关注的焦点。

尽管退市制度早在 1993 年就有了，并且已有部分上市公司退市了，但是，让符合退市条件的公司退市，并不是一件易事。股票上市交易作为一块巨大无比的、可滋生的"福利"，受到相关各方拼命死保。从濒临退市的上市公司到中介机构，从大股东到政府部门，都可以"方便地"拿出一系列或软或硬受到对抗措施。

为完善退市制度，强化退市约束，监管层已经采取了一系列政策措施。《关于改革完善并严格实施上市公司退市制度的若干意见》已于 2014 年 10 月 15 日以证监会第 107 号令名义公布，自 2014 年 11 月 16 日起施行。

不过，退市制度仍然存在"执行短板"。

应当进一步完善机制，严格执法，对触发退市条件的上市公司实施"硬退市"举措，不得给予任何回旋余地。

退市触发条件主要体现在两个方面：一是财务状况不再符合持续上市交易的标准；二是有欺诈发行和重大违法行为。此外，公司也可以根据自身发展需要，主动申请退市。管理层应当在强制退市方面出台力措，打破"僵尸上市"魔咒。

要坚决打掉政府部门对所辖濒临退市公司的"保护伞"，不允许乱找借口拿财政款进行救济性补贴。也要打掉中介机构对濒临退市公司的"保护伞"，发现策划、指导、帮助相关公司造假的行为，依法严格处罚。

上市公司大股东、中介机构和一些政府部门就必须丢掉"上市公司是个宝""只要股票不摘牌就可以一直享受股市福利"的旧思维；不能够只盯着"股市福利"，也要勇敢地面对"强制退市"。

86. 证券、基金、期货经营机构交叉持牌该怎么搞？

> 打造若干个业务门类齐全、资金实力雄厚、金融创新能力强的"金融巨头"，对于稳定国内市场秩序，提高本国市场的国际竞争力，不仅必要，也很迫切。

2015 年 12 月 23 日，李克强总理主持召开国务院常务会议，表示"研究证券、基金、期货经营机构交叉持牌，稳步推进符合条件的金融机构在风险隔离基础上申请证券业务牌照"。

这一表述最早出现在 2014 年 5 月 9 日颁布的《关于进一步促进资本市场健康发展的若干意见》（即"新国九条"）中，此次国务院常务会议在此基础上略有调整。"新国九条"提出，实施公开透明、进退有序的证券期货业务牌照管理制度，研究证券公司、基金管理公司、期货公司、证券投资咨询公司等交叉持牌，支持符合条件的其他金融机构在风险隔离基础上申请证券期货业务牌照。此次国务院常务会议在交叉持牌的范围上有所收窄，去掉了证券投资咨询公司；对于其他金融机构申请证券期货牌照，也有所收窄。笔者认为，这种收窄只是为了提高近期操作性，而不是要从根本上收窄交叉持牌的范围。

"新国九条"首次对证券期货行业混业经营从政策层面上予以确认，对于提高证券业机构的综合竞争力，促进证券期货行业更好地服务国民经济，具有重大意义。

随着全球资本市场跨业经营的深入发展，国内证券公司、基金公司、期货公司等市场主体如果不扩大经营范围，开拓更多的金融产品，不但使单个金融机构自身的发展受到局限，而且严重制约整个直接融资体系的发展。为此，证券、基金、期货这三大关联紧密的经营机构交叉持牌，是大势所趋。

从国际经验看，大型投资银行都具备全能金融服务职能，能够运用各种金融工具和手段，为客户提供全方位、多功能的金融服务。通过三大类金融机构交叉持牌，打造若干个业务门类齐全、资金实力雄厚、金融创新能力强的"金融巨头"，对于稳定国内市场秩序，提高本国市场的国际竞争力，不仅必要，也很迫切。

在实施交叉持牌后，金融机构可以选择做"百货公司"，也可以选择做"专卖店"。从长远趋势看，部分综合实力较强的证券公司可以发展成为混业经营的金融控股集团。同时，中小型证券期货机构也要具备跨业经营的空间，也要作出适宜的制度安排。

需要注意的问题是，混业经营的风险防控主体要明确，一是要界定各个法人主体的风控边界，二是要界定各个法人主体之间交叉的风控区域，三是要构建协调防控系统性风险的机制。

87. "互认基金"是怎么回事?

> 是推进我国资本市场"双向开放"的一个重要举措,既可以拓展两地投资者选择投资品的范围,共享相关金融产品和服务;又可以扩大以人民币计价投资品的市场规模,推动人民币资本项目可兑换进程。

2015 年 12 月 18 日,中国证监会和香港证监会正式注册了首批两地互认基金,分别为 3 只香港互认基金、4 只内地互认基金。这一举措有什么意义呢?

首先,这是推进我国资本市场"双向开放"的一个重要举措,既可以拓展两地投资者选择投资品的范围,共享相关金融产品和服务;又可以扩大以人民币计价投资品的市场规模,推动人民币资本项目可兑换进程;也有利于促进两地金融市场繁荣,提高两地金融市场的国际影响力。

截至 2015 年 12 月,中国证监会共受理 17 只香港互认基金产品的注册申请,香港证监会共受理超过 30 只内地互认基金的注册申请。根据目前市场运行情况,两地注册互认基金的规模控制在进出各 3 000 亿元人民币水平;今后,随着条件进一步成熟,在总结经验的基础上,可进一步扩大互认基金的注册规模,并逐步实现常态化。

此次互认基金注册是"双向对等开放",而不是"单向开放"。

两地基金互认制度借鉴了香港与其他地区互认的经验,是在监管体系相对独立的基础上,通过两地监管合作实现基金互认。双向对等开放,一是指两地机构实行对等监管政策,二是指对等保护两地投资者权益。

鉴于两地市场发展程度的差异，两地基金互认对保护内地投资者利益作出了有关安排。按照两地监管机构签署的《关于内地与香港基金互认安排的监管合作备忘录》以及中国证监会发布的《香港互认基金管理暂行规定》，从三个方面作出安排：一是规范互认基金的管理及运作；二是完善基金合同争议的解决方式；三是确保两地投资者得到公平的对待。

监管者表示，两地法律制度有所不同，但两地投资者权益保护必须对等。双方监管合作备忘录明确，法规要求基金管理人应当采取合理措施，确保内地投资者与香港投资者获得公平的对待，包括投资者权益保护、投资者权利行使、信息披露和赔偿等。

此次互认基金注册安排，注重推进开放与维护市场稳定相统一。

目前，两地互认基金获批数量基本对等，并且管理层明确，保持资金进出基本平衡。目前，内地与香港互认基金的额度为资金进出各3 000亿元人民币。根据测算，在目前开放规模下，可流入内地的最大资金量略多于可流入香港的最大资金量，大体平衡。

互认基金是我国资本市场对外开放的一个全新的样本，具有路径探索和引领作用。

我国资本市场扩大开放是必然选项，但路径如何选择十分重要。路径优，效果就会优，反之亦然。笔者认为，前期推出的沪港通制度，已经为双向对等开放、相互尊重对方市场体系创造了成功经验；从一定意义上说，基金互认是这样一种制度设计思想的延续。

在基金互认机制下，金融产品和投资服务能够跨境销售，双向互动开放，有利于实现投资的自由化和便利化。对我国内地而言，有助于拓宽金融服务业对外开放的深度和广度。基金互认使得香港成为基金产品的进出口平台，吸引全球金融机构和金融产品到香港发展。

内地与香港开展基金互认，两地金融机构可以取长补短：内地基金管理人可以与驻扎在香港地区的跨国金融机构比肩共事，提高投资管理能力和客户服务水平；如果香港成为境外基金产品进出内地市场的"桥头堡"，其国际金融地位得到提升，由于地理条件便利，其发展成果还可以反馈于内地市场，促进内地市场进一步开放。

88. 为何取消新股申购预先缴款制度？

> 对市场而言，动辄冻结上万亿资金打新的情形不复存在，由此引发的二级市场抽血效应成为历史，股市运行更加平稳。

为了遏制新股发行中的不实申购，挤压虚假需求，我国曾长期实施新股申购预缴款制度。在这一制度下，投资者欲申购新股，需先足额交纳申购资金；待公布配售结果后，未申购到新股的投资者可以领回这笔资金。于是，每逢新股申购，动辄万亿元资金集中冻结，不仅对股市内部资金的供需形成影响，也经常引发银行间市场短期利率的波动。

这一情况不仅反向扭曲了新股供需信号，而且引起资金市场的紊乱：在新股申购期间冻结大量资金，在申购结束时释放出大量资金，为股市"额外"增加了一重波动性。

2015 年 11 月 6 日，结合重启新股发行，证监会根据实际情况，宣布不再实行预缴款制度。预缴款制度在"炒新热"高涨时推出，对过度炒新有一定遏制作用。但在市场规模进一步壮大，相关市场主体运行特点发生变化后，预缴款制度的负面效应日趋明显。有必要排除这个扰动市场预期的

"地雷"。

新规下，投资者申购新股无须预缴款，仅需在T+2日根据网上中签结果公告或网下初步配售结果公告确认获得配售后，再足额缴纳认购款。对市场而言，动辄冻结上万亿资金打新的情形不复存在，由此引发的二级市场抽血效应成为历史，股市运行更加平稳。对投资者而言，打新可以"货到付款"，不用为了参与打新而卖出老股，只需等待中签结果再缴款。

为了防止因这一制度调整而引起不实申购回潮，新规增加了"投资者连续12个月累计3次中签后不缴款，6个月内不能参与打新"的惩戒性措施。待经过一段时间检验后，这一措施还可以进一步完善。

89. 股市可以为混合所有制改革做些什么？

> 混合所有制发展得好，企业间竞争更加充分有效，股市定价基准就更稳定，公众预期也更稳定；反之，混合所有制发展不到位，股市定价基准就不稳定，公众预期也就会紊乱。

我国实行公有制为主体、多种所有制共同发展的体制，所有制实现形式改革、企业制度改革是否到位，直接影响着股市的定价机制和价值中枢。混合所有制改革不单是企业制度改革，而是辐射面很广的体制改革，可以为股市发展注入新的活力。而股票市场可以为混合所有制改革提供平台。

2015年9月24日，《国务院关于国有企业发展混合所有制经济的意见》发布，进一步明确了非公有资本参与国有企业混合所有制改革的原则和路径。非公有资本投资主体可通过出资入股、收购股权、认购可转债、股权置换等多种方式，参与国有企业改制重组或国有控股上市公司增资扩股以及企业经营管理。非公有资本投资主体可以货币出资，或以实物、股权、土地使用权等法律法规允许的方式出资。企业国有产权或国有股权转让时，除国家另有规定外，一般不在意向受让人资质条件中对民间投资主体单独设置附加条件。

有人认为，混合所有制不是新制度，现在提出的混合所有制并无新意。对此，有必要加以说明：以往的混合所有制没有很好地解决国有资本和非国有资本的天然矛盾，国资多一点还是民资多一点的争论往往此起彼伏；在很多领域存在着针对民营资本的"玻璃门"、"旋转门"；国有资本的特权意识依然强大。所以，今天的混合所有制改革具有特殊而深刻的时代内涵，也是对"两个毫不动摇"的新推进。

我们现在推进混合所有制改革，并不是为了减少国有企业的数量，缩小国有企业的规模，不是搞所谓的"国退民进"，而是要完善公有制、非公有制之间相互交融的体制机制。国有资本、非国有资本要打通互相进入的渠道，国有的可以进入非国有的，非国有的也可以进入国有的。

在新的混合所有制下，各类资本依照法律规定组成公司或公司集团，形成多元统一的股东会、董事会，在此基础上实现公司整体资本运营的市场化。在公司内部，各类股东依据规则形成相对和谐的治理秩序，发挥各自的作用。在国有资本占主导地位的企业，民资可能是"跟随者"，但一样享有与出资份额相对应的权益；在民有资本占主导地位的企业，国资也可以当"跟随者"，同时一样按照出资份额享有相对应的权益。在股东出资份额相对均衡的公司，各方则按照多元统一的方式进行决策。

任何一项创新都需要有合适的平台。股票市场正是深化所有制实现形式改革的最重要的平台。我国股市经过近 24 年的发展，已经在股份制为载体

的混合所有制道路上迈出了巨大步伐，积累了不少的经验。即便我国股市的市场机制还有诸多不足，监管上也还存在不少的缺陷，它仍然是目前最为公开透明、定价公允的市场化平台，是最能够被投融资双方所接受的。

可以说，混合所有制这个"里子"怎么样，将直接影响股市这个"面子"。混合所有制发展得好，企业间竞争更加充分有效，股市定价基准就更稳定，公众预期也更稳定；反之，混合所有制发展不到位，股市定价基准就不稳定，公众预期也就会紊乱。

如果只从股市治理的角度看待股市走势，就很难把这个面子搞好。必须从战略高度，从所有制这个根子着手，促成所有制格局实现积极的调整，面子才能最终搞好。

可以预期的是，以更为开放的姿态运用混合所有制、实践混合所有制，在股权流动上解除僵化的所有制禁忌，股票市场对资金的吸引力将大大增强，市场表现也将更趋活跃。

90. 优先股制度有什么作用？

> 只要严格依法办事，审慎制定优先股的发行条件、分红标准，普通股与优先股的权益是可以兼顾的，是可以找到平衡点的，两者利益是不可能出现离奇反差的。

设立优先股，有助于平衡解决混合所有制下国有股东和非国有股东的权益分配问题；有助于完善公司的资本结构，建立健全资本管理长效机制，提高持续盈利能力，增强对投资者的回报；有助于促进公司合理实行现金分红，为保险资金、社保基金、企业年金等机构投资者提供多元化的投资工具。这些作用，对上市公司而言更为明显。

2014年3月，中国证监会发布了《优先股试点管理办法》，用于规范上市公司发行优先股。根据现实需要，国务院于2015年决定将优先股试点扩大到所有企业。2015年9月24日，《国务院关于国有企业发展混合所有制经济的意见》提出，探索完善优先股和国家特殊管理股方式。国有资本参股非国有企业或国有企业引入非国有资本时，允许将部分国有资本转化为优先股。

优先股与普通股是既对立又统一的关系，从对立的方面看，两者在权责设置上是不同的，相当于"井水"与"河水"的关系。优先股享有优先分配权，股息是固定的，一般不会因公司经营情况而增减，但要"让渡"出重大事项投票权和剩余利润分配权。普通股享有公司重大事项投票权，在分配上也有更大权限——虽然下不保底，但上也不封顶。在优先股支取股息后，普通股可以分配"剩余利润"，而优先股是没有份的；如果优先股也要参与"剩余利润"的分配，就要另行约定，让渡出更多的投票权。

这就是说，优先股的"得"是以"失"为代价的，而普通股的"失"也是以"得"为保障的。

从统一的方面看，是否发行优先股以及以怎样的条件发行优先股，是公司全体股东在综合判断公司财务状况和经营形势的基础上，作出的一项重大决策。先要由董事会制定预案并公开披露，最终要经过股东大会讨论通过。按照《办法》规定，方案经出席股东大会的普通股股东（含表决权恢复的优先股股东）所持表决权的三分之二以上通过才可以生效。并且，向公司特定股东及其关联人发行优先股，股东大会就发行方案进行表决时，关联股东还必须回避。

因此，只要严格依法办事，审慎制定优先股的发行条件、分红标准，普通股与优先股的权益是可以兼顾的，是可以找到平衡点的，两者利益是不可能出现离奇反差的。

在发达市场，优先股的设计更为复杂，种类很多：包括累积优先股和非累积优先股，参与优先股与非参与优先股，可转换优先股与不可转换优先股，可收回优先股与不可收回优先股。由于我国资本市场尚属初级阶段，优先股的设置种类还比较单一。目前，上市公司不允许发行可转换优先股。

91. 国家特殊管理股制度如何实施？

> 设置特殊管理股制度，将其与优先股一起配套使用，既可实现收益权与日常经营管理权的分离，又可以根据需要保持在重点企业的控制权。可以在文化传媒类企业和互联网企业试点类别股份制度，在电信、交通、航空、电力等公用事业类国有企业中试点实行黄金股制度。

2015 年 9 月 24 日，《国务院关于国有企业发展混合所有制经济的意见》提出，在少数特定领域探索建立国家特殊管理股制度，依照相关法律法规和公司章程规定，行使特定事项否决权，保证国有资本在特定领域的控制力。

为了进一步推进混合所有制改革，国家已决定，允许将部分国有股转为优先股。于是就有一种担心，将部分国有股转为优先股，相当于拿决策权换收益权，虽然可以从"管人管事管资产"向"管资本"的转变，但也可能导致国家丧失对重点企业的控制权。

而设置特殊管理股制度，将其与优先股一起配套使用，既可实现收益权与日常经营管理权的分离，又可以根据需要保持在重点企业的控制权。

从国际经验看，特殊管理股制度主要有两种模式：

一是类别股份制度，也称一股多权制，即每股享有若干表决权。这种股份通常向特定的创始人股东发行，这样，创始人股东可以在股份制改造和融资过程中充分抵御外部股东的控制，防止恶意收购，并始终保有最大决策权和控制权。具体是将公司股份分为两种或多种，各种类股份具有同等的经营收益权，但创始人股东持有的股份具有特别投票权，包括董事选举和重大公司交易的表决等。

二是黄金股制度。这种股权制度主要适用于政府股东，政府持有少量股权或象征性持有一股，但在某些重大事项上拥有一票否决权。

黄金股制度起源于 20 世纪 70 年代末 80 年代初，英国政府在大力推行国企私有化改革过程中，鉴于部分国企涉及国计民生和国家安全，为防止失去控股权后对国家和社会民众产生不利影响，创造了"黄金股"这一特别股份形式。章程中规定，政府主要权限包括：限定特定个人持有股份，限制有关集团资产的处理，限制有关公司自发性的关闭和解散，限制发行有表决权的股份，董事的任命条件等。其中，公司管理层在实施重大并购或大股东转让股份时，都必须经过黄金股持有者（政府）的最终同意，否则无效。对于企业经营班子成员的任免，日常经营管理与分配等，黄金股则不享有一票否决权。

黄金股制度在电信、航空、水利等公用事业类国有企业改制中成功推行，其效果获得公认。除英国外，法国、西班牙、意大利、葡萄牙等都曾在国有企业改制过程中广泛推行黄金股制度，亚洲的韩国和我国台湾地区也都曾经试行黄金股制度。

有分析认为，从实施黄金股的国家来看，即使是推行了这种特殊股权制

度，私人资本对所谓国企的控制也是在加强的。特别是在 20 世纪 70 年代兴起的拉丁美洲私有化运动中，美国企业和金融机构几乎主宰了阿根廷等国的经济，使拉美国家对美国等发达国家产生了新的依附关系。

就我国实际情况来说，实施国家特殊管理股制度，首先要确定在哪些领域可以实行。参照国际经验，可以在文化传媒类企业和互联网企业试点类别股份制度，在电信、交通、航空、电力等公用事业类国有企业中试点实行黄金股制度。

在试点和推行过程中，要以国家整体安全为重，坚决杜绝制度失衡，不能发生重点产业、关键领域龙头企业被境内外寡头把持的局面。

92. 美国的 AB 股制度对我们有什么启示？

> AB 股制度之所以在美国流行，但在另外一些地方不被接受，主要是源于配套措施的差异。双重股权制度的推行前提有三：投资人理性、完善的诉讼制度、市场估值有效。

长期以来，"同股同权同利"的说法深入人心，但也有很多人将此误读为"一家公司只能发行一种股份"，这在事实上束缚了股市创新。在强烈的"同股同权同利"意识下，创始人股东、国有大股东成为"限制对象"，中小股东成为"保护对象"。

其实，这是不科学的，无论创始人股东、国有大股东，还是中小股东，都应该在法律规定范围内行使权力，既要受到限制，也应受到保护。而且，由于创始人股东、国有大股东的在公司发展中承担着独特功能，其应有的特殊权益应当受到保护。对"同股同权"提法过度崇拜，对公司治理是有害的。

为此，发达市场经济国家创立了特殊管理股制度，其中典型的双重股权制度，又名 AB 股制度。这一制度在美国比较流行。具体办法是，上市公司发行表决权不一的 A、B 两类股份，A 股一股一权，而 B 股则是一股多权。在美国，创始股东或管理层持有的 B 股，可行使 10 倍投票权。美国华尔街日报、美国纽约时报、英国每日邮报、谷歌、脸谱等大公司都采取这种制度，zynga 的 B 股投票权甚至到了 70：1。

AB 股制度并没有被世界所有地方广泛接受。德国、英国没有实施这种制度，我国香港地区也没有实施这种制度。即便是美国，AB 股制度也有一个逐步推行的过程：最早是纳斯达克市场接受了双重股权制度，纽交所在坚持同股同权原则很长时间后，才逐步采纳。

AB 股制度之所以在美国流行，但在另外一些地方不被接受，主要是源于配套措施的差异。在 AB 股制度下，创始人持有少量股份，却可以掌握公司大部分权利，很难保证其不利用手中权利去侵害中小投资者。美国的情况是，不仅执法严格，而且还有十分成熟的集团诉讼制度；一旦持有 B 股的大股东侵害中小股东权益，集团诉讼就可以发挥制约作用。

阿里巴巴曾申请在港交所上市，但因其设置了双重股权被港交所拒绝。港交所称，坚持一股一权制度的原因就在于香港市场由于不具备美国一样的集团诉讼机制。所以，集团诉讼与 AB 股制度是一对双簧，不能拆开。经合组织 2007 年的一份报告也表示，双重股权制度的推行前提有三：投资人理性、完善的诉讼制度、市场估值有效。

这些经验和警示值得我们借鉴。

93. 资本利得税该怎么设计?

> 我国开征资本利得税可设置长期投资税率和短期投资税率,鼓励长期投资者;可设置豁免额,使中小投资者轻税负或无税负;当年净亏损者,可按比例冲抵个税;实施超额累进税率,盈利越多,则适用税率越高,但档位要适度。

中国股市的税制问题一直存在争议,一种意见减税,既减印花税,也减红利税;另一种意见是加税,即对大块头投资者征收利得税,加征印花税以遏制泡沫。这两种提议都有合理成分,但缺乏体系化考量,都有不足。要调整中国股市的税收制度,必须着眼全局,整体规划。

目前,我国股市税制仍以印花税为主体,并同时征缴红利税。2007 年,股票交易印花税从买卖双边各缴 3‰,调整为只由卖方单边缴付 1‰。虽然印花税的税负已大幅降低,但由于投资者交易频繁,换手率畸高,投资者支付的印花税税金依然可观。以 2015 年为例,全年证券交易印花税 2 553 亿元,同比增长 2.8 倍。按注册投资者 1 亿人计算,相当于人均缴纳约 2 553 元。

我国没有开征独立的资本利得税,但在企业所得税法和个人所得税法中都有相关课税的内容。在企业所得税法中,对于应纳税所得额中的应税收入就包括转让财产收入、股息、红利等权益性投资收益、利息收入、租金收入、特许权使用费收入。在个人所得税法中,个人转让财产所得、财产租赁所得、利息、股息、红利所得、特许权使用费所得都作为应税所得,但是对部分资本利得免税,如股票转让所得。

还有一个情况需要说明。目前我国不对个人征收股票利得税,指的是不对二级市场买卖所得征税。但对于部分上市公司股东的股权转让已开始征税，这一税种具有资本利得税的性质。2009 年 12 月 31 日发布、2010 年 1 月 1 日起实施的《关于个人转让上市公司限售股所得征收个人所得税有关问题的通知》（财税 [2009] 167 号）规定，上市公司限售股一旦限售期届满出让，都要按所得额交税。这项规定造成的结果是，限售股持有者多数会选择及时抛售股票；之后再从二级市场买卖股票，则可以享受与普通流通股一样的免个税待遇。

从二级市场来说，目前我国的股票交易印花税承担着一部分的利得税功能。如果要考虑利得税问题，就要把印花税一揽子考虑进去，按照稳健调整原则，进行总体设计。

我国股市设立之初，对个人投资者免征利得税，为的是让更多的企业上市，让更多的股民享受实惠。但随着市场形势的变化，个人投资者结构也发生变化，出现一些机构化的散户，税制调整势在必行。资本利得税虽然听起来吓人，但还是要逐步完善。

我们要参照境外市场的经验，但吸收哪些做法，不吸收哪些做法，要多加论证。具体设计上，要坚持三个原则：一是有利于稳定发展，二是要鼓励长期投资者，三是要符合中国实际。

美国的资本利得税注重鼓励长期投资者，这一点可以借鉴。美国税制规定，对持股期超过 1 年的资本所得，可以减半征收，或是采用更低税率征收。相应地，短期投资（低于 1 年）的资本利得税率较高，与一般所得税税率相同。

美国税制还规定，每年每人可以申报 3 000 美元的净投资损失，用来减免一般所得税。剩余的投资损失还可以归入下一年，继续用来计算下一年的资本利得净值。所以，在年终缴纳资本利得税前，美国的很多投资者会将他们正处于亏损状态的资产出售。

由于中国税制数据系统建设尚不完善，这么细的减免冲抵设计，还不能完全借鉴过来；但是，可以参考英国的免征额做法。

英国的做法是，每年纳税期来临，就公布当年度股票利得税的豁免额度。其股票资本利得税的计税基数＝纳税年度股票买卖所得－股票投资年度损失－年度豁免额。根据计税基数的高低，超额累进税率分别定为10%、20%、40%三档。英国没有设置持股期长短的优惠措施，但对某些初创企业投资所获收益实施资本利得税豁免政策。

对股市主体如何征税，各国做法很不相同。美国主要征收两类税，即资本利得税和红利税。英国税制相对较重，主要征缴三类税，资本利得税、红利税、印花税（单边缴付5‰）。英国、德国、日本按照单一税率征收利得税，法国按累进制征收利得税，印度按照持股长短征收利得税，加拿大、澳大利亚、俄罗斯纳入个人所得税统一计算。韩国则规定，大公司的大股东持有不足1年的股票转让30%，中小型公司股票的转让10%，其他股票的转让20%。新加坡和中国香港不征收资本利得税。

参照以上做法，我国开征资本利得税可设置长期投资税率和短期投资税率，鼓励长期投资者；可设置豁免额，使中小投资者轻税负或无税负；当年净亏损者，可按比例冲抵个税；实施超额累进税率，盈利越多，则适用税率越高，但档位要适度。

中国的个人所得税纳税口径和西方主要国家不一样，西方是以家庭为单位征收的，我国是按个人为单位征收的，这个差异也需要充分考虑。

94. 创业板和中小板可以"二合一"吗？

中小板、创业板，其实都属于二板市场（创业板）范畴，与其分割，不如统一。建立有纵深、包容度大的二板市场（创业板市场），应当成为我们的目标。

一般来说，股票市场分为主板市场、二板市场（创业板市场）、三板市场三个层次。目前，我国股市的三个层次都已建立起来，但二板市场出现了一些特殊情况，既有过渡形态的"中小板"，又有标准化的"创业板"。如何进一步完善二板市场的整体架构，值得认真研究。

我国二板市场形成这样一种特殊状况，是由于二板市场创立经历了一段曲折的历程。早在1999年初，我国就形成了在深圳开设创业板的计划。2000年10月起，深交所甚至暂停了新股上市申请，专门筹备创业板。但到了2001年11月，由于境外创业板市场衰落，国内爆发了有关股市发展问题的争论，高层决定搁置创业板计划。

在这种情况下，作为过渡性举措，"中小企业板"于2004年5月在深交所正式推出。当时，管理层明确提出，中小企业板将为创业板市场的设立积累监管经验及运作经验。在中小板运行两年后，2006年下半年，管理层明确将适时推创业板。

中小企业板的上市程序、基本条件与主板没有区别，是"主板的一部分"，但上市的财务标准是特定的，同时设立单独的指数、单独的代码体系、单独的交易结算体系。在中小企业板上市的股票以"小盘"为最突出

的特征。

中小板企业的财务指标要求是：最近3个会计年度净利润均达为正数且累计超过人民币3 000万元；最近3个会计年度经营活动产生的现金流量净额累计超过人民币5 000万元；或者最近3个会计年度营业收入累计超过人民币3亿元；发行前股本总额不少于人民币3 000万元；最近一期末无形资产（扣除土地使用权、水面养殖权和采矿权等后）占净资产的比例不高于20%；最近一期末不存在未弥补亏损。

2009年10月，创业板市场正式启动。创业板是单独的板块，不是主板的一部分。为创业板的创立，中国证监会出台了《首次公开发行股票并在创业板上市管理暂行办法》《创业板市场投资者适当性管理暂行规定》等。创业板建立后，中小板继续并存。

创业板市场的上市程序、上市的财务标准与主板有较大差异。

2014年5月14日前，申请在创业板上市的企业需满足下列两个条件之一：在过去两年持续盈利，两年累计利润不少于人民币1 000万元，且保持持续增长；最近一年盈利，利润不少于人民币500万元，营业收入不少于人民币5 000万元，最近两年营业收入增长率均不低于30%。

2014年5月14日起，在创业板上市的条件更为宽松，企业需满足下列两个条件之一即可：最近两年连续盈利，最近两年净利润累计不少于1 000万元；最近一年盈利，最近一年营业收入不少于5 000万元。

经过修订的创业板上市标准，淡化了持续盈利要求。

可见，创业板的上市条件比中小板要低很多。但由于中小板是创业板的过渡形态，在中小板和创业板上市的企业又有很多共性，即企业的资产规模相对小、创新能力相对强、风险相对于主板企业大。

中小板、创业板，其实都属于二板市场（创业板）范畴，与其分割，不如统一。建立有纵深、包容度大的二板市场（创业板市场），应当成为我们的目标。

95. 新三板上市门槛为什么低？

> 虽然新三板既没有设立规模要求，也没有设立盈利要求，但由于中小微企业挂牌的需求旺盛，在竞争中形成了一些门槛。但这些门槛主要由主办券商掌握，全国中小企业股份转让系统并没有硬性要求。

新三板的正式称谓是"全国中小企业股份转让系统"，是经国务院批准设立的全国性证券交易场所，于 2012 年 9 月 20 日注册成立。全国中小企业股份转让系统有限责任公司为其运营管理机构。

新三板主要为创新型、创业型、成长型中小微企业发展服务。境内符合条件的股份公司均可通过主办券商申请在全国股份转让系统挂牌，公开转让股份，进行股权融资、债权融资、资产重组等。

新三板实行主办券商制度。主办券商业务包括推荐股份公司股票挂牌，对挂牌公司进行持续督导，代理投资者买卖挂牌公司股票，为股票转让提供做市服务等。

根据现行法律规定，股东人数超过 200 人的股份公司申请股票在全国中小企业股份转让系统挂牌公开转让、股份公司向特定对象发行证券导致证券持有人累计超过 200 人或者股东人数超过 200 人的非上市公众公司向特定对象发行证券，应当向中国证监会提出行政许可申请。股东人数未超过 200 人的股份公司申请股票在全国中小企业股份转让系统挂牌公开转让，以及挂牌

公司向特定对象发行证券后证券持有人累计不超过 200 人的，中国证监会豁免核准，由全国中小企业股份转让系统有限责任公司受理相关申请材料并进行审查，中国证监会不再进行审核。

在新三板挂牌的标准只有四条：依法设立且存续两个完整的会计年度；业务明确，具有持续经营能力；公司治理机制健全，合法规范经营；股权明晰，股票发行和转让行为合法合规。

虽然新三板既没有设立规模要求，也没有设立盈利要求，但由于中小微企业挂牌的需求旺盛，在竞争中形成了一些门槛。但这些门槛主要由主办券商掌握，全国中小企业股份转让系统并没有硬性要求。

新三板挂牌股票可以采取做市转让方式、协议转让方式、竞价转让方式之一进行转让。买卖股票的申报数量应当为 1 000 股或其整数倍。卖出股票时，余额不足 1 000 股的部分，应当一次性申报卖出。对股票转让不设涨跌幅限制。投资者买入的股票，买入当日不得卖出；做市商买入的股票，买入当日可以卖出。

新三板已确定分层管理策略，未来整个市场将由多个层级组成，每一层级市场分别对应不同类型的公司。起步阶段将挂牌公司划分为创新层和基础层，今后随着市场不断发展，继续对相关层级进行优化和调整。已挂牌公司 2015 年年报披露截止日（2016 年 4 月 29 日）后，全国股转系统根据分层标准，自动筛选出符合创新层标准的挂牌公司，于 2016 年 5 月正式实施。

由于在新三板挂牌交易的中小微企业具有业绩波动大、风险较高的特点，新三板严格限制自然人投资者的准入条件。

96. 沪港通、深港通、沪伦通有何特点？

> 通过设置"两地证券机构 + 证券交易服务公司"这一中间转换器，在不改变两个市场基本制度的前提下，可以实现两者之间资金、利益的双向流动，满足两地投资者的投资需求。这一制度设计，为我国股市开放发展打开了新的更大的空间。

沪港通于 2014 年 11 月 17 日开通。试点初期，沪股通的股票范围是上海证券交易所上证 180 指数、上证 380 指数的成分股，以及上海证券交易所上市的 A+H 股公司股票。港股通的股票范围是香港联合交易所恒生综合大型股指数、恒生综合中型股指数的成分股和同时在香港联合交易所、上海证券交易所上市的 A+H 股公司股票。双方可根据试点情况对投资标的范围进行调整。

这一制度设计的妙处在于，通过设置"两地证券机构 + 证券交易服务公司"这一中间转换器，在不改变两个市场基本制度的前提下，可以实现两者之间资金、利益的双向流动，满足两地投资者的投资需求。这一制度设计，为我国股市开放发展打开了新的更大的空间。

具体来说，沪港通就是"沪股通"+"港股通"。沪股通服务于香港投资者，投资者委托香港经纪商，经由香港联合交易所设立的证券交易服务公司，向上海证券交易所进行申报，买卖规定范围内的沪市股票；港股通服务于内地投资者，投资者委托内地证券公司，经由上海证券交易所设立的证券交易服务公司，向香港联合交易所进行申报，买卖规定范围内的港股。中间

转换器的设计既照顾到两个市场的既有体系，又照顾到两地投资者不同的习惯，十分务实。

考虑到人民币资本项目尚未实现自由兑换，国际资本可能跨市场套利流动，试点初期设定了两市每日沪港通交易的金额上限，还对内地个人投资者设定了证券账户及资金账户余额的最低门槛。

根据《关于沪港股票市场交易互联互通机制试点有关税收政策的通知》和《关于QFII和RQFII取得中国境内的股票等权益性投资资产转让所得暂免征收企业所得税问题的通知》，内地个人投资者通过沪港通投资香港联交所上市股票的转让差价所得，自2014年11月17日起至2017年11月16日止免征所得税；对内地企业投资者通过沪港通投资香港联交所上市股票取得的转让差价所得，计入其收入总额，依法征收企业所得税。对香港市场投资者（包括企业和个人）投资上交所上市A股取得的转让差价所得，暂免征收所得税。从2014年11月17日起，对合格境外机构投资者（QFII）、人民币合格境外机构投资者（RQFII）取得来源于中国境内的股票等权益性投资资产转让所得，暂免征收企业所得税。

深港通于2016年12月5日开通。深股通的股票范围是市值60亿元人民币及以上的深证成分指数和深证中小创新指数的成分股，以及深圳证券交易所上市的A+H股公司股票。与沪股通标的偏重大型蓝筹股相比，深股通标的充分展现了深圳证券交易所新兴行业集中、成长特征鲜明的市场特色。深港通下的港股通的股票范围是恒生综合大型股指数的成分股、恒生综合中型股指数的成分股、市值50亿元港币及以上的恒生综合小型股指数的成分股，以及香港联合交易所上市的A+H股公司股票。

中英双方已商定，就"沪伦通"制度展开商谈。"沪伦通"是指上海证交所和伦敦股票交易市场的互联互通。在沪伦通制度下，人民币可以输出到伦敦离岸市场，伦敦的人民币也可以回流到上海，而载体则是沪股、伦股。

相对于沪港通、深港通，沪伦通的体量更大，想象空间也更大。

伴随人民币硬通货地位不断提升、资本项目实现自由兑换，中国股市"全球通"的图景也将渐次铺开。

在股市互联互通制度下，中国内地投资者可以直接使用人民币投资境外市场，境外人民币资金也可以投资内地市场，这将显著提升人民币跨境使用的规模，提振人民币在国际市场的地位。伴随资金的互联互通，中国与相关市场的文化理念、制度安排、利益协调机制也将增进互联互通。

需要提醒的是，中国股市与亚洲主要市场乃至全球主要市场互联互通，是在以我为主、互利互惠的基础上的互联互通，是在确保我国经济金融安全，维护自身主权和发展利益基础上的互联互通。否则，就不会是公平合理的互联互通，学习借鉴也可能陷入"囫囵吞枣""邯郸学步"的窘境。

沪港通、深港通、沪伦通这些制度安排，都不是单向借鉴的机制，而是两个地区、两个市场相互借鉴、相互促进的机制。

相对于中国香港股市、英国伦敦股市，中国内地股市的游戏规则、产品链条、监管体系、文化理念等方面都相对落后，但作为一个有着庞大而强劲经济实体支撑的股市，其后发优势不可小觑；何况，历经近25年的风风雨雨，中国内地股市也已积累了相当多的实践经验。公有制占主导地位与散户众多这一内地市场特有的情况，还将在较长的时间内继续存在下去，股市不可能简单地搞制度替换；国际投资者需要认真对待这一现实。

在互联互通制度下，中国境内投资者和境外投资者相互参与各自的市场，必将促使双方在监管制度、交易机制、产品创新等方面相互借鉴，推动制度创新、理念创新。

97. A 股加入 MSCI 指数究竟有多重要？

> 与其他国际机构类似，MSCI 指数也是实行"又打又拉"政策：一方面，对内地股市提出"规范化要求"；另一方面，将海外上市中国概念股纳入相关指数，树立样板。对于 MSCI，既要在平等基础上积极参与，也不要被其绑架。

北京时间 2016 年 6 月 15 日，明晟指数（MSCI）宣布，继续推迟将 A 股纳入其新兴市场指数的决定。而根据此前的推算，如果 A 股以 5% 权重纳入 MSCI 指数，可能在未来一年吸引 1 400 亿元增量资金。

MSCI 是美国指数编制公司——美国明晟公司的简称。该公司编制的股权、固定资产、对冲基金、股票市场等指数，是跨国金融机构参与全球市场的重要桥梁。中国内地股市是否加入该指数，是开放程度高低的标志之一。

2016 年 2 月初，MSCI 公司就表示支持中国 A 股纳入 MSCI 新兴市场指数，但要求中国放宽市场管制。国家外汇管理局随即回应，将对合格境外机构投资者（QFII）外汇管理制度进行改革，增加 QFII 投资本金进出的便利性。主要的措施包括：1. 放宽单家 QFII 机构投资额度上限。2. 对基础额度内的额度申请采取备案管理。3. 对 QFII 投资本金不再设置汇入期限要求；将 QFII 投资本金锁定期从一年缩短为 3 个月，保留资金分批、分期汇出要求，QFII 每月汇出资金总规模不得超过境内资产的 20%。

2016 年 5 月 6 日，中国证监会表示，证监会相关法规认可"名义持有人"和"证券权益拥有人"的概念，QFII、RQFII 名义持有账户下的证券权益拥有人的权益应当由客户与资产管理人依法订立的合同界定，A 股市场账户体系支持 QFII、RQFII 专户理财证券权益拥有人所享有的财产权利。

5 月 27 日，沪深交易所发布有关上市公司停复牌的新规，严格控制停牌时限，并细化停牌期间的信息披露和延期复牌程序要求。此举增强了重组等停牌措施的透明度和可预测性。这两项措施也被看作对 MSCI 对中国股市改革要求的回应。

MSCI 等境外机构此前认为，中国内地股市的监管和公司治理"不完善"，是制约内地股市加入 MSCI 的重要因素。如监管方面，缺乏与《证券法》相配合，有关证券信用评级等方面的法律规定，监管法律的缺失会对提升国际投资者对 A 股的风险评价，从而对吸引国际投资者不利；在法律法规不完善的情况下，政府还会采取行政干预的手段来调节市场，增大了 A 股市场的政策风险；处于股票发行由审核制向注册制的过渡期，在海外投资者看来有一定政策不稳定性。再说公司治理方面，很多蓝筹公司国有股占比较高，公司经营目标不是简单的价值最大化，而是更为多元和复杂的目标体系。笔者认为，这些认识不一定正确，需要多做解释和说明工作。

在 2015 年 6 月，MSCI 就曾讨论是否将中国 A 股纳入其基准指数，但最终否决。MSCI 公司随后表示，只要与中国就内地股市可进入性相关问题达成协议，就会把中国内地股票纳入，但显然 MSCI 认为中国监管层所作出的改变还不够充分。

另一方面，与其他国际机构类似，MSCI 指数也是实行"又打又拉"政策：一方面，对内地股市提出"规范化要求"；另一方面，将海外上市中国概念股纳入相关指数，树立样板。

美东时间 2015 年 11 月 12 日，MSCI 公布了半年审核报告。14 家中概股首度纳入 MSCI 旗下的中国指数（MSCI China Index）和新兴市场指数（MSCI Emerging Market Index）。这 14 家公司分别是：58 同城、阿里巴巴、百度、京东、携程、网易、新东方、奇虎、去哪儿、搜房、唯品会、优酷土

豆、欢聚时代和学而思。

对于 MSCI，既要在平等基础上积极参与，也不要被其绑架，这才是根本之策。

98. MSCI 是一个什么性质的指数公司？

> MSCI 其实是美国提供的一种公共服务产品。MSCI 把中国 A 股纳入其中是大势所趋，不管是纳入还是不纳入，都不能简单地理解为中国股市是小弟弟，MSCI 等国际机构是老大哥，只有小弟听大哥的。双方互联互通，互相了解，才是完整的表述。

MSCI 是美国指数编制公司——美国明晟公司的简称，是一家股权、固定资产、对冲基金、股票市场指数的供应商，其旗下编制了多种指数。MSCI 指数是全球投资组合经理最多采用的基准指数。据 MSCI 估计，在北美及亚洲，超过 90% 的跨国机构持有的股本资产是以 MSCI 指数为基准的。追踪 MSCI 指数的基金公司多达 5 719 家，资金总额达到 3.7 万亿美元。

MSCI 其实是美国提供的一种公共服务产品。这款产品被 ETF 所普遍接受，这是因为，通过 MSCI 指数，投资者可以在相对较小范围的市场组合下，获得整个市场级别的分散投资效果。MSCI 指数的模块组合颇具便利性：MSCI 选取的发达市场构成了 MSCI 发达市场指数，选取的新兴市场构成 MSCI 新兴市场指数；选取的跨发展水平的国家地区又可以组合成不同的区域性指数，如亚太指数；在地区和国家内部，又可以根据行业、风格和规模等来划分至更详细的指数。

中国对海外投资者进入本国金融市场实行 QFII 和 RQFII 配额制度，外界希望进一步放宽限制。理由是，如果不放松准入门槛和日常管制，资金不能每日"自由出入"，将影响跨境资本的配置灵活度。从中国方面来说，欲获得跨国投资机构的认可，将中国股票纳入 MSCI 指数是重要一步。

即使加入 MSCI，初期也只有 5% 的份额，就像中国当初加入国际货币基金组织一样，初期比例不高，随后会加强参与度。MSCI 把中国 A 股纳入其中是大势所趋，这次没有纳入的原因是长期以来，国际资本市场相关的机构对中国股市，有一个互相认知、一定程度上相互博弈的过程。

作为一个发展中的市场，中国股市在监管的透明度、市场的规范化程度，包括上市公司的治理规范化程度，都已经取得了重大的进展。现在中国是全球第二大经济体，中国股市是全球第二大市值的股市，MSCI 不把中国A 股纳入其中，是不完整的，同时全球的机构投资者包括个人投资者，投资中国股市的愿望也是强烈的，因此目前的不能纳入，还是双方进一步磨合的过程，在不远的将来是会纳入的。

不管是纳入还是不纳入，都不能简单地理解为中国股市是小弟弟，MSCI等国际机构是老大哥，只有小弟听大哥的。双方互联互通，互相了解，才是完整的表述。外国机构和个人投资者进入中国股市，给我们带来有益的投资和管理经验；同时，他们也要了解中国，学习中国的一些管理经验。

99. 人民币国际化将如何影响股市？

> 人民币进一步国际化，就要加大资本市场开放力度，提高人民币在国际贸易结算中的比重。股市预期稳定、秩序稳定、价值中枢稳定，不仅对本土投资者有利，也可以满足境外投资者的投资需求。并且，股市稳定也是人民币汇率稳定的保障因素之一。

人民币国际化的含义包括三个方面：1.人民币现金在境外享有一定的流通度；2.以人民币计价的金融产品成为国际各主要金融机构包括中央银行的投资工具；3.国际贸易中以人民币结算的交易要达到一定的比重。其中最主要的是后两个方面。

人民币国际化是一个必然的趋势，但面对的阻力同样巨大。这一局面将对中国股市的发展产生深刻影响。

目前，人民币国际化可以做到的是"跨国使用"，还不能做到"跨国储备"，也不能担当"国际货币定价标准"；美元"一家独大""一家独霸"仍然是一个长期现实。

从国际使用来说，中国作为仅次于美国的第二大经济体，对外贸易和对外直接投资以人民币计价的比例已上升至30%左右；人民币已成为国际结算中的第五大支付货币，但比例仅为2.34%。人民币占全球外汇储备的比重仅为1%。

从中国在IMF中的地位来说，目前占6.394%的份额，较2015年12月19日改革前有所增长。而美国在IMF中占有17.69%的份额，且拥有一票否决权。2015 年 11 月 30 日人民币获准进入 SDR 篮子货币后，其所占的 10.92% 主要是替换了欧元、英镑的部分份额，美元和日元的占比没有很大变化。美元地位依然巩固。

即便如此，人民币入篮还是有用的，主要是可以在既有的国际货币体系当中"有限地施展拳脚"了。目前，中国已与 30 多个国家签署了货币互换协议，在所有大陆设立了人民币结算中心；全球超过 50% 的央行都开始持有人民币；中国人民银行对境外机构开放了银行间市场。

人民币进一步国际化，就要加大资本市场开放力度，提高人民币在国际贸易结算中的比重。

除了提高 QFII、RQFII 的额度，为合格境外投资者资金进出提供更大便利之外，沪港通、深港通以及拟议中的沪伦通也是资本项目进一步开放的重要渠道。MSCI 等全球指数即将把中国内地股票纳入其指数体系中，也会加大海外机构对中国股票资产的配置需求。

在此形势下，中国股市的稳定和透明是一个必须实现的目标。股市预期稳定、秩序稳定、价值中枢稳定，不仅对本土投资者有利，也可以满足境外投资者的投资需求。并且，股市稳定也是人民币汇率稳定的保障因素之一。

股票现货市场稳定运行，是开发以人民币计价的指数衍生品市场的基础。在 2015 年股市异常波动之后，境外一些交易所纷纷推出针对中国股市的指数期货和期权产品，表明市场需求在增加。当然，境外开发类似产品也会对中国境内股市带来某些影响，这就需要监管者统筹内外因素，做好自己的金融产品和市场开发工作，主动对外提供金融产品，掌握定价主动权。

在国际贸易支付结算方面，人民币大有可为，空间巨大。目前，人民币在亚洲地区国际贸易结算中的比例达到 33%，初步打开了局面。"十三五"期间，要推进"一带一路"战略，扩大人民币的支付和结算影响力。一个毋庸置疑的逻辑是，在全球贸易中提高人民币支付和结算能力，也深受本土资

本市场运行质量的制约。所以，必须把中国内地股市的稳定发展提高到重要战略层面来对待。

人民币国际化的进程加快，一个重要前提和基础就是以人民币计价的资产价格要总体稳定，无论股市还是楼市，都不应出现剧烈波动。如果股市和楼市出现剧烈波动，甚至出现趋势性下滑，无论境外投资者还是内部投资者都不会相信人民币。

为此，中国必须实现稳定经济增长，在保持适度增速的同时，加快调整结构的步伐。这样，才能保证经济稳定增长，逐步提高对全球贸易及金融市场影响力。

人民币于 2016 年 10 月 1 日正式加入特别提款权（SDR）货币篮子，而国际社会正进入多事之秋，"逆全球化"思潮有所抬头。维护人民币稳定，维护股市稳定，是必须要迈过去的坎。

亚洲基础设施投资银行已于 2015 年 12 月 25 日正式成立；2015 年 12 月 14 日，中国正式加入欧洲复兴开发银行，成为其股东。所有这些措施，配合人民币汇率机制改革和资本市场进一步开放，将促进人民币在跨国投资、国际结算等方面的应用。全球性机构配置人民币资产的比重将逐步提升。

中国应完善监管制度，贯彻落实《国家安全法》，促进人民币全球有序流动，同时维护好国家金融安全和整体安全。

100. 新华富时指数期货是怎么回事？

对于境外以中国股市为背景的期指交易究竟对中国股市有何牵引作用，有不同的认识；但在中国境内从事股票交易的 QFII、RQFII 以及部分境内机构参与其中，并将其作为对冲工具之一，是没有什么疑问的。

股指期货已是全球广泛交易的金融产品，发挥着规避价格风险、发现价格和提高资金配置效率的作用。总体看，股指期货是以股票现货市场为基础的；但是，在特定的条件下，股指期货也有脱离现货市场基础，反向影响现货市场预期的作用。如果监管不到位，市场主体自我约束缺失，也会造成投机盛行的局面。

有报道说，在中国监管层于 2015 年 9 月整顿股指期货交易之后，部分投资者转移境外，参与以中国境内上市股票为样本股的新加坡 A50 股指期货，A50 品种的持仓量和成交量均大幅提高。虽然报道所提到的情况还需要查验，但与中国境内股票挂钩的境外股指期货产品却的确另有一番风景。

早在 2010 年 4 月中国推出股指期货之前，就有国内如果不搞股指期货市场，可能被境外股指期货市场掌握主动权的说法。先于中国境内推出以中国境内股票为标的的股指期货产品，并开展交易的，以新加坡交易所和美国纽约交易所最具代表性。

"新华富时中国 A50 指数"以中国 A 股市场市值最大的 50 家公司为样本，其总市值占 A 股总市值的 33%，以它为基础的股指期货被视作较佳的对冲工具。新华富时 A50 指数期货（Sgx Ftse China A50 Index Futures Contract）

于 2006 年 9 月 5 日在新加坡交易所上市。一些机构运用新华富时中国 A50 指数期货配合美元兑人民币离岸外汇期货，对冲中国境内股票市场风险。

新加坡交易所为吸引投资者和投机者，设置了相对低的参与门槛。有市场人士认为，在新加坡市场交易的新华富时中国 A50 指数期货不会对中国国内市场形成实质上的引导机制；但随着 QFII 额度的增加，人民币资本项目的逐步放开，情况会发生变化。也有分析认为，新加坡市场规定，早市晚收盘以及增加额外交易时段，目的正是增加新华富时 A50 期指对沪深 300 期指的引导和影响。

统计数据显示，2015 年 A50 日均成交量达到 44.1 万手，同比增长 164%。2015 年 6 月 26 日，中国股市剧烈下跌，新加坡市场的 A50 股指期货的成交量达 153.1 万手，创下历史新高。2015 年日均持仓量达到了 58.9 万手，同比增长超 60%。9 月，在中国收紧股指期货交易后，新加坡 A50 当月期指合约日均成交量相当于沪深 300 期指当月合约日均成交量的 10 倍。

"新华富时中国 25 指数"涵盖在中国香港上市的 25 种最大、最具流通性的 H 股及红筹股，总市值约为 2 410 亿美元。2007 年 5 月 20 日，芝加哥商品期货交易所推出了追踪新华富时中国 25 指数的"E 迷你新华富时中国 25 指数期货"（CME E-mini futures on the FTSE/Xinhua China 25 Index）。

2007 年 11 月 8 日，"超短新华富时中国 25 指数基金"（ProShares Ultra Short FTSE/Xinhua China 25 ETF）在美国纽约证券交易所挂牌交易。该基金和期货产品迎合了当前众多看空中国的心理，为投资者提供了一种对冲的手段而已。

"E 迷你新华富时 25 指数期货"是专门针对亚洲人的投资能力设计的，并且由于该期货标的与中国股市具有高度联动性，吸引了 QFII、RQFII 以及中国市场上的各类机构投资者。

有分析师指出，"新华富时 A25 指数 ETF"与"E 迷你新华富时中国 25

指数期货"对境内股指有一定影响。

对于境外以中国股市为背景的期指交易究竟对中国股市有何牵引作用，有不同的认识；但在中国境内从事股票交易的 QFII、RQFII 以及部分境内机构参与其中，并将其作为对冲工具之一，是没有什么疑问的。境内一些机构将境外期货市场走势作为风向标，也是一个事实。

而事实上，境外跟踪中国股市的衍生品交易有进一步发展的趋势。据彭博新闻社 2015 年 6 月 18 日提供的数据显示，美国最大的跟踪人民币计价股票的 ETF 的做空意愿已经升至流通股数的 16%，创下历史纪录，空单比上一个月翻番。交易员上周从追踪中国 A 股的 ETF Deutsche X-trackers Harvest CSI 300 China A-Shares ETF 中撤出了 2.58 亿美元的资金，创下 2013 年该基金开创以来的纪录。

2015 年 10 月 12 日，芝加哥商品期货交易所又推出了"E 迷你富时中国 50 指数期货"，追踪在香港地区上市的 50 只中国概念蓝筹股。

经济预测

101. 混合所有制改革给股市带来哪些机遇？

> 国有资本和非国有资本结合之后，形成多元化的相互制约，经营决策更加贴近市场，从整体上提高社会资源的运营效率。投资者可以在龙头上市公司中寻找标的。

混合所有制改革从 2014 年就开始试点，经过 2015 年、2016 年的试点，思路更加清晰，政策也更加成型，2017 年将在更大范围内展开。具体说，要在电力、石油、天然气、铁路、民航、电信、军工等领域选择 7 家企业或项目实行混改。

股票市场是多元化资本共同参与、互相监督、互相制约的平台，是最透明的定价和交易平台。无论是国有控股上市公司出让股权，还是非国有资本参股国有企业，通过股市交易都是最好的方式。

国有控股上市公司将是混改的主体，通过向民营资本转让一定比例的股份，实现股权多元化，有利于提高决策科学性，有利于市场化运营，也有利于促进社会公平。当然，不同所有制资本并不是为混而混，不是把原来 20% 的非国有资本比例提高到 25% 或者 30% 就好了，而是国有资本和非国有资本结合之后，形成多元化的相互制约，经营决策更加贴近市场，从整体上提高社会资源的运营效率。如果混改不能提升效益，不能促进企业长远发展，就不算是成功的混改。

混合所有制改革的根本，在于提升董事会等的决策机制，提升管理团队的运营效率，建立和完善现代化的管理体制。混改的本质是实现重点行业

产能、技术和管理的大范围、大规模的重构，提升中国重点行业的全球竞争力。

混改将催生三大类重组案例，一是在严重过剩行业的重组，主要在煤炭、钢铁、水泥、玻璃等领域。中央企业将作为行业龙头率先进行整合，提高产业集中度。二是在产能重复建设并在国外恶性竞争行业的重组，主要在钢铁、煤炭、建筑和造船等领域。三是通过行业改革带动上下游企业的行业重组，主要在盐业、电力和油气领域。

投资者可以在龙头上市公司中寻找标的。

102. 如何看待"大趋势四个没有变" 和"当前突出矛盾"？

> 我国经济发展长期向好的基本面没有变，经济韧性好、潜力足、回旋余地大的基本特征没有变，经济持续增长的良好支撑基础和条件没有变，经济结构调整优化的前进态势没有变。在我国经济达到一定规模之后，转型升级的任务就更加迫切。必须抓紧时间，促进经济从粗放向集约、从简单分工向复杂分工的高级形态演进。

由于改革开放 38 年来，经济增长速度较快，补偿性发展、投入性发展、扩张式发展成为主要模式，长期积累下了一些结构性、体制性、素质性的矛盾和问题。尽管如此，我国经济发展长期向好的基本面没有变，经济韧性好、潜力足、回旋余地大的基本特征没有变，经济持续增长的良好支撑基础和条件没有变，经济结构调整优化的前进态势没有变。

以上"四个没有变"是指总体性、趋势性的判断；按照辩证唯物主义的观点来看，"四个没有变"的内涵、条件、结构、样式也都发生了一些变化。

消费需求方面，过去我国消费具有明显的模仿型排浪式特征，现在个性化、多样化消费渐成主流，保证产品质量安全、通过创新供给激活需求的重要性显著上升。投资需求方面，传统产业相对饱和，但基础设施互联互通和一些新技术、新产品、新业态、新商业模式的投资机会大量涌现。出口和国际收支方面，我国低成本比较优势不再，必须加紧培育新的比较优势。生产能力和产业组织方式方面，传统产业供给能力大幅超出需求，新兴产业、服务业、小微企业作用更加凸显。生产要素相对优势方面，劳动力要素的规模驱动力减弱，经济增长将更多依靠人力资本质量和技术进步，必须让创新成为驱动发展新引擎。市场竞争特点方面，过去主要是数量扩张和价格竞争，现在正逐步转向质量型、差异化为主的竞争。资源环境约束方面，环境承载能力已经达到或接近上限，必须推动形成绿色低碳循环发展新方式。经济风险积累和化解方面，伴随着经济增速下调，各类隐性风险逐步显性化，必须标本兼治、对症下药，建立健全化解各类风险的体制机制。资源配置模式和宏观调控方式方面，既要全面化解产能过剩，也要通过发挥市场机制作用探索未来产业发展方向。

在这些"变"与"不变"当中，我们要抓住主要矛盾。近期要着重解决"四降一升"的问题，即经济增速下降、工业品价格下降、实体企业盈利下降、财政收入增幅下降、经济风险发生概率上升。

综合研判，"四降一升"问题主要不是周期性的，而是结构性的。比如，如果产能过剩这个结构性矛盾得不到解决，工业品价格就会持续下降，企业效益就不可能提升，经济增长也就难以持续。目前，我国相当多的产能是在世界经济增长黄金期面向外需以及国内高速增长阶段形成的，在应对国际金融危机冲击中一些产能又有所扩大。由于国际市场增长放缓已成常态，仅仅

依靠刺激国内需求难以解决产能过剩问题。

在我国经济达到一定规模之后，转型升级的任务就更加迫切。必须抓紧时间，促进经济从粗放向集约、从简单分工向复杂分工的高级形态演进。唯有如此，才能把我国经济持续增长的良好支撑基础和条件利用起来，把经济巨大潜能和强大优势发挥出来。

103. "去产能"对股市有何影响？

> 去产能要尽可能多兼并重组、少破产清算，同时要做好职工安置工作。这就要适当发挥资本市场的作用，优质上市公司可以在兼并重组、企业改造等方面助一臂之力。

"去产能"其实也是"调产能"的过程，并非把多余的产能都消除掉，而是压缩一部分、转移一部分、升级一部分。对投资者来说，由于去产能的主要对象是中小型企业，需要考虑这方面的风险，应当优选中高等级的国有控股企业投资。

2016年至2018年，是中国消化过剩产能的歼灭战阶段。作为去产能主力军，2016年央企化解钢铁过剩产能1 019万吨，化解煤炭过剩产能3 497万吨，完成398户"僵尸企业"和特困企业的处置和治理工作。今年将继续加大供给侧结构性改革力度，2017年央企要化解钢铁过剩产能595万吨、化解煤炭过剩产能2 473万吨，且有色金属、船舶制造、炼化、建材和电力等五大产能过剩行业开展去产能工作。此外，2017年还将完成300户"僵尸企业"处置任务，完成 500 户特困企业专项治理。

笔者认为，对绝对过剩的产能要壮士断臂。而对于有些结构性过剩产能，即"低端过剩、高端不足"，要区别对待，对于其中有产品市场、需求旺盛的好企业，要扶持其转身。不能一刀切式地"限贷""断粮"。还有一些产能过剩只是相当于国内市场而言的，如果将我国周边市场考虑进去，就不一定过剩，而且可以为周边市场补上短板。

为化解过剩产能，将采取多种手段，包括：运用行政手段关闭"僵尸企业"；与国企改革相配合，发挥资本市场的作用，加快兼并重组的步伐；构建包括财政、金融、社保等在内的配套政策；改革资源品价格形成机制，发挥价格信号和市场对产能过剩行业的调整与出清功能；政府部门将改善产业政策的管理；加大逆周期政策，为去产能提供相对稳定的经济环境。

去产能要尽可能多兼并重组、少破产清算，同时要做好职工安置工作。这就要适当发挥资本市场的作用，优质上市公司可以在兼并重组、企业改造等方面助一臂之力。同时，为配合兼并重组和特定企业改造转型，可以对作为兼并方的上市公司给予税收和金融方面的政策支持。

按照"严格控制增量，防止新的产能过剩"的要求，落后企业的减少，可以使优质上市公司获得更多可调度的市场资源，开辟更大的市场空间。

目前有一种担心，认为去产能会制约经济增长，不利于稳定股市预期。笔者认为，对此要辩证来看，如果去产能继续拖下去，会巩固错配的资源格局，会形成尾大不掉之势；目前果断出手，反而有利于提高资源配置效率，提升投资者信心。

我国企业通过多年持续改革，市场化程度已经大大提高。民营企业登记注册、就业模式已非常灵活，相应的社会保障制度已比较健全。这为处理企业关闭、破产、兼并创造了良好的制度基础。对于机制相对不够灵活但需要处置的部分国有企业，可以采取必要的托底政策。所以，去产能不会造成人

员大范围失业的局面，也不会造成社会动荡局面。

据测算，如果每年消化过剩产能的 10%，可能拖累增长 0.6 至 0.7 个百分点，这一比例对就业的影响不大。同时，因去产能导致的经济增长减量，可以通过启动新兴产业、新增长动力来"补位"。

104. "去杠杆"对股市有何影响？

考察中国经济和企业的负债率、杠杆率问题，既要看国际上的一般经验，也要看本国具体实际；就国内不同地区、不同行业来说，也有很多不同的情形。负债压力大不大，杠杆率高不高，关键还是看生产效率如何。

对于债务压力的大小，一般可从赤字率、负债率和债务率三个角度来看。赤字率是一年中政府赤字与当年 GDP 的比率，负债率是当年政府债务余额与 GDP 的比率，而债务率则是当年政府债务余额与可支配财力的比率。国际上对于这些指标有一些大致认可的警戒线。如欧盟对赤字率的要求是不超过 3%。美国各州政府负债率的上限是 13% 至 16%；加拿大则不允许地方政府负债率超过 25%。从债务率角度来说，各国一般规定地方政府的债务率不得超过 100%。

以上是对于债务压力的一般性看法。但在实际经济运行中，由于各国发展阶段不同，经济结构不同，可动用的国际国内资源不同，债务压力也有不同的尺度。不过总体上，上述尺度依然可以当作重要的参考。

目前，关于中国政府部门和企业部门高负债的概念化炒作很多，但不同机构拿出的数据差异较大。我国财政赤字总体上处于安全范畴，在此不过多讨论。以下着重探讨政府和企业负债率。

从政府负债率来看。按照公开统计数据计算，2015 年中央和地方债务余额约为 26.2 万元，除以当年 GDP 总额，总负债率是 38.7%，不算很高。但地方政府负债率达到 23.6%，高于美国地方政府 13%—16% 的负债率上限，也接近加拿大的 25% 上限。同时，有人估算地方政府的债务率超过 100%。

但 2015 年 8 月中国社会科学院发布的《中国国家资产负债表 2015》报告（由国家金融与发展实验室理事长李扬等人负责）认为，2008 年至 2014 年，政府部门的负债率从 40.6% 提高到了 58%。该报告还认为，2014 年末中国经济整体（含金融机构）的债务总额为 150.03 万亿元，负债率从 2008 年的 170% 上升到 235.7%；剔除金融机构后实体部门（政府、非金融企业、个人家庭等）的债务规模为 138.33 万亿元，负债率从 2008 年的 157% 上升到 2014 年的 217.3%。其中，非金融企业部门从 98% 提高到 123.1%。

2015 年 8 月，国际货币基金组织（IMF）发布中国经济评估报告，其在经过一系列复杂的推演后认为，中国地方政府债务在 2015 年末将会占到 GDP 的 45%。到 2020 年，中国包括政府部门和企业部门的实际债务总额占 GDP 的比重将升至 250%。

报告发现，中国债务率的提高主要归因于非金融机构部门和政府部门。2014 年末，中国实体部门（不含金融机构）的债务规模为 138.33 万亿元，实体部门杠杆率为 217.3%；而中国经济整体（含金融机构）的债务规模为 150.03 万亿元，全社会杠杆率为 235.7%。

笔者注意到，中国社科院报告提出的数据被广泛引用。

对于政府负债率问题，也有人提出完全相反的意见。2015 年 12 月 14 日，全国工商联副主席林毅夫在一次会议上表示，中国中央政府与地方政府加

起来的负债率只占国内生产总值的 56%，而一般发达国家、发展中国家的负债率都超过 100%，利用积极财政政策的空间比其他国家大得多。2015 年 11 月 6 日，财政部副部长朱光耀表示，2015 年全球面临 2009 年以来最为严峻复杂的经济形势，3% 的赤字率、60% 的负债率标准是不是绝对科学，值得探讨。他认为，这两者的僵化"不利于经济增长和改革"。

笔者认为，考察中国经济和企业的负债率、杠杆率问题，既要看国际上的一般经验，也要看本国具体实际；就国内不同地区、不同行业来说，也有很多不同的情形。负债压力大不大，杠杆率高不高，关键还是看生产效率如何。

当前，重点要放在过剩产能领域的高负债和高杠杆问题上。一些老大难企业，过剩产能积压，债务负担沉重，不仅其自身效率低下，还占用宝贵的生产资源，拖累其他相关的企业。因此，去杠杆与消化过剩产能是紧密联系的。要勇敢地割除这些肿瘤。将自身"造血"能力不强的企业出清，让资金、劳动等要素流向盈利能力强的新兴产业，这个过程中就是提高经济质量的过程。

针对中国具体情况，去杠杆应该采取"空中加油"方式，即在负债端减少存量债务，控制新增债务；在资产端增加权益的资产项，逐步建立一个相对科学完善的债务生命周期管理的市场机制。如此，可将对整体经济运行的影响降到最低限度。反之，保持经济增速在 6.5% 左右，也是控制和化解高杠杆率的基本条件。

毫无疑问，降低杠杆率需要推进多层次资本市场建设。要显著提升直接融资特别是股权融资的比重。在继续改革股票定价机制的基础上，要积极引入优先股模式，将部分商业银行债务、部分财政投资转变为优先股。要大力推进混合所有制改革，采取一系列积极政策，鼓励优质上市公司参与盘活存量，化解产能过剩。要使"僵尸企业"平稳退出。

从地方政府方面来说，应当继续推进地方财政和地方融资机制改革，进一步厘清公共服务和企业行为的关系，完善厘清中央政府和地方政府在公共服务中的分工协作机制。

"去杠杆"与"加杠杆""优化杠杆"要协调推进，这才是真正的改革。在一些亟待发展、有发展空间的领域需要加杠杆，比如"一带一路"投资、制造业升级、现代服务业等。

105. 股市将对"补短板"发挥什么作用？

> 股市作为资金融通平台和机制改革平台，可以发挥公平定价、支持创新、优化要素配置、并购重组、强化社会监督等作用，对补足经济发展短板和民生需求短板十分重要。

供给侧结构性改革要求"补短板"，那么，"短板"在哪里？

主要体现在两个大的方面：一是民生需求方面，就业、脱贫、教育、收入差距、医疗、养老等方面；二是经济动力方面，主要是创新驱动不足，人才结构性不足，基础设施不足，资源能源供给不足。两个方面相互交织，概括起来，就是有效供给不足。

从就业来说，目前部分劳动者就业质量还处在相对较低的水平，主要是脆弱就业群体和不稳定就业群体占比大；总体劳动报酬水平仍然偏低，在初次分配中的比重不高；劳动者权益保障方面问题仍然突出。从减少贫困人口来说，按照2014年现价2 800元的脱贫标准，2014年末全国还有7 017万

农村贫困人口。从教育投入来说，2012年至2015年，我国财政性教育经费占国内生产总值比例均保持在4%以上，但仍然偏低。推动义务教育均衡发展，全面提高教育教学质量的任务还较重。从居民收入差距来看，需要进一步调节和改革。要坚持居民收入增长和经济增长同步、劳动报酬提高和劳动生产率提高同步，持续增加城乡居民收入。从社会医疗保险制度改革来看，还有很多不尽人意之处。社会医疗保险覆盖范围狭窄、多层次的医疗保障体系尚未真正形成、医疗卫生体制改革与医疗保险制度改革不配套、政府对医疗资源投入不足。从养老事业来看，到2020年全国老年人口将达2.48亿，老龄化水平为17%。养老服务体系亟待完善。

补短板，要从以下方面入手：1.打好脱贫攻坚战，加大资金、政策、工作等投入力度，提高扶贫质量。2.支持企业技术改造和设备更新，降低企业债务负担，创新金融支持方式，提高企业技术改造投资能力。3.培育发展新产业，加快技术、产品、业态等创新。4.补齐软硬基础设施短板，提高投资有效性和精准性。5.加大投资于人的力度，使劳动者更好适应变化了的市场环境。6.抓好"三农"，保障农产品有效供给，保障口粮安全，保障农民收入稳定增长，加强农业现代化基础建设。

从国家战略来看，2016年将聚焦"一带一路"战略、京津冀协同发展、长江经济带建设和国际产能合作四大方面。从资金投入看，既要保障民生改善，投资重点是保障性安居工程、脱贫、粮食、水利、中西部铁路、生态建设、教育、医疗、养老、文化等领域；又要促进新旧动能转换，加快产业转型升级，投资重点是改造提升传统制造业，推进信息软件、生物医药、高端装备等新兴产业，优化区域布局和城市治理，升级国内市场和对接国际市场。

股市作为资金融通平台和机制改革平台，可以发挥公平定价、支持创新、优化要素配置、并购重组、强化社会监督等作用，对补足经济发展短板和民生需求短板十分重要。要大力发展多层次资本市场，将资本市场发展与经济发展的需求切实统一起来。

106. "降成本"对股市带来哪些好处？

> 降低企业运行成本，对于大多数上市公司而言是利好消息。对公共服务领域的部分上市公司构成阶段性利空，不过，由于"降成本"可以改善整体经济运行环境，提升经济质量，长期而言，这些公司也将最终受益。

国家统计局发布的数据显示，规模以上工业企业每百元主营业务收入中的成本，2012 年以来一直维持在 85 元左右的高位，2015 年 1—11 月为 85.97 元，同期企业利润率仅为 5.57%。降低实体经济的运行成本，必须打出"组合拳"，必须使政策"实打实"落地。

为此，一要降低制度性交易成本。政府要简政放权。2013 年以来，中央政府已多次取消和下放行政审批事项，特别是改革优化商事制度，极大激发了创业热情。但阻碍市场活力的行政审批、行政管制仍然存在。同时，要下大力气清理规范中介服务。目前，一些变相的"行政性中介"依然存在。

还应当实施"宽准入"政策，目前我国服务业已成为经济增长的最强劲动力，但发展成本较高，金融、养老、医疗等行业还面临市场准入障碍，要逐步放开准入。

二要降低企业税费负担，进一步正税清费，清理各种不合理收费，营造公平的税负环境，研究降低制造业增值税税率。

目前，制造业增值税最高档税率为17%，一般企业所得税税率为25%，尽管不能简单地将两者相加，得出税负畸高的结论，但实际税负再加上各种收费，企业的综合税费负担还是比较重的，应当采取措施减负。可以将增值税的四档归并为三档，取消13%一档；对于进项税额大于销项税额形成的留抵税额，超过4个月不能够抵扣的，可考虑予以退税；可降低五险一金上缴比率。

但在经济增长减速时期，财政收支压力也较大，减税需要长短结合，综合考虑。中央已确定，阶段性提高财政赤字率，在适当增加必要的财政支出和政府投资的同时，主要用于弥补降税带来的财政减收，为进一步减税降费提供空间。

三要降低社会保险费，研究精简归并"五险一金"。

2015年，中央已经下调了失业、工伤和生育保险的费率。不过，在全国绝大部分地区，"五险"的总费率仍为企业工资总额的39.25%。其中，企业负担为28.25%，个人负担为11%，企业社保负担较重。

2016年，有21个省区市符合降低企业养老保险费率条件，其中19个省区市下调了企业养老保险费率，部分地区降低了失业保险个人费率。2017年6月底前，将在河北邯郸等12个试点地区启动生育保险和职工基本医疗保险两项保险合并实施工作，试点期限为1年左右。

在降低企业缴纳社会保险费的同时，要用公共财政尤其是用国有资产划拨和国有企业分红来支持社保。政府必须过紧日子，要压缩"三公"经费，为补贴社保基金留出空间。

四要降低企业财务成本，金融部门要创造利率正常化的政策环境，为实体经济让利。

在企业内部加强成本管理，提高金融化水平的同时，要进一步完善金融市场体系，扩大直接融资比重，解决好直接融资和间接融资的平衡问题。要补足中小微金融机构的短板，让不同规模、不同行业的企业有对口的融资渠道。要完善多层次的资本市场，丰富金融产品。加强协同监管，促进市场有序充分竞争。

五要降低电力价格，推进电价市场化改革，完善煤电价格联动机制。对公共服务类领域，要通过限定合理利润的方式，对相关企业主体进行规范。从 2016 年 1 月 1 日起，我国一般工商业销售电价全国平均降低每千瓦时约 3 分钱。

六要降低物流成本，推进流通体制改革。

具体办法包括：降低道路交通成本，推广标准化设施设备的应用，提高商贸物流信息化水平，创新物流组织配送模式。目前，一些地方政府通过回购将部分高速公路免费提上了日程。

降低企业运行成本，对于大多数上市公司而言是利好消息。对公共服务领域的部分上市公司构成阶段性利空，这是因为，银行、保险以及电力、高速公路等上市公司需要减少收费或让出部分收益。不过，由于"降成本"可以改善整体经济运行环境，提升经济质量，长期而言，这些公司也将最终受益。

107. 企业税费负担可以从哪些地方减？

可适当简化增值税税率，研究决定将增值税的 13% 归并为 11%；下大力气取消地方政府行政性收费和各种名目的基金；通过电力体制改革和相关改革，将用能成本在 2016 年基础上减少 15%。

2016 年 12 月中旬，有关福耀玻璃集团董事长曹德旺到美国办厂，指"中

国制造业的综合税负比美国高35%"的文章、评论不断刷屏。虽然个别媒体的炒作不够专业,存在计算上的错误,但的确触及了企业的"痛点"。

个别媒体的偏差在于,简单地将我国制造业增值税最高档税率17%与企业所得税25%相加,得出中国税率全球最高的说法。其实,名义税率是一回事,实际税负则是另一回事,毕竟,增值税不像营业税那样以业务收入总额为基础纳税,而是以销项税抵扣购进环节的进项税后的差额缴税。再如,把土地成本、能源成本、人工成本计入税负,也是不符合会计准则的。

不少企业家认为制造业税负高,其实是多因素交织导致的痛感。包括经济下行背景下企业杠杆率加大,居高不下的制度性成本,税收之外的行政性收费和政府性基金等刚性增长。针对性地拿出对策,降低企业税负,是大有文章可做的:

2017年,可适当简化增值税税率,研究决定将增值税的13%归并为11%;对于进项税额大于销项税额形成的留抵税额,超过4个月不能够抵扣的,可考虑予以退税;下大力气取消地方政府行政性收费和各种名目的基金;将"五险一金"为主的人工成本降低10个百分点,养老金缺口可通过提高央企收益上缴比例和国资划拨社保账户补足;增加就业市场的灵活性,平等保护企业家和劳动者双方权益,改变目前"员工可以炒企业、企业难以炒员工"的现象;通过电力体制改革和相关改革,将用能成本在2016年基础上减少15%;着力降低物流成本,逐步修改"贷款修路,收费还贷"的公路建设模式,规范收费公路管理,降低收费标准,不能听任公路收费政策长生不老,继续推高物流成本与社会成本。

108. 如何看待"房地产绑架经济论"?

导致房价长达 20 年上涨、近 10 年暴涨的核心原因有两个：一是保障房制度仍是短板。二是土地供应还没有做到市场化。我国的房地产市场处于相对高潮时期，美国等发达国家的房地产处于相对低潮时期，要充分认识这个差异。应当结合中国的实际情况，对房地产开发的统计口径做一些理性的梳理。

2016 年 8 月，全国重点城市房价再度暴涨，政府重新举起了限购、限贷等调控的拳头，给"脱缰的房价"降温。与以往不同，这一次主要是各地政府出手，中央并没有宣布全国性的调控措施。随着各地限购令出台、贷款收紧，多地房产成交量骤降。

笔者认为，高房价是中国经济发展到一定阶段的必然产物，是"迫不得已的选项"，躲是躲不开的。试图通过人为手段控制房价，不仅难度相当大，而且可能酝酿更大风险。

很多人认为，高房价是投机资金使然，所以要收紧货币供应。其实不然，货币流向哪里，主要是受利益驱动。如果房地产价格上涨预期呈刚性，那么，货币供应紧也不能阻挡"趋利的货币"。货币政策不是推高房价的核心因素，而只是跟随因素。货币政策应着眼全社会供需平衡，如果只针对房地产行业施策，不仅会事倍功半，还会伤及房地产上下游产业。

导致房价长达 20 年上涨、近 10 年暴涨的核心原因有两个：一是保障房制度仍是短板。我国究竟建造多大比例的保障房才是适宜的，需要认真加以论证，但有一点是相对确定的——保障房比例偏低，且其分布不合理。不少

城市把保障房建在"三不靠"的地方，把低收入人群"赶往"城市边缘，这样的政策是很不当的。调查发现，北京中心城区其实也存在大量的贫民窟式的低收入者聚居区。二是土地供应还没有做到市场化。地方政府靠掌控土地供应闸门维持房价只涨不跌，是人所共知的事实。

要解决高房价和房价过快上涨问题，首先应当把影响市场供需的这两个突出矛盾解决掉。这两个基础性制度问题不解决，房地产市场可能会"永无宁日"。毫无疑问，过高的房价已导致社会资本过度流入房地产行业，不利于各大产业部类协调发展，必须采取措施加以疏导，将聚集于房地产行业的利润分流到相关上下游产业中去。而不应采取简单的打压政策。

对于衡量房价合理与否的标准问题，一定要保持清醒头脑。西方发达国家一般把房价收入比作为衡量房价是否合理的常用标准，通常在3—6之间。也有专家提出房价涨幅高于CPI涨幅、低于GDP涨幅即为合理。笔者认为这两种说法都是纸上谈兵。由于我国房地产基础制度的不完善，这两种方法都不能完全适用。目前需要测算我国不同地区所需保障房的大体合理比例。同时，要真情实意地满足这些需求。

同时，要把房价问题放在"经济制度整体设计"中去考虑，否则将一误再误。必须使住房回归到第一属性即居住属性，需要下决心恢复公租房制度，大力完善保障房制度。

地方政府应该规划安排好普通商品房、保障房的用地，真正处于公心，把房地产供应结构调整过来。地产商是否购地，花多大代价购地，本质上是市场问题。当地产商认为购地无利可图时，自然会止步。

我们还应当认识到，任何一个产业没有房地产的配合，几乎都是不可能的。开工厂、开商店、办学校、办医院、办旅游都需要房地产，不单单是居住才需要房地产。我国的房地产市场处于相对高潮时期，美国等发达国家的房地产处于相对低潮时期，要充分认识这个差异。我国是一个发展中国家，房地产和基础设施建设快于西方发达国家，投资比重高于它们，是正常的。应当结合中国的实际情况，对房地产开发的统计口径做一些理性的梳理，否则，就会陷入"房地产过热""房地产绑架经济"这样一个认识和管理的怪圈当中。

109. 人民币汇率贬值还是升值？

> 从本质上说，扰动人民币汇率的最主要因素是中美关系，而中美关系主要体现在中美贸易关系上。人民币汇率如何波动，归根结底是中美贸易能不能达致一个平衡。这个问题解决好了，人民币对美元汇率就会处在一个可管理的区间；否则就会出现较大的问题。

北京时间 2016 年 12 月 15 日凌晨，美联储宣布上调利率 25 个基点到 0.5% 至 0.75% 的水平，这是美联储继 2015 年 12 月 16 日之后的又一次加息。前后相距一年。

美联储每一次加息，都对全球金融市场、全球各主要货币的汇率带来一些冲击。美元加息的目的，就是促使非美地区的美元回流到美国，对新兴国家经济形成"抽血效应"。2008 年国际金融危机之后，美国推行长达 5 年的超低利率政策，对内"涵养"经济，对外转嫁危机。在其经济稳定之后，反手加息，对新兴经济体"剪羊毛"。但是，客观来说，美元加息路上多坎坷——其 20 多万亿美元的庞大债务规模，如乱石一样挡住了加息的快车道。

美国总统特朗普为振兴本土制造业，开出了大幅度减税的支票，希望促

使美国企业家将境外生产业务搬回美国本土。但笔者认为，这个变化不可能一夜间完成，甚至三五年也无法完成。

在全球经济一体化背景下，资金和资源的流动必然会随着"超大经济体"的汇率、利率、税率以及其他成本等的变化而变化。目前美国和中国是全球第一大和第二大经济体，两国货币政策、汇率政策都对全球有重大影响。中国作为一个新兴而庞大的市场，各项产业配套能力处于全球优秀之列，这就导致中国市场对全球资本具有很强的、持久的吸引力。因此，人民币在美元加息条件下继续保持相对稳定的汇率，是有市场厚度支撑的。

2016年，人民币对美元贬值较大，但对一篮子货币汇率几乎走平。这说明人民币贬值主要是美元走强的被动结果。美元指数从年初的99到年末的103，水平值只上涨了4%，但人民币却贬值7%。可见人民币贬值并非完全基于美元指数绝对值变动，而是只要美元波动就出现贬值。为此，2017年要高度关注美元波动情况，采取必要的稳定措施。

笔者认为，基于中国经济发展的基本面，美元波动对人民币的下拉作用会趋弱，市场预期会趋于平稳。人民币对美元汇率短期可能触及7.2，但在7附近企稳是大概率事件。

从本质上说，扰动人民币汇率的最主要因素是中美关系，而中美关系主要体现在中美贸易关系上。所以，笔者认为，人民币汇率如何波动，归根结底是中美贸易能不能达致一个平衡，或者说中美在贸易合作上能不能真诚相待，真正互利互惠。这个问题解决好了，人民币对美元汇率就会处在一个可管理的区间，否则就会出现较大的问题。虽然中美贸易面临重新平衡，但双边继续合作是大方向，也将是最终结果。人民币对美元汇率双向波动是必然的，人民币不存在中长期持续贬值的基础。

汇率机制改革方面，仍将坚持以市场供求为基础，参考一篮子货币，实行有管理的浮动汇率机制。首先是根据市场供求关系，同时，不能百分百地使用有效市场假设，市场有时会呈现缺陷，被投机力量或短期情绪及"羊群效应"所支配，人民币浮动汇率体制仍是要有管理的。央行表示，有管理的浮动汇率机制改革需要相对较长时间去实现，"有窗口时就要果断推进，没窗口时不要硬干，可以等一等，创造条件"。

目前人民币的汇率形成机制已经不是盯住美元，但也不是完全自由浮动。在可预见的未来，加大参考一篮子货币的力度，即保持一篮子汇率的基本稳定，是人民币汇率形成机制的主基调。更加成型的对一篮子货币的参考机制，将涉及一系列安排，包括引导市场测算保持一篮子汇率稳定所要求的汇率水平，要求做市商在提供中间价报价时考虑稳定篮子的需要，以及央行在进行汇率调节时维护对篮子稳定的策略。实施这种形成机制的结果，将是人民币对一篮子货币的汇率的稳定性不断增强，而人民币对美元的双向波动则会有所加大。

110. 股市如何搭上创新战略的快车?

> 股市具有优化资源配置的功能，是支持和服务社会资本投入创新活动的重要平台。在支持科技成果转化、中小企业创新、新兴产业培育的同时，也必然吸纳创新活动的积极成果，实现自身更优更强的发展。

2016 年 5 月 19 日，中共中央、国务院印发《国家创新驱动发展战略纲要》，提出了创新驱动"三步走"的时间表，即到 2020 年时使我国进入创新型国家行列，到 2030 年时使我国进入创新型国家前列，到新中国成立 100

年时使我国成为世界科技强国。

为实现这一宏大目标，《纲要》对金融服务提出了新的要求，包括：鼓励银行业金融机构创新金融产品，拓展多层次资本市场支持创新的功能，积极发展天使投资，壮大创业投资规模，运用互联网金融支持创新。充分发挥科技成果转化、中小企业创新、新兴产业培育等方面基金的作用，引导带动社会资本投入创新。支持企业面向全球布局创新网络，鼓励建立海外研发中心，按照国际规则并购、合资、参股国外创新型企业和研发机构，提高海外知识产权运营能力。

笔者认为，多层次资本市场支持创新驱动发展战略，必须深化改革，完善机制，完善监管，核心任务是完善投资银行、基金公司、中介机构等的依法运营、创新发展机制。监管机构要超前进行制度设计，实现全天候、全链条监管，发挥好监督保障职责。

股市既要承载资本聚合、资本估值、资本交易、资本试错的功能，也要接受来自实体经济的正反两方面的反馈，及时校正自己。如果股市不具备健康有力的机制，就不能很好地承担支持实体经济运行和改革发展的任务。如果股市机制与实体经济发展严重脱节，那么，它既不可能很好地支持创新驱动战略，也无力承载创新驱动带来的资本需求和发展机遇。

实施创新驱动发展战略，是我们加快转变经济发展方式、破解经济发展深层次矛盾和问题的必然选择，是更好引领我国经济发展新常态、保持我国经济持续健康发展的必然选择。中国股市应当发挥好优化要素配置、支持创新驱动的作用，并吸纳创新驱动战略的积极成果，实现自身更优更强的发展，抓住这个"创新的春天"。

111. 推进城镇化将对股市产生哪些影响？

> 2.5 亿人口的城镇化，既是一项民生工程，也是一项经济再造和升级工程，其间尤其需要创新投融资机制，需要资本市场支持。这对于相关行业上市公司来说，是一块巨大的蛋糕。

目前，我国经济增长进入相对缓慢时期，适当加快城镇化进程，既可发挥稳定经济增速的作用，又可以提升居民生活水平，改善城乡布局，为经济社会长期发展奠定机制基础。要发挥好城市这个"火车头"的作用，推动以人为核心的新型城镇化，发挥这一扩大内需的最大潜力。

至 2015 年，我国常住人口城镇化率已接近 55%，相比改革开放之初不足 20% 的城镇化率，有了巨大进步。但与发达国家 80% 左右的高城镇化率相比，发展空间依然很大。国际经验表明，城镇化率在 30% 到 70% 之间是城市快速发展阶段。根据《国家新型城镇化规划（2014—2020）》预测，2020 年我国城镇化率将达到 60% 左右。

与常住人口城镇化率相关的事户籍人口城镇化率。当前我国这一比率不足 40%；2020 年要将这一比率提升到 45% 左右。城镇现有 7.5 亿常住人口中，有 2.5 亿左右的人只是"半城镇化"，没能在城镇落户，没能享受到相应的公共服务，没有相应的市民权利。

同时，我国城市布局存在较大失衡：西部城镇化率低、城镇化发展速度慢，对经济转型升级形成制约。

加快城镇化，优化城镇布局，提高城镇户籍人口规模，已成为我国经济

社会转型的主要方向之一。

2016 年 2 月 6 日，国务院《关于深入推进新型城镇化建设的若干意见》正式颁布。在人口、户籍政策方面，进一步要求推进农业转移人口市民化，加快落实户籍制度改革政策，全面实行居住证制度。

配合人口城镇化，推动基础设施和公共服务向农村延伸，带动农村一二三产业融合发展，带动农村电子商务发展，推进易地扶贫搬迁与新型城镇化结合。同时要完善土地利用机制，有效利用现有建设用地，完善土地经营权和宅基地使用权流转机制。

完善城镇住房制度，建立购租并举的城镇住房制度，完善城镇住房保障体系，加快发展专业化住房租赁市场。

2.5 亿人口的城镇化，既是一项民生工程，也是一项经济再造和升级工程，其间尤其需要创新投融资机制，需要资本市场支持。政府财政投入要引领社会资本参与，大型企业集团、上市公司要参与相关重点工程投融资，金融机构要提供信贷、保险、证券支持。

由于城市建设、改造不但涉及住房、道路、水电、能源等方面，还涉及商业服务、广电通信、信息网络、学校教育、医疗养老等配套服务，这对于相关行业上市公司来说，是一块巨大的蛋糕。

112. 互联网金融为股市发展带来什么?

> 在互联网金融环境中,有实力的券商、基金、信托也必然介入互联网金融,推出多元化、个性化的财富管理服务。这会促使更多的家庭金融资产从以储蓄为主转为以证券资产为主。

互联网给金融行业带来了翻天覆地的变化,但也引发了很多争议。笔者认为,解决问题的关键在人,没有不能解决的问题,要靠到位的法律来约束和规范互联网金融。

目前,中国人民银行已经在研究发行"数字货币"。"数字货币"替代实物货币后,运钞车将歇业,取而代之的电子传输渠道既便捷,又环保;货币的保存方式也将从央行的发行库和银行机构的业务库变成储存数字货币的云计算空间。尽管兑现这一前景还需要时间,但毋庸置疑,互联网金融已经开始由初级阶段转向更高级的阶段。

互联网金融不仅仅是给股市带来一些概念股,带来炒作的题材,而是深刻地影响着股市的生存和发展环境。第一,互联网金融以多样化的服务吸引大量社会资金,转移大量的储蓄资金,这会在初期形成与股市争夺资金的局面,但这个情况是不可持续的。第二,在互联网金融环境中,有实力的券商、基金、信托也必然介入互联网金融,推出多元化、个性化的财富管理服务。这会促使更多的家庭金融资产从以储蓄为主转为以证券资产为主。第三,由于互联网金融促使证券市场更具深度,更多的企业也会选择融资成本、风险规避机制更优的股票、债券市场。

很多人都说，互联网金融的核心价值是去中心化、去中介化。其实，更准确的说法应该是"中心透明化""中介分散化"。由于"中心节点"的作用更加透明，并且可以有别的中介来替代，这就使得传统金融体系里"中心""中介"的成本降低，继而提高效率，打破垄断。互联网金融带来的效率、透明，从根本上驱动居民、企业将需求转向股票、债券市场，这是股票市场的最大红利。

2015年，互联网金融领域爆发了E租宝、泛亚、MMM等非法集资、金融诈骗等案例，那么，该如何看待"去中心化""普惠金融"大潮下的这些问题呢？又该如何防范这些风险，管住"疯狂的创新"呢？

其实，上述案例并不是互联网的错，而是这些案例中主人公们的错，要通过立法、执法，管住这些"疯狂的创新"。

任何金融工具、互联网工具都是由人来使用的，而工具背后的技术是一个放大器。技术效率越高，放大功率越大。放大器可以放大服务意识和服务领域，也可以放大贪婪意识和行为。互联网和金融结合，呈现双重放大作用，使金融服务能力达到几何倍数的增加。

本质上，互联网金融是升级换代的金融，但目前人们更为关注的是互联网金融的普惠金融部分。在前述技术放大器的作用下，如果规则规范疲软，惩戒处罚机制无力，打着"普惠金融"招牌的金融诈骗活动就有可能猖獗起来。

细究互联网金融的运行逻辑，其实并不复杂：互联网金融平台对接两端，即资产端和资金端。资产端连接着银行、券商、基金、供应链、个人等等；资金端则是众多的投资人，或者叫金融消费者。

目前，对资金端风险的防范十分薄弱，这是因为，众多参与互联网金融的投资人缺少现代金融意识，盲目追求高收益，急功近利。一些互联网金融平台不加以戒备，纷纷搞"低级揽储大赛"，而没有在增值服务上下功夫。所以，要从健全客户管理、提升专业化服务、加强执法惩戒等三个方面出手，促进互联网金融的规范化、专业化、现代化发展。

思考与策略

113. 2015 年股市异常波动的主要经验教训是什么？ **114.** 为什么说政府既没有意愿也没有能力制造行情？ **115.** 如何看待做空中国经济和股市的力量？ **116.** 如何看待股市中的政府信誉风险？ **117.** 股市中到底有没有"阴谋论"？ **118.** 我国股市舆论有哪些病？ **119.** 如何看待股市里的"吃里爬外"行为？ **120.** 涉股市对外交流该注意哪些问题？

113. 2015 年股市异常波动的主要经验教训是什么？

> 2015 年股市异常波动充分反映了我国股市不成熟，不成熟的交易者、不完备的交易制度、不完善的市场体系、不适应的监管制度等，也充分暴露了证监会监管有漏洞、监管不适应、监管不得力等问题，我们必须深刻汲取教训，举一反三。

2014 年 7 月开始，我国股市出现了一轮过快上涨行情，至 2015 年 6 月 12 日，上证综指上涨 152%，深成指上涨 146%，创业板指上涨 178%。股市过快上涨是多种因素综合作用的结果，既有市场估值修复的内在要求，也有改革红利预期、流动性充裕、居民资产配置调整等合理因素，还有杠杆资金、程序化交易、舆论集中唱多等造成市场过热的非理性因素。

过快上涨必有过急下跌。2015 年 6 月 15 日至 7 月 8 日的 17 个交易日，上证综指下跌 3%。大量获利盘回吐，各类杠杆资金加速离场，公募基金遭遇巨额赎回，期现货市场交互下跌，市场频现千股跌停、千股停牌，流动性几近枯竭，股市运行的危急状况实属罕见。如果任由股市断崖式、螺旋式下跌，造成股市崩盘，股市风险就会像多米诺骨牌效应那样跨产品、跨机构、跨市场传染，酿成系统性风险。

在党中央、国务院的坚强领导下，各有关部委果断出手，迅速行动，综合施策，遵循市场规律，依法打好"组合拳"，稳定市场、稳定人心，并将稳定市场、修复市场和建设市场有机结合起来。这次应对股市异常波动，本质上是一次危机处理，着眼于解决市场失灵问题，通过各方的共同努力，防

范住了可能发生的系统性风险。

这次股市异常波动充分反映了我国股市不成熟，不成熟的交易者、不完备的交易制度、不完善的市场体系、不适应的监管制度等，也充分暴露了证监会监管有漏洞、监管不适应、监管不得力等问题，我们必须深刻汲取教训，举一反三。

114. 为什么说政府既没有意愿也没有能力制造行情?

> 政府没有必要也没有意愿拉抬股市或打压股市；但政府与市场的关系也不是完全的隔离状态，而是该管的就要管、而且要管到位；不该管的，就要放给市场主体，要有"接盘者"，而且必须要接得住。

在中国，无论股市上涨或下跌，都往往有政策的影子；有时一条政策消息甚至能够引起行情的剧烈波动。这说明，我国股市参与者对政府有很强的依赖，还没有完全进入到"市场主体"的状态；政府制定执行政策的方式方法与市场实际存在不小的差距，政府与市场的边界划分很不到位。

这当然是我们要着力解决的问题。不过，尽管存在这样的情况，中央政府和证券监管部门不干预行情走势的态度也是清晰的。这是我国社会主义市场经济发展到目前阶段的必然选择。实事求是地看，在我国股市发展的早期，政府采取短期措施刺激股市的情况是存在的。但今天已无必要。

但这里还有一层意思，需要讲清楚：政府没有必要也没有意愿拉抬股市或打压股市；但政府与市场的关系也不是完全的隔离状态，而是该管的就要管、而且要管到位；不该管的，就要放给市场主体。

对于2014年7月至2015年6月中旬股市快速上涨，有分析称是中央政府和证券监管当局制造出来的。这种说法没有依据。因为，投资者对于行情趋势的判断，首先要基于经济基本面和改革基本面。2014年7月末启动的上涨行情既有经济数据基础，也有改革进程基础的，上涨是对基本面的正常反映；但与此同时，固有的追涨杀跌的投资习惯继续存在，并在一定条件下发酵放大了。在股市快速上涨过程中，各种形式的融资活动也活跃起来；其中，有部分机构从事了违法违规活动。

不容忽视的一个情况是，一些长期恶意做空中国经济和股市的力量借机兴风作浪，制造了一些操纵事件。对于长期唱空中国的力量而言，看空的理由早就准备了一箩筐，可以信手拈来。从中国股市发展的历史来看，每当暴跌时，各种对中国发展看空的极端性言论都会喷涌而出。这与上涨时期的看多舆论根本不在一个重量级上。

笔者认为，2014年7月至2015年6月中旬的上涨行情，以及随后出现的快速下跌行情，与以往的暴涨暴跌没有本质上的不同。这一轮市场波动既有合理因素，也有不合理因素，不可能做出单一化的解释。

从我们自身来说，这轮股市异常波动，进一步暴露了我国股市机体不成熟、制度不健全、监管不适应，以及上市公司和投资者结构不合理、短期投机炒作过多等问题。解决这些问题，根本上要靠深化改革，健全法制，完善监管。

要进一步完善以信息披露为中心的发展和监管理念，强化上市公司、证券机构、机构投资者的信息披露机制；强化政府行政的透明机制和监督机制，使政策的制定和执行更加符合市场实际；完善鼓励长期投资者的税收机制，抑制过度投机行为。

115. 如何看待做空中国经济和股市的力量？

> 对做空中国、威胁中国经济安全和整体安全的力量，不可视而不见。基于国际经济政治博弈的现实，基于中国经济社会的发展的现实，形成了四支做空中国经济和股市的力量。对内部做空跟随者，要依法严加治理。

长期以来，基于国际经济政治博弈的现实，基于中国经济社会的发展的现实，形成了四支做空中国经济和股市的力量。

第一支力量来自少数西方国家。

在上个世纪八九十年代前苏联解体、东欧剧变之后，东西方关系发生深刻变化，合作共赢成为时代主旋律。中国实施改革开放政策，与绝大多数发达国家建立了全方位合作关系，中国道路也赢得越来越多发达国家和发展中国家的认同。

但长期以来，少数西方国家对中国的经济发展不适应，对中国的治国理政模式不支持，不时以冷战思维对待中国，并采取多种措施遏制中国。他们一手运用其主导的舆论机器，对我国经济社会发展不断实施干扰；一手使用经济手段、真刀真枪地做空中国。他们的舆论说中国投资不可持续、房地产即将崩盘、银行坏账累累、地方债陷入泥潭等等。他们一方面在传统的贸易、汇率等领域对中国不断施压，另一方面创新手法干扰亚投行进程，运用TPP"围堵"中国，甚至不远万里到南海来"捍卫航行自由"，制造事端。

在2006年、2007年，他们在境外设立了以做空中国股市为主要目的指数期货和基金产品，分别在新加坡交易所、纽约证券交易所、芝加哥商品期货交易所挂牌。这些指数期货和指数基金，做空是主要方向，借以引导带动境内机构做空中国。

第二支力量是境内一些大的投行机构和基金公司。这些机构和基金听从西方少数国家的"金融指挥棒"，丧失了基本的国家意识和国家立场，只顾小集团利益，把市场当作提款机，追涨杀跌，还制造谣言。

笔者认为，作为国家重点金融机构，必须把国家发展利益放在第一位，应该率先垂范，维护市场秩序稳定，维护大盘蓝筹股价值。但十分遗憾的是，这些金融机构沦为市场涨跌的"应声虫"，甚至沦为纯粹的投机者。在银行股跌破净资产值后，仍然被一些大型投资银行抛售；有的创业板股票市盈率已高达 150 倍甚至 200 倍，但一些投资银行还在推波助澜；当 2015 年 5 月份大盘指数已经翻番后，一些投行还在鼓励普通个人投资者和中小机构质押股票进行融资。

这些投行机构不但不维护整个市场的价值中枢，不对客户尽提示风险之责，而且，个别机构还内外勾结，套取国家维稳资金。如此，国家和市场的整体利益何在？

第三支力量是境内一些普通的机构投资者。他们懒得研究经济和公司的基本面，懒得研究中央经济金融政策和行业趋势，懒得研究企业的周期规律，听风就是雨，你跌我就狠砸，你涨我就猛推，完全唯利是图。一旦市场不稳，他们就成为一个加速器。

第四支力量表面看很分散，但却是一个已经客观存在的势力层。这些专家学者存在于我们的一些大学、研究院、研究中心甚至政府机关里头的官员和学者。其中确有个别人是"不自觉地跟随"，但另一些人是主动配合少数西方国家的战略意图，致力于唱空做空中国。这个问题值得高度重视，并且应当依法加以治理。

116. 如何看待股市中的政府信誉风险？

> 股市监管不是一家单位、两家单位的事，涉及的方面十分复杂，需要中央政府统一协调。中央政府与证券监管机构要构架好职权结构、职权分界，做到不越位、不缺位、不错位。涉及股市发展的大政方针问题，必须绝对一致，必须在"落实中绝对一致"。

任何政府都有可能面临信誉风险。这是因为，政府既要"有所为"，要对市场秩序、人民福祉、国家安全等负责；又要"有所不为"，对市场主体减少干预、对人民依法享有的自由不去干预、对国际合作交流提供保障。

但事实上，这种"理想化的边界"是很难划定的，并且，政府行政还要受到政治传统、法律体系、市场发育程度和文化习俗等的深刻影响和制约。所以，政府信誉问题在很大程度上还与"执政艺术"相关。所谓"艺高人胆大"，如果是庸官，好经也可能念歪；如果是能官，有困难也可以把事办好。

中国股市的治理说简单也简单，依法治市，政府该管的管好、不该管的放到位，就可以了。说复杂也颇为复杂，证监会可以管上市公司、证券经营机构，但不一定管得了个别国有控股上市公司，不一定管得了其他金融机构。有的跨领域、跨部门事项，证券监管者可能没有权限。还有些表现于股市，但不属于股市监管的事项，可能还难以界定该怎么管。

所以，所谓股市监管，其实不是一家单位、两家单位的事，涉及的方面十分复杂，需要中央政府统一协调。中央政府与证券监管机构要构架好职权结构、职权分界，做到不越位、不缺位、不错位。涉及股市发展的大政方针问题，必须绝对一致，必须在"落实中绝对一致"。

无论是行情上涨，还是行情暴跌，都是投资者的预期的表现。而投资者的预期来自两大方面，一是经济运行状况，二是改革进程。我国是一个改革的国度，新的改革措施随时在推出，随时要落实，也有的随时要修正。股市必然受到这些因素的影响。

股市每天都在交易，每天都在波动，管理这样一个市场就更加复杂。而政府要把事情做好，最重要的一点就是做尽量充分的调研。无论是国际板问题，还是新股发行注册制问题，还是深港通问题，还是股指期货问题，还是股指熔断机制问题，调研是否到位都是第一位的。第二个重要的问题就是要排队，什么事情先干，什么事情稍后再干，什么事情可以发挥整体牵引作用，要认真评估。

对于政府提出"改革牛"概念，有人批评说，这是国家要制造一个牛市。对于政府整顿涉及股市的非法金融活动，有人批评说，这是国家在打压股市。对于政府采取稳定市场的一系列重大举措，有人批评说，这是政府把手伸进了市场，是改革的倒退。

其实，即使西方研究者也意识到，在 2015 年 7 月，如果中国股市不断下跌，可能会诱发银行、券商、保险公司和影子银行等的系统性风险，并向实体经济转移。而且，这最终将伤害中国的改革进程。所以，政府采取稳定市场的措施是天经地义的，也是符合国际惯例的。

政府在市场常态情况下，依法监管即可；但在异常情况下，就要采取措施维护市场秩序，甚至采取强力措施恢复市场秩序。对此，不需要犹犹豫豫。

维护和提升政府的信誉，除了要做好该做的，还必须有充分到位的沟通，要把政府对形势的判断、对市场主体的评估、对政策的解释，及时准确地告知公众。有互信，才能有信誉；多互信，才能增信誉。

117. 股市中到底有没有"阴谋论"?

纵观全球大的经济体，我们发现，金融不是"无色"的，只要有人的参与，就不会有"绝对无偏"的利益取向，就不会有"完全无色"的行为结果。对于"阴谋论"，我们既不必无限放大，也不能无限度缩小，更不能鸵鸟心态、视而不见，而是依法处置、科学处置。

经历了 2015 年的股市异常波动，各方都认识到股市"系统性安全"的重要性，认识到没有安全就谈不上更好地发展。不过，也有一种舆论认为，市场风险就是自由买卖形成的风险，或者是政府过度干预导致的风险；"恶意做空力量"根本就不存在，也不存在什么阴谋。

笔者认为，金融领域发展同文化领域、军事领域的发展一样，最终都是为了国家利益；认为金融只是一个市场手段和工具，是一种麻木不仁的心态。

金融是服务整个社会的系统，自然承担着更大的社会责任。金融不是"无色"的，只要有人的参与，就不会有"绝对无偏"的利益取向，就不会有"完全无色"的行为结果。西方国家和西方金融机构出于其特定的价值取向，并为了实现其核心价值的最大化，才刻意淡化"金融的价值观"。在当今国际社会，以金融谋求国家利益最大化的情况广泛存在。

因此，评估和处置市场风险，除了要看这个市场内部的"自由买卖"情况和"政府干预"情况，还要看这个市场的外部环境。要看这个市场是不是真正"独立的市场"，有没有"独立的定价权"，有没有外部的"不公平干预因素"。否则，就"内部"论"内部"，并且，简单地拿一个发言权、定价权低的发展中的市场和一个发言权、定价权高的发达市场做对比，就很难全面评估形势，找到应对之策。

美国纽交所、芝加哥期货交易所有做空中国股市的工具（超短新华富时中国 25 指数 ETF 和 EE 迷你新华富时中国 25 指数期货期货）、新加坡交易所也有做空中国股市的工具（新华富时中国 A50 指数期货），但中国的交易所并没有专设做空他国股市的工具。我国境内一些机构跟随境外机构，迷信他们对中国的错误评估，自己做空自己。

少数西方大国凭借其舆论优势，唱多自己、唱空中国，他们的这一强势做法至今没有改变。无论 2015 年中国股市波动，还是 2016 年初人民币汇率波动，少数西方大国的舆论工具都没有闲着。

不容忽视的事实是，国内附和、响应这种唱空中国舆论的机构和个人是客观存在的，有的机构和个人还具有一定的体量和影响力。他们借着有意制造的谣言和司空见惯的"唱空中国"说辞，呼风唤雨，破坏市场正常秩序。对此，不能再麻木不仁下去。

对于"阴谋论"，我们既不必无限放大，也不能无限度缩小，更不能鸵鸟心态、视而不见，而是依法处置、科学处置。我们恰恰是真心希望塑造一个公平公正公开的市场，以平等姿态与各国各地区的投资者共同参与、共同分享市场价值。从长远看，维护正常的市场秩序，也有利于包括唱空中国者在内的各个方面的利益。

118. 我国股市舆论有哪些病？

> 应当高度重视"舆论病"，并下力气改变。医治"舆论病"要从两方面下手：一是加强资本文化、资本理论的建设，帮助官员、学者、分析人员提升资本文化素质，引导人们尊重市场，科学看待资本这个东西。二是依法管理，对违法行为予以查处。

股市是不折不扣的信息市场，信息质量和传播效率直接影响着一个国家股市的日常运行和长远发展。

我国股市的舆论场存在如下问题：

一是"乱弹琴"。

舆论生态是由人和机构共同营造出来的，媒体往往发挥着"放大器"的作用。在我国，似乎谁都可以评论一番股市，不管这个人是否真正了解股市。除了各路媒体，掌握着大喇叭、中喇叭的，也包括经济学家、行业专家、"跨界"的意见领袖、市场分析人士等。

这些林林总总的分析亦真亦假，情绪化大于专业化，是中国股市舆论亟待医治的病症。其中，提升各类公共媒体的专业管理水平，是一大课题，也是一大挑战。

二是"反主流"。

从 2001 年一位学者提出"赌场论"算起，舆论场上对中国股市的谩骂几乎成了中国股市发展的一条"暗线"，与中国股市披荆斩棘向前发展的"明线"并肩而行。不专业、不理性的评论在互联网上比比皆是；而肯定我国股市发展成就，对市场发展有建设性的意见不容易得到传播。

形成这样一种舆论生态，与我国早期股市草莽生长有关，也与整个社会对资本市场的偏见、歧视有关。"赌场论"的传播不过是这种舆论偏见和歧视的突出表现而已。

三是"烤官方"。

与谩骂股市的"舆论秀"不同，另一种舆论倾向则是"绑架政府"。有人把党中央、国务院支持规范发展股市的方针歪曲、异化为"人造牛市""国家牛市"，刻意树立一个不存在的靶子进行批评。有人说证监会出台监管措施、依法查处违规就是打压行情，出台融资融券措施、鼓励长期资金入市就是催生行情。在行情火爆时，有人就主张出台打压行情的措施等。

"外来的和尚"更随意，2015 年 6 月 26 日，一位耶鲁大学的教授竟然提出这样的命题：按照 8 000 万个股票账户来说，即使把 A 股股票泡沫弄得非常成功，最多就是这几千万人可以受益，还有 13 亿多其他的中国人怎么办？不知他对于美国股市与美国民众利益的关系是怎么界定的。

四是公然制造谣言。

这种舆论是为谋私利，公然散布违反国家整体利益的谣言。比如有的机构公然散布国家即将上调印花税率的虚假消息，散布监管机构集中强制清退场外融资的虚假消息，编造证监会负责人甚至国家领导人的虚假消息。

有的机构通过舆论诱导，鼓动群体性不理性操作，制造市场混乱。有的机构"指导"旗下投资者在某月某日集中行动，"全部清仓"或者"半仓"。稍动一下脑筋即可以想到，集中清掉的股票卖给了谁。这实际上是鼓动集中砸盘。

政府的权威发布一旦跟不上，谣言就会满天飞。可是，真正通过调查拿出权威发布，是需要时间的；而谣言的出笼要快很多。并且，权威发布出来了，一些人仍然不肯接受。所以，谣言问题本身是毒瘤，是治安和执法死

角，不能含糊。

五是"官员自黑"。

官员表态则是另一番舆论风景。有的官员发表否定改革的言论，有的官员说中国股市无投资价值，有的官员称政府将让股市自由落体下跌。2015年6月，一位市长以看似不经意的方式嘲弄股市，引起哄堂大笑，"黑色幽默"了中国股市一把。

现实中，或由于专业知识不足，或由于对改革发展没有信心，一些官员信口开河，发表与党和政府大政方针不一致的言论，扰乱市场预期，与"意见领袖"们一道，为股市舆论加入了不少的负能量。

以上所述的舆论生态，应当加以重视和改变。主要途径有两个：一是加强资本文化、资本理论的建设，帮助官员、学者、分析人员提升资本文化素质，引导人们尊重市场，科学看待资本这个东西。二是依法管理，对违法行为予以查处。如散布某月某日《新闻联播》将宣布印花税率上调虚假消息，编造国家领导人预测股市点位虚假消息，相关人员应依法处理。

119. 如何看待股市里的"吃里爬外"行为？

一些机构及其高管人员，跟随和附和唱空中国的言论，跟随境外机构做空中国股市；在对外交往中丧失气节，发表损害中国资本市场形象的言论，对境外机构要求言听计从；有的甚至制造和传播谣言。

公平公开公正的市场秩序是所有参与者共同塑造的，大型金融机构特别是国有控股的金融机构，承担着服务市场、塑造市场、引领市场的职责，承担着重要的社会责任。

在我国，大型金融机构特别是国有控股的金融机构不仅在早期享受了国家政策红利，即使在市场化改革深入之后，依然是国家政策红利的最大受益者。他们的利益和国家利益是紧密联系的，总体上说，这些机构也是遵纪守法、维护国家利益的。但现实中，把市场当作提款机，追涨杀跌的机构也是存在的。

一些机构没有尽到以下责任：1. 坚定维护中国股市的合理价值中枢，坚定地为中国股市说话；2. 审慎发布对国家重大宏观政策、重大改革举措的不实、不利的评论；3. 坚持持有蓝筹股，拒绝制造"故事股"，不炒作没有现实依托的概念股。

一些机构及其高管人员，跟随和附和唱空中国的言论，跟随境外机构做空中国股市；在对外交往中丧失气节，发表损害中国资本市场形象的言论，对境外机构要求言听计从；有的甚至制造和传播谣言。

在2015年股市波动期间，长江证券臆测国家将调整股票交易印花税率，并发布研报；一家证券公司的职员堂而皇之地通过自媒体发布新闻联播将宣布重大政策的假消息。

这些机构的上述行为，相当一部分属于"吃里爬外"。一方面在本国市场（包括一级市场和二级市场）大发其财，一方面却充当外国力量的传声筒，遇到风吹草动，毫不节制地抹黑、打压中国股市。

观察华尔街可以发现，那里的大型投行和美国政府是你中有我、我中有你的关系，他们共同维护股市秩序和价值中枢，共同维护美国的国家利益。华尔街作为美国的"国家资本杠杆"，作用举足轻重。相对而言，我国的大型投行机构远未发挥主动维护国家价值中枢的作用，甚至在一定程度上存在"散兵游勇"特征。

对于金融机构的"吃里爬外"问题，需要依法治理，也需要以德治理。

120. 涉股市对外交流该注意哪些问题？

> 在股市对外交流方面，无论企业家、金融家，还是官员、学者，都应当有国家利益意识，有为国家发展而对外交流的担当。让我们的股市形成既可吸纳国际市场主要因素，又能够真实揭示本土市场因素的价值认知体系和价格形成机制。

一个国家的股票市场，其实是和这个国家的整体战略利益相统一的，既与经济利益相关，也与社会制度的传承发展相关，不是没有"颜色"的工具和平台。因此，在涉及股市的对外交往中，一样要有利益博弈意识，要坚持互利互惠、平等交往的基本原则。

我们注意到，很多人一谈起中国股市的缺点，就会说哪里哪里不如美国；一谈起股市改革，就习惯性地与美国对表，习惯性地临摹美国模式。在涉及股市的对外交往中，我们对"学习"强调得过多，对"交流互动"强调得太少。把中国的情况介绍出去，把自身行之有效的做法继续用好，与把先进适用的做法引进来，同样重要。

在 2015 年中国股市发生了异常波动，对此，外国朋友有各种评论，有认为政府过度干预的，有认为中国经济陷入危机的，有认为资金泛滥成灾的，有认为自由化严重不足的。对这些评论，我们应该报以理性态度，在甄别的基础上吸收借鉴，尤其要和自己的历史进程"对表"。进一步市场化，进一步扩大开放，是我们的目标，也是我们在做的事，但市场化和开放不是没有边界的，不是没有自己的路数的。

作为发展中国家，我们当然要学习借鉴包括美国股市在内的外部经验，但如果因为崇尚老师而失去自我，就会走向反面。而且，还有一种情况值得注意，即在我们以学生姿态学习外界的时候，外界不一定把你当作温顺的学生，而是当作竞争对手，有时还当作可以宰割的羔羊。

2016年2月4日，在TPP协议签署之后，时任美国总统奥巴马就发表了"TPP协议将让美国而不是中国主导制定21世纪亚太地区的路线和规则"的谈话。正在竞选路上的民主党候选人希拉里和共和党候选人特朗普也都不时摆出所谓遏制中国的姿态。中国推进"一带一路"战略，建立亚洲基础设施投资开发银行，尽管对亚洲和世界都是有益的，但也有试图拆台的。

2016年初，人民币汇率再遭阻击，离岸市场价格剧烈波动。索罗斯和一些跨国机构唱空中国经济，做空人民币。再往前看，在铁矿石、稀土、汽车轮胎、光伏产品等贸易问题上，一些境外机构和一些国家的政府，不断对中国施压，逼中国让出利益，承受损失。

对此，我们须冷静对待，既要看到利益博弈的火光，也要努力寻求利益的汇合点。我们反对把经济问题政治化，但也不可能完全摆脱国际政治。

随着我国经济实力不断增强和国际政治地位不断提高，我们跟全球所有的投资者和相关要素"互动"，是必然的；我们已经明确提出了创新、协调、绿色、开放、共享的经济发展理念，这既是对内的，也是对外的。我们将继续加大开放的力度，不断提高开放的层次，与世界共享中国发展的红利。但同时，我们搞改革开放、对外合作交流，是要在世界公民的平台上实现互利互惠，而不是为了开放就要吞下有损自己利益的苦果。因此，涉及股市的对外交流合作，也必然包含着一个主权选项。

外国的一些政要和企业家，对本国制度抱有一种特别的优越感，不太愿

意接受中国不断发展壮大的现实。既不接受中国经济快速增长的现实，也不接受中国体制也有优势的现实，也不接受中国能够通过改革完善自我的现实。这个问题还不能在短时间内完全化解。

对此，一方面，我们要增强跟国际社会沟通的能力，创造一些沟通的方式方法，让境外的企业、机构、投资人现实地了解中国的发展，真实地理解我们的发展；但另一方面，我们也要打铁自身硬，对股市这一对资源、经营和绩效定价的平台，大力加强制度建设、文化建设，特别是加强机构投资者的建设。在股市对外交流方面，无论企业家、金融家，还是官员、学者，都应当有这样的意识，有为国家发展而对外交流的担当。

让我们的股市形成既可吸纳国际市场主要因素，又能够真实揭示本土市场因素的价值认知体系和价格形成机制。只有这样，中国经济体系才能够凭借自身的质量，从容自信地与世界主要经济体打交道，促进共同促进、共同繁荣。

附录一

2017 年中国股市十大预言

证券日报十大预言研究组出品（2017 年 1 月 3 日）
总执笔　董少鹏

2017 年是"十三五"规划的第二年，也是供给侧结构性改革的深化之年，我国经济发展面临内部加速调整、外部变数增多的特殊环境，保持定力、稳中求进，不仅是国家整体改革发展的基调，也是资本市场改革发展的基调。

在新常态、供给侧结构性改革、五大发展理念等构成的新发展格局下，我国经济将继续保持中高速增长，关键领域改革将实现新的突破，资本市场功能建设将进一步完善、成长空间将进一步打开。"十大预言研究组"组织内外研究力量，综合分析影响 2017 年中国股市运行的众多因素，兼顾稳定性、超前性和波动性，作出如下预言：

预言一，2017 年 GDP 增速预计为 6.6% 左右，CPI 上涨幅度预计为 2.5% 左右。

2016 年中国前三季度年化 GDP 增长率为 6.7%，较 2015 年的 6.9% 有所下降。一部分专家据此认为，中国经济新旧动能切换面临较大困难，2017 年下行压力不减，GDP 增长率可能继续下降。

我们认为，"适度扩大总需求"并不是刻意刺激，而是中国经济发展升级的基本逻辑，与供给侧结构性改革的大方向是一致的。投资拉动将保持平稳。与此同时，在 2017 年，能源、土地、人口、投资、金融等改革红利将

进一步释放，供给侧结构性改革的成果将逐步显现，经济增长动能将呈现温和回升态势。

2017年GDP仍可按照6.5%至7%的增长区间来考虑，实际增长6.6%是大概率事件。正如2016年5月9日"权威人士"通过《人民日报》所说，"我国经济潜力足、韧性强、回旋余地大，即使不刺激，速度也跌不到哪里去。"

居民消费价格指数（CPI）涨幅可控制在3%以下，实际涨幅预计在2.5%左右。

预言二，2017年M$_2$增速为12%左右，社会融资规模增量预计为18万亿元左右。

中央经济工作会议提出，2017年货币政策要保持稳健中性，适应货币供应方式新变化，调节好货币闸门，努力畅通货币政策传导渠道和机制，维护流动性基本稳定。基于这个总要求，预计2017年新增信贷规模将保持在12万亿元左右，M$_2$同比增长12%左右，新增社会融资规模预计为18万亿元左右。

此外，2017年是供给侧结构性改革的深化之年，维稳流动性的工具仍将倚重MLF+逆回购的组合，降准作为补充流动性的辅助手段仍有可能使用，利率调整则要看通胀水平及国内国际经济形势变化。总体看，着力振兴实体经济的要求，决定了2017年货币政策环境仍将处于比较适宜状态。

预言三，人民币对美元汇率将在6.7至7.2区间波动。

2016年，人民币对美元贬值较大，但对一篮子货币汇率几乎走平。这说明人民币贬值主要是美元走强的被动结果。美元指数从年初的99到年末的103，水平值只上涨了4%，但人民币却贬值7%。可见人民币贬值并非完全基于美元指数绝对值变动，而是只要美元波动就出现贬值。为此，2017

年要高度关注美元波动情况，采取必要的稳定措施。

我们认为，基于中国经济发展的基本面，美元波动对人民币的下拉作用会趋弱，市场预期会趋于平稳。人民币对美元汇率短期可能触及7.2，但在7附近企稳是大概率事件。

虽然中美贸易面临重新平衡，但双边继续合作是大方向，也将是最终结果。人民币对美元汇率双向波动是必然的，人民币不存在中长期持续贬值的基础。

美联储虽然声称2017年将加息三次，但考虑到其实际债务负担，其加息不会超过两次，甚至可能仅加一次。美国加息对人民币构成的贬值压力总体可控。即便如此，加大人民币汇率市场化改革仍十分迫切。

预计2017年人民币对美元汇率将在6.7至7.2之间波动，人民币对欧元、日元、英镑继续保持相对强势。

预言四，上证综指预计在3 000点一线至4 100点一线区间运行，不排除向上突破4 100点并继续拓展空间。

2016年，中国股市整体上处于自我修复和休养生息阶段，证监会以"依法监管、从严监管、全面监管"引领中长期预期，过度投机行为明显减少，各市场主体特别是大型主体的信誉底线得到提升。这为股市稳定健康发展打下了坚实的机制性基础。

2016年前三季度，65%以上上市公司的净利润实现增长，这是行情稳定运行的业绩基础。上证综指长达一年时间在3 000点一线波动运行，积累了厚实的势能。随着各项改革特别是投融资体制改革、混合所有制改革的深入推进，股票这一权益类投资品将重新获得比较优势，增量资金入市规模将加大。

在宏观经济稳定和上市公司业绩水平稳定上升、预期转好的基础上，沪

深两市行情将向上拓展。预计上证综指 3 000 点一线将成为中期底部，2017年上证综指有望上升至 4 100 点一线，不排除向上突破 4 100 点并继续拓展空间。

预言五，混合所有制改革将成为市场普遍认可的投资题材，利润指标是重要约束条件。

按照中央部署，2017 年将在电力、石油、天然气、铁路、民航、电信、军工等领域开展混合所有制改革试点，目标是完善治理、强化激励、突出主业、提高效率。混改将为已上市公司创造资产重组的历史性机会：一是大型国有控股上市公司引入更大比例的非国有资本；二是非国有控股的中小上市公司并入大型国有上市公司；三是不同类型上市公司实施产业链、利润链整合，提升资产效能；四是剥离相对低效的资产板块和产业板块，优化上市公司的资产质量。

优化上市公司资本结构，提升治理水平，打开利润增长空间，是混改的必然结果。投资者选择预期较好的混改上市公司，将成为 2017 年及以后时期的一个潮流。监管者要未雨绸缪、防微杜渐，对借机恶意炒作者及时发现、依法处理。普通投资者也要保持警惕，要尊重上市公司基本面。

预言六，房价过快上涨势头得到遏制，房产持有税方案可望成型。

中央经济工作会议用老百姓的心底话来指点楼市，即"房子是用来住的、不是用来炒的"，这为 2017 年房地产市场宏观管理定下了基调。我们预计，为了遏制房价过快上涨势头，将出台包括土地供应、保障房廉租房配给、开发规划、城市布局、金融服务、市场监管等方面的政策组合，降低热点地区的聚集效应，稳定公众中长期预期。2017 年，在强有力政策组合下，房价过快上涨势头将得到遏制。

房产持有税是调整房产持有者和租赁者行为、调节市场供需矛盾的重要工具，应当择机推出。考虑到我国各地区差异较大，我们建议在供需矛盾突出的地区先推行房产持有税制度。目前，对于房产持有税还存在一些争议，但这是一道必须迈过的坎，预计2017年房产持有税立法工作将取得重大进展，税制方案将成型。而推出时机需要慎重把握。

预言七，个人所得税改革方案征求意见，按家庭征收是大方向。

2016年10月21日，国务院颁布的《关于激发重点群体活力带动城乡居民增收的实施意见》提出，健全包括个人所得税在内的税收体系，逐步建立综合和分类相结合的个人所得税制度，进一步减轻中等以下收入者税收负担，发挥收入调节功能，适当加大对高收入者的税收调节力度。

目前，主流意见涉及三个方面的调整：1.进一步优化个税税率结构，调低部分档次的税率；2.按家庭征收；3.科学设定抵扣项目。如果个税按家庭征收，并且将育儿、教育、首套房购置、赡养老人等家庭支出逐步纳入抵扣，将是重大利好。

财政部有关负责人12月26日表示，已形成"个人所得税改革方案建议"。2017年将积极创造条件，加快修订税收征管法，建立个人收入和财产信息系统，推动现金交易的规范管理等社会综合配套条件的逐步完善，为个人所得税改革提供有力支撑。

我们预计，个税改革方案有望在2017年公开征求意见，进入加快落地阶段。

预言八，股市互联互通将有新进展，与欧洲交易所合作优先。

2016年12月5日，深港通正式开通。此前的9月30日，中国证监会发布了《内地与香港股票市场交易互联互通机制若干规定》，更新了内地与

香港股市互联互通机制的政策版本。

2016 年 11 月 11 日公布的第八次中英经济财金对话政策成果提及，双方欢迎上海证券交易所和伦敦证券交易所关于"沪伦通"联合可行性研究取得的重要的阶段性成果，双方同意将在下一步开展相关操作性制度和安排的研究与准备。12 月 2 日，证监会方面表示，"要着力推进与欧洲各个市场之间的共同发展""沪伦通议题的可行性研究已取得阶段性成果"。

至今，由上交所、中金所与德意志交易所集团共同设立的中欧国际交易所已开业一年多，主要产品为 ETF 和债券。该所打算吸引中国优质企业前往发行上市，如果准备充分，2017 年可望取得突破。

虽然沪伦通面临两地时差、汇率制度、英国脱欧等因素的影响，比沪港通、深港通的操作更复杂一些，但并不存在不可逾越的技术障碍和法律障碍。只要双方共同努力，推出沪伦通的进程可以适当快一点。

预言九，机构投资者"道德约束"走向体制化，有望全面推行诚信档案制度。

尽管我国金融风险整体可控，特别是银行体系总体抗风险能力较强，但 2016 年初发生的股市汇市动荡，仍反映出金融体系存在一定的脆弱性。

银行、保险、证券、信托等金融机构既是经营实体，又是金融服务、金融产品的提供者，这些机构的规范合法运营、责任义务担当是确保金融稳定的基础。2016 年，个别保险公司滥用上市公司举牌机制，个别期货公司过度使用杠杆资金，个别证券公司在一二级市场违规操作，部分私募基金变相套用商业银行资金，一些未持牌公司借用持牌金融公司通道非法从事金融活动，积累了较大风险。

监管层已经形成共识：在依法查处违法违规行为的基础上，还要强化金融机构的社会责任意识；必须下大力气加强和完善金融机构稳健经营、风险防范、社会责任担当的制度建设。2017 年，有望加快建立金融机构信用档案制度，实现全覆盖，将社会责任、诚信约束与机构日常监管结合起来。

预言十，"一行三会"监管体系加快改革，组建金融管理委员会呼声渐高。

目前，我国金融混业、跨业经营的情形日益普遍，形成了一些靠分业监管不能触及和覆盖的领域，存在监管真空。完善"一行三会"协调机制非常迫切，建立集中统一的"国家金融管理委员会"非常迫切。

早在 2015 年 10 月党的十八届五中全会上，习近平就指出，"近来频繁显露的局部风险特别是近期资本市场的剧烈波动说明，现行监管框架存在着不适应我国金融业发展的体制性矛盾，也再次提醒我们必须通过改革保障金融安全，有效防范系统性风险"。2016 年 12 月 16 日闭幕的中央经济工作会议再次提出"提高和改进监管能力"。

2017 年，金融监管体制改革有望获得新进展。"一行三会"职能有望进一步归并，消除监管盲区和冲突点，监管的协同性、联动性将得到加强。组建金融管理委员会的呼声渐高。需要说明的是，组建金融管理委员会并非简单替代"一行三会"，而是完善有统有分、统分相济的金融监管体制。

附录二

国务院关于进一步促进资本市场健康发展的若干意见

国发〔2014〕17 号

各省、自治区、直辖市人民政府，国务院各部委、各直属机构：

进一步促进资本市场健康发展，健全多层次资本市场体系，对于加快完善现代市场体系、拓宽企业和居民投融资渠道、优化资源配置、促进经济转型升级具有重要意义。20 多年来，我国资本市场快速发展，初步形成了涵盖股票、债券、期货的市场体系，为促进改革开放和经济社会发展作出了重要贡献。但总体上看，我国资本市场仍不成熟，一些体制机制性问题依然存在，新情况新问题不断出现。为深入贯彻党的十八大和十八届二中、三中全会精神，认真落实党中央和国务院的决策部署，实现资本市场健康发展，现提出以下意见。

一、总体要求

（一）指导思想。

高举中国特色社会主义伟大旗帜，以邓小平理论、"三个代表"重要思想、科学发展观为指导，贯彻党中央和国务院的决策部署，解放思想，改革创新，开拓进取。坚持市场化和法治化取向，维护公开、公平、公正的市场秩序，维护投资者特别是中小投资者合法权益。紧紧围绕促进实体经济发展，激发市场创新活力，拓展市场广度深度，扩大市场双向开放，促进直接融资与间接融资协调发展，提高直接融资比重，防范和分散金融风险。推动混合所有制经济发展，完善现代企业制度和公司治理结构，提高企业竞争能力，促进资本形成和股权流转，更好发挥资本市场优化资源配置的作用，促进创新创业、结构调整和经济社会持续健康发展。

（二）基本原则。

资本市场改革发展要从我国国情出发，积极借鉴国际经验，遵循以下原则：

一是处理好市场与政府的关系。尊重市场规律，依据市场规则、市场价格、市场竞争实现效益最大化和效率最优化，使市场在资源配置中起决定性作用。同时，更好发挥政府作用，履行好政府监管职能，实施科学监管、适度监管，创造公平竞争的市场环境，保护投资者合法权益，有效维护市场秩序。

二是处理好创新发展与防范风险的关系。以市场为导向、以提高市场服务能力和效率为目的，积极鼓励和引导资本市场创新。同时，强化风险防范，始终把风险监测、预警和处置贯穿于市场创新发展全过程，牢牢守住不发生系统性、区域性金融风险的底线。

三是处理好风险自担与强化投资者保护的关系。加强投资者教育，引导投资者培育理性投资理念，自担风险、自负盈亏，提高风险意识和自我保护能力。同时，健全投资者特别是中小投资者权益保护制度，保障投资者的知情权、参与权、求偿权和监督权，切实维护投资者合法权益。四是处理好积极推进与稳步实施的关系。立足全局、着眼长远，坚定不移地积极推进改革。同时，加强市场顶层设计，增强改革措施的系统性、针对性、协同性，把握好改革的力度、节奏和市场承受程度，稳步实施各项政策措施，着力维护资本市场平稳发展。

（三）主要任务。

加快建设多渠道、广覆盖、严监管、高效率的股权市场，规范发展债券

市场，拓展期货市场，着力优化市场体系结构、运行机制、基础设施和外部环境，实现发行交易方式多样、投融资工具丰富、风险管理功能完备、场内场外和公募私募协调发展。到 2020 年，基本形成结构合理、功能完善、规范透明、稳健高效、开放包容的多层次资本市场体系。

二、发展多层次股票市场

（四）积极稳妥推进股票发行注册制改革。

建立和完善以信息披露为中心的股票发行制度。发行人是信息披露第一责任人，必须做到言行与信息披露的内容一致。发行人、中介机构对信息披露的真实性、准确性、完整性、充分性和及时性承担法律责任。投资者自行判断发行人的盈利能力和投资价值，自担投资风险。逐步探索符合我国实际的股票发行条件、上市标准和审核方式。证券监管部门依法监管发行和上市活动，严厉查处违法违规行为。

（五）加快多层次股权市场建设。

强化证券交易所市场的主导地位，充分发挥证券交易所的自律监管职能。壮大主板、中小企业板市场，创新交易机制，丰富交易品种。加快创业板市场改革，健全适合创新型、成长型企业发展的制度安排。增加证券交易所市场内部层次。加快完善全国中小企业股份转让系统，建立小额、便捷、灵活、多元的投融资机制。在清理整顿的基础上，将区域性股权市场纳入多层次资本市场体系。完善集中统一的登记结算制度。

（六）提高上市公司质量。

引导上市公司通过资本市场完善现代企业制度，建立健全市场化经营机制，规范经营决策。督促上市公司以投资者需求为导向，履行好信息披露义务，严格执行企业会计准则和财务报告制度，提高财务信息的可比性，增强信息披露的有效性。促进上市公司提高效益，增强持续回报投资者能力，为股东创造更多价值。规范上市公司控股股东、实际控制人行为，保障公司独立主体地位，维护各类股东的平等权利。鼓励上市公司建立市值管理制度。完善上市公司股权激励制度，允许上市公司按规定通过多种形式开展员工持股计划。

（七）鼓励市场化并购重组。

充分发挥资本市场在企业并购重组过程中的主渠道作用，强化资本市场的产权定价和交易功能，拓宽并购融资渠道，丰富并购支付方式。尊重企业自主决策，鼓励各类资本公平参与并购，破除市场壁垒和行业分割，实现公司产权和控制权跨地区、跨所有制顺畅转让。

（八）完善退市制度。

构建符合我国实际并有利于投资者保护的退市制度，建立健全市场化、多元化退市指标体系并严格执行。支持上市公司根据自身发展战略，在确保公众投资者权益的前提下以吸收合并、股东收购、转板等形式实施主动退市。对欺诈发行的上市公司实行强制退市。明确退市公司重新上市的标准和程序。逐步形成公司进退有序、市场转板顺畅的良性循环机制。

三、规范发展债券市场

（九）积极发展债券市场。完善公司债券公开发行制度。

发展适合不同投资者群体的多样化债券品种。建立健全地方政府债券制度。丰富适合中小微企业的债券品种。统筹推进符合条件的资产证券化发展。支持和规范商业银行、证券经营机构、保险资产管理机构等合格机构依法开展债券承销业务。

（十）强化债券市场信用约束。

规范发展债券市场信用评级服务。完善发行人信息披露制度，提高投资者风险识别能力，减少对外部评级的依赖。建立债券发行人信息共享机制。

探索发展债券信用保险。完善债券增信机制，规范发展债券增信业务。强化发行人和投资者的责任约束，健全债券违约监测和处置机制，支持债券持有人会议维护债权人整体利益，切实防范道德风险。

（十一）深化债券市场互联互通。

在符合投资者适当性管理要求的前提下，完善债券品种在不同市场的交叉挂牌及自主转托管机制，促进债券跨市场顺畅流转。鼓励债券交易场所合理分工、发挥各自优势。促进债券登记结算机构信息共享、顺畅连接，加强互联互通。提高债券市场信息系统、市场监察系统的运行效率，逐步强化对债券登记结算体系的统一管理，防范系统性风险。

（十二）加强债券市场监管协调。

充分发挥公司信用类债券部际协调机制作用，各相关部门按照法律法规赋予的职责，各司其职，加强对债券市场准入、信息披露和资信评级的监管，建立投资者保护制度，加大查处债券市场虚假陈述、内幕交易、价格操纵等各类违法违规行为的力度。

四、培育私募市场

（十三）建立健全私募发行制度。

建立合格投资者标准体系，明确各类产品私募发行的投资者适当性要求和面向同一类投资者的私募发行信息披露要求，规范募集行为。对私募发行不设行政审批，允许各类发行主体在依法合规的基础上，向累计不超过法律规定特定数量的投资者发行股票、债券、基金等产品。积极发挥证券中介机构、资产管理机构和有关市场组织的作用，建立健全私募产品发行监管制度，切实强化事中事后监管。建立促进经营机构规范开展私募业务的风险控制和自律管理制度安排，以及各类私募产品的统一监测系统。

（十四）**发展私募投资基金。**

按照功能监管、适度监管的原则，完善股权投资基金、私募资产管理计划、私募集合理财产品、集合资金信托计划等各类私募投资产品的监管标准。依法严厉打击以私募为名的各类非法集资活动。完善扶持创业投资发展的政策体系，鼓励和引导创业投资基金支持中小微企业。研究制定保险资金投资创业投资基金的相关政策。完善围绕创新链需要的科技金融服务体系，创新科技金融产品和服务，促进战略性新兴产业发展。

五、推进期货市场建设

（十五）**发展商品期货市场。**

以提升产业服务能力和配合资源性产品价格形成机制改革为重点，继续推出大宗资源性产品期货品种，发展商品期权、商品指数、碳排放权等交易工具，充分发挥期货市场价格发现和风险管理功能，增强期货市场服务实体经济的能力。允许符合条件的机构投资者以对冲风险为目的使用期货衍生品工具，清理取消对企业运用风险管理工具的不必要限制。

（十六）**建设金融期货市场。**

配合利率市场化和人民币汇率形成机制改革，适应资本市场风险管理需要，平稳有序发展金融衍生产品。逐步丰富股指期货、股指期权和股票期权品种。逐步发展国债期货，进一步健全反映市场供求关系的国债收益率曲线。

六、提高证券期货服务业竞争力

（十七）**放宽业务准入。**

实施公开透明、进退有序的证券期货业务牌照管理制度，研究证券公司、基金管理公司、期货公司、证券投资咨询公司等交叉持牌，支持符合条

件的其他金融机构在风险隔离基础上申请证券期货业务牌照。积极支持民营资本进入证券期货服务业。支持证券期货经营机构与其他金融机构在风险可控前提下以相互控股、参股的方式探索综合经营。

（十八）促进中介机构创新发展。

推动证券经营机构实施差异化、专业化、特色化发展，促进形成若干具有国际竞争力、品牌影响力和系统重要性的现代投资银行。促进证券投资基金管理公司向现代资产管理机构转型，提高财富管理水平。推动期货经营机构并购重组，提高行业集中度。支持证券期货经营机构拓宽融资渠道，扩大业务范围。在风险可控前提下，优化客户交易结算资金存管模式。支持证券期货经营机构、各类资产管理机构围绕风险管理、资本中介、投资融资等业务自主创设产品。规范发展证券期货经营机构柜台业务。对会计师事务所、资产评估机构、评级增信机构、法律服务机构开展证券期货相关服务强化监督，提升证券期货服务机构执业质量和公信力，打造功能齐备、分工专业、服务优质的金融服务产业。

（十九）壮大专业机构投资者。

支持全国社会保障基金积极参与资本市场投资，支持社会保险基金、企业年金、职业年金、商业保险资金、境外长期资金等机构投资者资金逐步扩大资本市场投资范围和规模。推动商业银行、保险公司等设立基金管理公司，大力发展证券投资基金。

（二十）引导证券期货互联网业务有序发展。

建立健全证券期货互联网业务监管规则。支持证券期货服务业、各类资产管理机构利用网络信息技术创新产品、业务和交易方式。支持有条件的互联网企业参与资本市场，促进互联网金融健康发展，扩大资本市场服务的覆盖面。

七、扩大资本市场开放

（二十一）便利境内外主体跨境投融资。

扩大合格境外机构投资者、合格境内机构投资者的范围，提高投资额度与上限。稳步开放境外个人直接投资境内资本市场，有序推进境内个人直接投资境外资本市场。建立健全个人跨境投融资权益保护制度。在符合外商投资产业政策的范围内，逐步放宽外资持有上市公司股份的限制，完善对收购兼并行为的国家安全审查和反垄断审查制度。

（二十二）逐步提高证券期货行业对外开放水平。

适时扩大外资参股或控股的境内证券期货经营机构的经营范围。鼓励境内证券期货经营机构实施"走出去"战略，增强国际竞争力。推动境内外交易所市场的连接，研究推进境内外基金互认和证券交易所产品互认。稳步探索 B 股市场改革。

（二十三）加强跨境监管合作。

完善跨境监管合作机制，加大跨境执法协查力度，形成适应开放型资本市场体系的跨境监管制度。深化与香港、澳门特别行政区和台湾地区的监管合作。加强与国际证券期货监管组织的合作，积极参与国际证券期货监管规则制定。

八、防范和化解金融风险

（二十四）完善系统性风险监测预警和评估处置机制。

建立健全宏观审慎管理制度。逐步建立覆盖各类金融市场、机构、产品、工具和交易结算行为的风险监测监控平台。完善风险管理措施，及时化解重大风险隐患。加强涵盖资本市场、货币市场、信托理财等领域的跨行业、跨市场、跨境风险监管。

（二十五）健全市场稳定机制。

资本市场稳定关系经济发展和社会稳定大局。各地区、各部门在出台政策时要充分考虑资本市场的敏感性，做好新闻宣传和舆论引导工作。完善市场交易机制，丰富市场风险管理工具。建立健全金融市场突发事件快速反应和处置机制。健全稳定市场预期机制。

（二十六）从严查处证券期货违法违规行为。

加强违法违规线索监测，提升执法反应能力。严厉打击证券期货违法犯罪行为。完善证券期货行政执法与刑事司法的衔接机制，深化证券期货监管部门与公安司法机关的合作。进一步加强执法能力，丰富行政调查手段，大幅改进执法效率，提高违法违规成本，切实提升执法效果。

（二十七）推进证券期货监管转型。

加强全国集中统一的证券期货监管体系建设，依法规范监管权力运行，减少审批、核准、备案事项，强化事中事后监管，提高监管能力和透明度。支持市场自律组织履行职能。加强社会信用体系建设，完善资本市场诚信监管制度，强化守信激励、失信惩戒机制。

九、营造资本市场良好发展环境

（二十八）健全法规制度。推进证券法修订和期货法制定工作。

出台上市公司监管、私募基金监管等行政法规。建立健全结构合理、内容科学、层级适当的法律实施规范体系，整合清理现行规章、规范性文件，完善监管执法实体和程序规则。重点围绕调查与审理分离、日常监管与稽查处罚协同等关键环节，积极探索完善监管执法体制和机制。配合完善民事赔偿法律制度，健全操纵市场等犯罪认定标准。

（二十九）坚决保护投资者特别是中小投资者合法权益。

健全投资者适当性制度，严格投资者适当性管理。完善公众公司中小投资者投票和表决机制，优化投资者回报机制，健全多元化纠纷解决和投资者损害赔偿救济机制。督促证券投资基金等机构投资者参加上市公司业绩发布会，代表公众投资者行使权利。

（三十）完善资本市场税收政策。

按照宏观调控政策和税制改革的总体方向，统筹研究有利于进一步促进资本市场健康发展的税收政策。

（三十一）完善市场基础设施。

加强登记、结算、托管等公共基础设施建设。实现资本市场监管数据信息共享。推进资本市场信息系统建设，提高防范网络攻击、应对重大灾难与技术故障的能力。

（三十二）加强协调配合。

健全跨部门监管协作机制。加强中小投资者保护工作的协调合作。各地区、各部门要加强与证券期货监管部门的信息共享与协同配合。出台支持资本市场扩大对外开放的外汇、海关监管政策。地方人民政府要规范各类区域性交易场所，打击各种非法证券期货活动，做好区域内金融风险防范和处置工作。

（三十三）规范资本市场信息传播秩序。

各地区、各部门要严格管理涉及资本市场的内幕信息，确保信息发布公开公正、准确透明。健全资本市场政策发布和解读机制，创新舆论回应与引导方式。综合运用法律、行政、行业自律等方式，完善资本市场信息传播管理制度。依法严肃查处造谣、传谣以及炒作不实信息误导投资者和影响社会稳定的机构、个人。

国务院

2014 年 5 月 8 日

附录三

"投资者权益保护"通讯录

1. 中国证监会热线电话：12386（全国免费直播）

时间：每周一至周五（法定节假日除外）上午 9:00—11:30，下午 13:00—16:30

2. 中国证监会主席邮箱：gzly@csrc.gov.cn

3. 中国证监会信访投诉电话：010–66210182、66210166

4. 中国证监会网站（www.csrc.gov.cn）"我要留言"栏目

5. 中国证监会稽查总队执法人员身份核实电话：010–88061000

6. 中国证券投资者保护基金公司网站（www.sipf.com.cn）"投资者呼叫"栏目电话：010–66580883

7. 中国证券业协会证券纠纷调解中心电话：010–66290920

8. 中国基金业协会私募基金咨询热线：400-017-8200

监管和服务机构办公地址

中国证监会地址：

北京市西城区金融大街 19 号富凯大厦　邮政编码：100033

中国证券投资者保护基金有限责任公司地址：

北京市西城区金融大街 5 号新盛大厦 B 座 22 层　邮编：100033

中国证券业协会地址：

北京市西城区金融大街 19 号富凯大厦 B 座 2 层　邮政编码：100032

中国基金业协会地址：

北京市西城区金融大街 20 号交通银行大厦 B 座 9 层

附录四

首批国家级证券期货投资者教育基地（实体）名单

1. 东北证券投资者教育基地

吉林省长春市解放大路 1907 号

电话：0431–82006299

2. 华福证券投资者教育基地

福建省福州市杨桥路 11 号中闽大厦 B 座 8 层

电话：0591–87876192

3. 华泰证券投资者教育基地

江苏省南京市中山东路 90 号华泰证券大厦 27 楼

电话：025–83387010

4. 历道证券博物馆

上海市浦东新区陆家嘴环路 958 号华能联合大厦 13 楼

021–38784580，选择"人工服务"

5. 全国中小企业股份转让系统有限责任公司投教基地

北京市西城区金融大街丁 26 号金阳大厦

010–63889551

6. 深圳证券交易所投资者教育基地

广东省深圳市福田区深南大道 2012 号深圳证券交易所 8 楼

400–808–9999，选择"人工服务"

7. 万科投资者教育基地

广东省深圳市盐田区大梅沙环梅路 33 号万科中心

0755–25606666 转 88474 或 65676

首批国家级证券期货投资者教育基地（互联网）名单

1. 广发证券投资者教育基地

http://edu.gf.com.cn/

2. 上海证券交易所投资者教育网站

http://edu.sse.com.cn/

3. 新华网投资者教育服务基地

http://www.xinhuanet.com/finance/tzzjyfwjd/index.htm

4. 中国期货业协会期货投教网

http://edu.cfachina.org/

5. 中国证券业协会投资者之家

http://tzz.sac.net.cn/

6. 中金所期货期权学院

http://www.e-cffex.com.cn/#/home

责任编辑：曹　春
封面设计：木　辛

图书在版编目（CIP）数据

中国股市 120 问／董少鹏 著．—北京：人民出版社，2017.4
ISBN 978－7－01－017485－3

I. ①中　　II. ①董　　III. ①股票市场－中国－问题－解答
　IV. ① F832.51-44

中国版本图书馆 CIP 数据核字（2017）第 055944 号

中国股市 120 问
ZHONGGUO GUSHI 120 WEN

董少鹏　著

人民出版社 出版发行
（100706　北京市东城区隆福寺街 99 号）

北京盛通印刷股份有限公司印刷　新华书店经销

2017 年 4 月第 1 版　2017 年 4 月北京第 1 次印刷
开本：710 毫米 ×1000 毫米 1/16　印张：19.5
字数：256 千字

ISBN 978－7－01－017485－3　定价：53.00 元

邮购地址 100706　北京市东城区隆福寺街 99 号
人民东方图书销售中心　电话：（010）65250042　65289539